DESSERTS
PAS À PAS

Caroline Bretherton
Kristan Raines

MARABOUT

DK LONDRES
Directrice éditoriale Martha Burley
Directrice artistique Sara Robin
Responsable artistique Vicky Read
Secrétaire d'édition Alice Kewellhampton
Maquette Laura Buscemi
Responsable éditoriale Dawn Henderson
Responsable artistique Christine Keilty
Maquette de couverture Nicola Powling
Pré-presse Dragana Puvacic
Fabrication Stephanie McConnell
Support technique Sonia Charbonnier
Graphisme Maxine Pedliham
Éditrice Peggy Vance

DK INDE
Ligne graphique Ira Sharma
Édition Neha Samuel, Seetha Natesh
Graphisme Zaurin Thoidingjam, Tashi Topgyal Laya
Responsable éditorial Bushra Ahmed
Responsable artistique Navidita Thapa
Responsable pré-presse Sunil Sharma
Maquettiste PAO Rajdeep Singh

Publié pour la première fois en Grande-Bretagne
en 2015, sous le titre *Step-by-Step Desserts*
par Dorling Kindersley Limited
80 Strand, Londres WC2R 0RL Royaume-Uni

A Penguin Random House Company

Traduction Cécile Giroldi et Florence Raffy
Édition et corrections Delphine Billaut
Mise en page Bénédicte Bourdil

Hachette Livre – Département Marabout
58, rue Jean Bleuzen 92170 Vanves

ISBN : 978-2-501-10518-7 – 15.3287.0 / 01
Dépôt légal : octobre 2015

A WORLD OF IDEAS: SEE ALL THERE IS TO KNOW
www.dk.com

Sommaire

Un succès sucré

Les desserts sont plus audacieux, fabuleux et appétissants que jamais. Les restaurants, qui proposent maintenant des desserts aussi sophistiqués que les plats principaux, l'ont bien compris. Les cuisines du monde entier influencent désormais les recettes, et de nouveaux ingrédients et associations de saveur ont fait leur apparition. Les desserts viennent désormais clore le repas de manière spectaculaire.

Des recettes pour impressionner

Pour répondre à la tendance actuelle des desserts, cet ouvrage vous propose plus de 400 recettes délicieuses et variées, ainsi que des conseils pour vous aider à les réaliser. Vous ne manquerez ainsi ni d'idées ni d'inspiration pour terminer vos repas par un dessert exquis. Les trois chapitres – «Chaud», «Froid» et «Glacé» – présentent les grandes recettes classiques de desserts, étape par étape. Chaque recette s'accompagne de variantes originales, que ce soit pour un dessert simple et familial ou un dessert élaboré pour un dîner plus chic. Vous trouverez également des idées et des techniques de décoration pour napper, glacer, marbrer, utiliser une poche à douille, pincer les bordures des pâtes, dessiner, modeler ou saupoudrer, et obtenir un résultat à la finition professionnelle.

La réalisation des desserts est une activité ludique et passionnante mais qui demande de la précision. Avant de commencer, lisez attentivement la recette et vérifiez que vous avez tous les ingrédients, le temps et le matériel dont vous avez besoin. Si votre dessert doit cuire au four, placez la grille à la bonne hauteur avant de faire préchauffer le four et n'oubliez pas que le haut du four est souvent plus chaud que le bas. Sauf mention contraire, vous devez faire cuire votre dessert sur la grille du milieu pour une cuisson uniforme. Voici quelques conseils pour vous aider à réaliser vos desserts...

Le travail de la pâte

Une pâte maison peut devenir dure, friable ou difficile à manipuler. Pas de panique ! Voici quelques astuces pour réussir vos pâtes.

- **Placer la pâte au réfrigérateur** enveloppée dans du film alimentaire pendant 30 minutes au moins avant de l'étaler au rouleau. Ce repos permet au gluten présent dans la farine de se détendre et d'empêcher la pâte de durcir à la cuisson.
- **Ne pas trop fariner le plan de travail.** Il faut utiliser le moins de farine possible car elle est absorbée par la pâte, qui devient sèche.
- **Éviter de trop travailler la pâte.** Un conseil à retenir en pâtisserie, car une pâte trop travaillée risque de durcir et d'être inutilisable. Il faut donc éviter d'étaler la pâte plusieurs fois, si possible.
- **Poser la pâte dans le moule à l'aide du rouleau à pâtisserie.** La pâte étalée est fragile. Pour éviter de la casser, il faut l'enrouler autour du rouleau à pâtisserie, puis la dérouler progressivement dans le moule.

La pâte étalée est fragile et doit être manipulée avec précaution.

L'art de la meringue

La meringue se prépare uniquement avec des blancs d'œufs et du sucre, mais elle peut se révéler difficile à réaliser. Voici quelques conseils pour la réussir.

- **Séparer les jaunes et les blancs d'œufs** un à un dans un bol avant de monter les blancs en neige. Ainsi, aucune trace de jaune d'œuf ne se retrouvera dans le blanc, ce qui empêcherait les blancs de monter en neige.
- **Retirer les petits morceaux de coquille** en utilisant une autre coquille d'œuf cassée. L'albumine à l'intérieur de la coquille attire le morceau plus petit, ce qui permet de l'attraper facilement.
- **Fouetter les blancs d'œufs** dans un récipient parfaitement propre. En cas de doute, il faut frotter le côté coupé d'un citron à l'intérieur du récipient pour enlever toute trace de gras, puis le sécher avec du papier absorbant.

Le secret des ingrédients

Même si la pâtisserie requiert une certaine technique pour obtenir des génoises aériennes et gonflées ou des pâtes à tarte riches et denses, le choix des ingrédients est primordial.

- **Utiliser des œufs** à température ambiante. Ils sont plus faciles à fouetter, ce qui permet d'incorporer plus d'air dans le gâteau et d'obtenir une pâte aérienne et gonflée.
- **Utiliser du beurre** à température ambiante, sauf indication contraire dans la recette. Il est possible de le couper en petits dés pour le faire ramollir plus vite.
- **Utiliser du beurre doux.** S'il est demandé de saler, choisir du sel de mer de qualité, plutôt que du sel de table.
- **Mesurer les moules.** Il est important de bien connaître la taille des moules utilisés, car cela joue un rôle dans la durée de cuisson d'un gâteau.

CHAUD

Cobblers et crumbles ▪ Feuilletés, tartes et tourtes ▪ Beignets ▪ Brownies ▪ Clafoutis et crêpes ▪ Gâteaux renversés ▪ Soufflés
Fondants et puddings ▪ Tapioca et riz au lait
Fruits cuits

55 min
+ refroidissementt

Pour 6 personnes

COBBLER aux myrtilles

Version simplifiée du crumble ou de la tourte, le cobbler est parfait lorsque vous n'avez pas beaucoup de temps pour cuisiner. Choisissez des fruits de saison, recouvrez-les de la pâte proposée ici et faites cuire au four ce délicieux dessert à déguster chaud.

INGRÉDIENTS

- 675 g de myrtilles
- 1 c. à s. de Maïzena
- 3 à 4 c. à s. de sucre
- 1 pincée de sel
- le zeste râpé d'1 citron
- 2 c. à s. de jus de citron

Pour la pâte

- 185 g de farine
- 1 ¾ c. à s. de levure chimique
- 1 pincée de sel
- 4 c. à s. de sucre
- 85 g de beurre doux froid, coupé en dés
- 180 ml de crème liquide entière + un peu pour badigeonner
- ¼ de c. à s. de cannelle moulue
- crème fouettée pour servir (facultatif)

MATÉRIEL

1 plat à four d'1,7 litre

1

Préchauffer le four à 190 °C. Mélanger les myrtilles, la Maïzena, le sucre, le sel, le zeste et le jus de citron dans un saladier.

2

Pour la pâte, tamiser la farine, la levure chimique, le sel et 3 cuillerées à soupe de sucre dans un saladier. Ajouter le beurre et mélanger du bout des doigts pour obtenir une chapelure grossière. Ajouter la crème et mélanger pour former une boule de pâte.

3

Étaler les fruits dans le plat à four, en couche uniforme. Diviser la pâte en 6 parts égales et les déposer sur les myrtilles. Mélanger la cannelle et le reste de sucre dans un bol.

Espacez les morceaux de pâte car ils vont gonfler à la cuisson.

Badigeonner la pâte avec un peu de crème puis saupoudrer de sucre à la cannelle. Faire cuire 25 à 30 minutes au four jusqu'à ce que le cobbler soit doré et qu'une lame enfoncée dans la pâte ressorte sèche. Sortir du four et laisser refroidir 5 minutes. Servir chaud avec de la crème fouettée, si vous le souhaitez. Le cobbler se conserve 2 jours au réfrigérateur.

4

1 h + refroidissement — Pour 6 personnes

COBBLER cranberries et poires

Le mélange de cranberries acides et de poires sucrées crée un contraste appétissant de couleurs, de saveurs et de textures.

INGRÉDIENTS

- 100 g de cassonade
- ½ c. à c. de cardamome moulue
- ¼ de c. à c. de cannelle moulue
- 2 c. à s. de Maïzena
- sel
- 115 g de cranberries
- 900 g de poires pelées, épépinées et coupées en fines tranches
- le jus d'½ orange
- crème fouettée pour servir

Pour la pâte

- 185 g de farine
- 1 ¾ c. à s. de levure chimique
- 4 c. à s. de sucre
- 85 g de beurre doux froid, coupé en dés
- 180 ml de crème liquide entière + un peu pour badigeonner
- ¼ de c. à c. de cannelle moulue

MATÉRIEL

1 plat à four d'1,7 litre

1 Préchauffer le four à 190 °C. Mélanger la cassonade, la cardamome, la cannelle, la Maïzena et 1 pincée de sel dans un saladier. Ajouter les cranberries, les poires et le jus d'orange. Mélanger, étaler la préparation dans le plat à four et réserver.

2 Pour la pâte, tamiser la farine, la levure, 3 cuillerées à soupe de sucre et 1 pincée de sel dans un saladier. Ajouter le beurre et mélanger du bout des doigts pour obtenir une chapelure grossière. Ajouter la crème et mélanger pour former une boule souple et collante.

3 Déposer 6 cuillerées à soupe bombées de pâte sur les fruits, en les espaçant. Badigeonner avec un peu de crème. Mélanger la cannelle et le reste du sucre dans un bol et en saupoudrer la pâte.

4 Faire cuire 35 à 40 minutes au four jusqu'à ce que le cobbler soit doré et que la lame d'un couteau enfoncée dans la pâte ressorte sèche. Couvrir le plat de papier d'aluminium si besoin. Laisser refroidir 5 minutes et servir chaud avec de la crème fouettée. Le cobbler se conserve 2 jours au réfrigérateur.

55 min + refroidissement — Pour 6 personnes

COBBLER à la pêche

Les pêches d'été parfumées sont sublimes avec cette pâte croustillante qui s'imprègne de leur jus.

INGRÉDIENTS

- 50 g de sucre
- 8 pêches mûres pelées, dénoyautées et coupées en quatre
- 1 c. à s. de Maïzena
- le jus d'½ citron

Pour la pâte

- 185 g de farine
- 1 ¾ c. à c. de levure chimique
- 75 g de sucre
- 1 pincée de sel
- ½ à ¾ de c. à s. de cannelle moulue
- 75 g de beurre doux froid, coupé en dés
- 1 œuf
- 100 ml de lait fermenté
- 1 c. à s. de cassonade
- crème anglaise ou crème liquide pour servir (facultatif)

MATÉRIEL

1 plat à four d'1,7 litre

1 Préchauffer le four à 190 °C. Faire chauffer le sucre et 4 cuillerées à soupe d'eau dans une grande casserole à couvert. Lorsque le sucre a fondu, ajouter les pêches. Couvrir et faire cuire 2 à 3 minutes à feu modéré, en remuant de temps en temps, jusqu'à ce que les pêches soient bien enrobées. Baisser le feu au minimum.

2 Mélanger la Maïzena et le jus de citron dans un bol, puis les ajouter dans la casserole et faire cuire, à découvert, pour obtenir une consistance sirupeuse. Verser les pêches dans le plat à four, en couche régulière.

3 Pour la pâte, tamiser la farine, la levure, le sucre, le sel et la cannelle dans un saladier. Ajouter le beurre et mélanger du bout des doigts pour obtenir une chapelure grossière. Fouetter l'œuf et le lait fermenté dans un bol, puis les ajouter dans le saladier et mélanger pour former une boule de pâte. Recouvrir les fruits avec la pâte (voir Cobbler cranberries et poires, étape 3).

4 Saupoudrer de cassonade. Faire cuire au four 25 à 30 minutes (voir Cobbler cranberries et poires, étape 4). Laisser refroidir 5 minutes et servir avec de la crème anglaise ou de la crème liquide, si vous le souhaitez. Le cobbler se conserve 2 jours au réfrigérateur.

1 h 20
+ refroidissement

Pour 6 personnes

COBBLER pommes et mûres

Rehaussez la saveur de votre cobbler avec un mélange de pommes acides et de pommes sucrées. Certains morceaux de pommes restent assez fermes pour apporter du croquant.

INGRÉDIENTS

- 900 g d'un mélange de pommes acides et sucrées, pelées, épépinées et coupées en fines tranches
- 100 g de cassonade brune
- 2 c. à s. de Maïzena
- 1 c. à s. de cannelle moulue
- ¼ de c. à s. de clous de girofle moulus
- le jus d'½ citron
- 350 g de mûres
- crème fouettée pour servir

Pour la pâte

- 185 g de farine
- 1 ¾ c. à s. de levure chimique
- 1 pincée de sel
- 4 c. à s. de sucre
- 85 g de beurre doux froid, coupé en dés
- 180 ml de crème entière liquide + un peu pour badigeonner
- ¼ de c. à s. de cannelle moulue

MATÉRIEL

1 plat à four d'1,7 litre

1 Préchauffer le four à 190 °C. Mélanger les pommes, la cassonade, la Maïzena, la cannelle, les clous de girofle et le jus de citron dans un saladier. Verser dans un plat à four et faire cuire 20 minutes jusqu'à ce que les pommes soient légèrement tendres. Sortir le plat du four et incorporer les mûres.

2 Pour la pâte, tamiser la farine, la levure, le sel et 3 cuillerées à soupe de sucre dans un saladier. Ajouter le beurre et mélanger du bout des doigts pour obtenir une chapelure grossière. Ajouter la crème et mélanger pour former une boule de pâte. Recouvrir les fruits avec la pâte (voir Cobbler cranberries et poires, étape 3).

3 Mélanger la cannelle et le reste de sucre dans un bol. Badigeonner la pâte avec un peu de crème puis saupoudrer de sucre à la cannelle.

4 Enfourner pour 35 à 40 minutes de cuisson (voir Cobbler cranberries et poires, étape 4). Laisser refroidir 5 minutes et servir chaud avec de la crème fouettée. Le cobbler se conserve 2 jours au réfrigérateur.

1 h 10 + repos

Pour 6 à 8 personnes

CRUMBLE pommes et cannelle

Ce dessert britannique est très apprécié dans le monde entier. La pâte à crumble ne doit pas être trop tassée sur les fruits. Elle est préparée avec des morceaux de beurre de différentes tailles qui fondent et caramélisent pendant la cuisson.

INGRÉDIENTS

- 250 g de farine
- 150 g de sucre
- 1 c. à s. de cannelle
- 150 g de beurre doux ramolli, coupé en dés

Pour la garniture

- 8 à 10 pommes pelées, épépinées et coupées en dés de 2 cm
- 2 c. à s. bombées de cassonade
- 1 c. à s. bombée de farine
- 25 g de beurre doux, coupé en dés
- crème entière pour servir (facultatif)

MATÉRIEL

1 plat à four de 23 cm de diamètre et de 7,5 cm de profondeur

1

Préchauffer le four à 180 °C. Mélanger la farine, le sucre et la cannelle dans un saladier. Ajouter le beurre. Mélanger du bout des doigts pour obtenir une chapelure grossière, en laissant de petits morceaux de beurre.

2

Pour la garniture, déposer les dés de pomme dans le plat à four. Parsemer le sucre, la farine et la cannelle. Bien mélanger. Tasser délicatement les fruits dans le plat.

3

Ajouter les dés de beurre sur les fruits et étaler la pâte à crumble sur le dessus. Secouer délicatement le plat pour répartir la pâte en couche uniforme.

4

Enfourner pour 45 minutes de cuisson jusqu'à ce que le dessus soit doré et les pommes tendres sous la pointe d'un couteau. Sortir du four et laisser reposer 5 minutes. Servir chaud avec de la crème, si vous le souhaitez. Le crumble se conserve 3 jours au réfrigérateur, couvert.

1 h
+ refroidissement

Pour 4 personnes

VERRINES croustillantes

Avec ces verrines, il est possible de préparer les ingrédients à l'avance et ainsi de terminer son repas tranquillement.

INGRÉDIENTS

100 g de flocons d'avoine
1 c. à s. de cannelle
3 c. à s. de cassonade
60 g de beurre doux fondu
200 ml de crème liquide
2 jaunes d'œufs
½ c. à s. d'extrait de vanille
4 c. à s. de sucre
500 g de fruits rouges mélangés coupés en petits morceaux
125 ml de crème entière liquide froide

MATÉRIEL

4 pots à confiture à grande ouverture de 350 ml

À L'AVANCE

Vous pouvez préparer les flocons d'avoine et la crème anglaise 2 jours à l'avance. Conservez-les tous deux dans des récipients hermétiques et placez la crème au réfrigérateur.

1 Préchauffer le four à 180 °C. Mélanger les flocons d'avoine, la cannelle, la cassonade et le beurre dans un saladier. Étaler sur une plaque à pâtisserie et faire dorer 12 à 15 minutes dans la partie supérieure du four. Laisser refroidir.

2 Faire chauffer la crème à feu doux dans une casserole, jusqu'à ce qu'elle commence à fumer. Fouetter les jaunes d'œufs, l'extrait de vanille et 3 cuillerées à soupe de sucre dans un saladier résistant à la chaleur. Verser la crème chaude et fouetter jusqu'à ce que le sucre soit fondu.

3 Reverser la préparation dans la casserole et faire cuire 8 à 10 minutes à feu doux en remuant sans cesse jusqu'à ce que la préparation nappe le dos d'une cuillère. Verser la crème anglaise dans un saladier et laisser refroidir. Couvrir de film alimentaire et réfrigérer.

4 Mélanger les fruits rouges avec le reste de sucre dans un saladier et laisser macérer 20 minutes. Dans un autre saladier, fouetter la crème en chantilly. Mélanger délicatement la chantilly avec la crème anglaise.

5 Déposer ⅛ de fruits rouges dans chaque pot, en couche uniforme. Ajouter ⅛ de crème anglaise, puis ⅛ de flocons d'avoine. Recommencer avec une couche de fruits rouges, de crème anglaise et de flocons d'avoine. Placer au moins 30 minutes au réfrigérateur et servir le jour même.

50 min
+ repos

Pour 4 à 6 personnes

SMULPAJ à la rhubarbe

Le smulpaj est la version suédoise du crumble : une pâte aux flocons d'avoine.

INGRÉDIENTS

50 g de farine
75 g de cassonade
75 g de beurre doux ramolli
75 g de flocons d'avoine
½ c. à s. de cannelle moulue

Pour la garniture

300 g de rhubarbe pelée et coupée en morceaux de 2 cm
4 c. à s. de sucre
1 c. à s. de Maïzena

Pour la crème anglaise

375 ml de lait entier
75 ml de crème entière liquide
3 gros jaunes d'œufs à température ambiante
1 ½ c. à s. de sucre
1 c. à s. de Maïzena
½ c. à s. d'extrait de vanille

MATÉRIEL

1 moule à manqué de 20 cm de diamètre

1 Préchauffer le four à 190 °C. Mélanger la farine et le sucre dans un saladier. Ajouter le beurre et mélanger du bout des doigts pour obtenir une chapelure grossière. Incorporer les flocons d'avoine et la cannelle. Réserver.

2 Pour la garniture, mélanger la rhubarbe, le sucre et la Maïzena dans le moule. Tasser légèrement puis étaler la pâte sur le dessus. Secouer délicatement le moule pour répartir la pâte. Placer le moule sur une plaque à pâtisserie.

3 Faire cuire au four 30 minutes jusqu'à ce que le dessus soit doré et que la rhubarbe soit tendre sous la pointe d'un couteau. Sortir du four et laisser reposer 5 à 10 minutes. Pendant ce temps, préparer la crème anglaise. Faire chauffer le lait et la crème 5 à 6 minutes dans une casserole.

4 Fouetter les jaunes d'œufs, le sucre, la Maïzena et l'extrait de vanille dans un saladier résistant à la chaleur. Verser le lait et la crème peu à peu en fouettant jusqu'à ce que le sucre soit fondu. Reverser dans la casserole.

5 Faire cuire la crème anglaise 5 à 8 minutes à feu doux en remuant sans cesse jusqu'à ce qu'elle nappe le dos d'une cuillère. Retirer du feu et servir chaud avec le smulpaj. Ce dessert se conserve 1 à 2 jours au réfrigérateur, couvert.

1 h 20
+ refroidissement et repos

Pour 6 à 8 personnes

CRUMBLE aux fruits d'automne

Les noix apportent un croustillant incomparable au crumble et les cranberries une délicieuse touche acidulée.

INGRÉDIENTS

225 g de farine
150 g de cassonade
½ c. à s. de cannelle moulue
175 g de beurre doux ramolli, coupé en dés

Pour la garniture

60 g de noix
½ c. à s. de cannelle moulue
2 c. à s. bombées de cassonade
4 à 5 pommes pelées, épépinées et coupées en cubes
2 à 3 poires pelées, épépinées et coupées en cubes
100 g de cranberries
1 c. à s. bombée de farine

MATÉRIEL

1 plat à four de 23 cm de diamètre et de 7,5 cm de profondeur

1 Préchauffer le four à 180 °C. Mélanger la farine, la cassonade et la cannelle dans un saladier. Ajouter 150 g de beurre et mélanger du bout des doigts pour obtenir une chapelure grossière. Ajouter les flocons d'avoine en mélangeant bien et réserver.

2 Pour la garniture, étaler les noix sur une plaque à pâtisserie et faire cuire 5 minutes au four. Frotter délicatement les noix avec un torchon pour retirer la peau. Laisser refroidir avant de les hacher. Les déposer dans le plat avec la cannelle, le sucre et les fruits.

3 Mélanger la garniture et tasser délicatement dans le plat. Parsemer le reste de beurre et répartir la pâte à crumble sur le dessus (Voir Smulpaj à la rhubarbe, étape 2).

4 Enfourner pour 45 à 50 minutes de cuisson, jusqu'à ce que le dessus soit doré et les fruits tendres sous la pointe d'un couteau. Sortir du four et laisser reposer. Servir chaud avec de la crème anglaise à la vanille. Le crumble se conserve 1 à 2 jours au réfrigérateur, couvert.

Variantes simples

Le crumble à la pomme et à la cannelle (p. 14-15) est un grand classique, mais vous pouvez utiliser de nombreux autres fruits et épices différents pour réaliser une multitude de délicieuses variantes.

Poire et noix muscade Supprimer la cannelle de la recette. Remplacer les pommes par 8 poires mûres à point, pelées, épépinées et coupées en dés. Ajouter ½ c. à s. de noix muscade moulue aux fruits et 1 c. à s. à la pâte, puis poursuivre la recette.

Prune Remplacer les pommes par 16 à 18 prunes fermes coupées en deux et dénoyautées, puis poursuivre la recette.

Quetsche Remplacer les pommes par 18 à 20 quetsches coupées en deux et dénoyautées.

Pêche Supprimer la cannelle de la recette. Remplacer les pommes par 10 pêches coupées en deux, dénoyautées et coupées en quartiers. Servir le crumble à température ambiante avec de la glace à la vanille.

Groseille et sureau Pour cette recette estivale, mélanger 800 g de groseilles à maquereau avec un peu de sirop de fleur de sureau et 60 g de sucre. Supprimer la cannelle.

Banane et mangue Supprimer la cannelle de la recette. Remplacer les pommes par 2 à 3 grosses bananes coupées en rondelles de 2 cm et 2 mangues coupées en dés de 2 cm. Utiliser de préférence des fruits mûrs à point.

Rhubarbe et fraise Utiliser 400 g de rhubarbe coupée en morceaux de 2,5 cm et 400 g de fraises équeutées. Supprimer la cannelle.

Cerise et amande Supprimer la cannelle de la recette. Remplacer les pommes par 700 g de cerises dénoyautées et 100 g d'amandes entières grossièrement hachées.

1 h 25
+ repos

Pour 6 à 8 personnes

Également bon
FROID

STRUDEL pommes et amandes

La pâte à strudel est assez délicate à réussir mais cette recette garantit un résultat bien croustillant et feuilleté. La chapelure de la garniture absorbe le jus des pommes et évite que la pâte ne soit détrempée.

INGRÉDIENTS

185 g de farine + pour saupoudrer

¼ de c. à s. de sel

1 c. à s. de sucre + pour saupoudrer

100 g de beurre doux coupé en dés + pour beurrer

1 gros œuf battu

½ c. à s. de vinaigre de cidre

1 c. à s. de sucre glace pour saupoudrer

Pour la garniture

900 g de pommes, de type Granny Smith, pelées, épépinées et coupées en fines tranches

le zeste râpé d'½ citron

30 g de chapelure

100 g de sucre

2 c. à s. de cassonade

1 c. à s. de cannelle moulue

¼ de c. à s. de noix muscade râpée

45 g d'amandes effilées

¼ de c. à s. d'extrait de vanille

1

Mélanger la farine, le sel et le sucre dans un saladier. Ajouter 30 g de beurre et sabler du bout des doigts. Dans un autre saladier, battre l'œuf, le vinaigre et 60 ml d'eau, puis verser dans la farine et mélanger pour former une boule molle.

2

Ajouter 1 à 2 cuillerées à café de farine si la pâte semble collante. Pétrir la pâte 10 à 15 minutes en la soulevant et en la frappant contre le plan de travail légèrement fariné jusqu'à ce qu'elle soit brillante, souple et élastique. La mettre dans un saladier légèrement beurré, couvrir et laisser reposer 30 minutes.

Préchauffer le four à 190 °C. Recouvrir une plaque à pâtisserie de papier sulfurisé et réserver. Pour la garniture, mélanger tous les ingrédients dans un saladier et réserver. Placer un grand torchon propre légèrement fariné sur le plan de travail et poser la pâte dessus.

3

Étalez la pâte du centre vers l'extérieur.

4

Étaler délicatement la pâte au rouleau en un grand rectangle fin et transparent, d'épaisseur uniforme, de 40 x 61 cm.

Badigeonner généreusement la pâte de beurre fondu. Déposer la garniture sur l'une des extrémités en laissant une large bordure. Soulever les bords du torchon et rouler peu à peu le strudel, délicatement, en veillant à ce que la garniture reste bien enfermée dans la pâte.

5

Poser le strudel sur la plaque à pâtisserie. Le courber légèrement en forme de croissant et le badigeonner de beurre. Saupoudrer de sucre et égaliser les extrémités. Faire cuire 35 à 40 minutes au four jusqu'à ce qu'il soit doré. Saupoudrer de sucre glace et servir chaud, le jour même de préférence.

6

1 h 20
+ repos et refroidissement

Pour 6 à 8 personnes

Également bon FROID

STRUDEL ricotta et raisins secs

Une recette inspirée des strudels au fromage blanc d'Europe de l'Est. La ricotta apporte une note douce et crémeuse.

INGRÉDIENTS

185 g de farine + pour saupoudrer
¼ de c. à s. de sel
1 c. à s. de sucre
100 g de beurre doux ramolli + pour beurrer
1 gros œuf battu
½ c. à s. de vinaigre de cidre
1 à 2 c. à s. de sucre glace pour servir

Pour la garniture

60 g de raisins secs
3 c. à s. de rhum ou de porto
350 g de ricotta
50 g de sucre + pour saupoudrer
1 c. à s. d'extrait de vanille
⅛ de c. à s. de sel
le zeste râpé d'1 citron
1 gros œuf
1 ½ c. à s. de chapelure

1 Mêler la farine, le sel et le sucre dans un saladier. Ajouter 30 g de beurre et sabler du bout des doigts. Dans un autre saladier, battre l'œuf, le vinaigre et 60 ml d'eau. Verser dans la farine et mélanger pour former une boule molle.

2 Ajouter 1 à 2 cuillerées à café de farine si la pâte semble collante. Pétrir la pâte 10 à 15 minutes en la soulevant et en la frappant contre le plan de travail fariné jusqu'à ce qu'elle soit brillante, souple et élastique. Transférer dans un saladier beurré, couvrir et laisser reposer 30 minutes.

3 Pour la garniture, mélanger les raisins secs et le rhum dans un bol et laisser macérer. Dans un saladier, mélanger la ricotta, le sucre, l'extrait de vanille, le sel, le zeste de citron et l'œuf. Poser la pâte sur un torchon propre légèrement fariné.

4 Étaler la pâte en un rectangle de 40 x 61 cm. Mélanger les raisins secs égouttés avec la ricotta. Faire fondre le reste de beurre et badigeonner généreusement la pâte.

5 Préchauffer le four à 190 °C. Parsemer 1 cuillerée à soupe de chapelure sur l'une des extrémités de la pâte en laissant une large bordure. Ajouter la garniture sur le dessus puis le reste de chapelure. Soulever les bords du torchon et rouler peu à peu le strudel. Le poser sur une plaque à pâtisserie recouverte de papier sulfurisé.

6 Courber le strudel et le badigeonner de beurre. Saupoudrer de sucre et égaliser les extrémités. Enfourner pour 30 à 35 minutes jusqu'à ce qu'il soit doré. Laisser refroidir 5 à 10 minutes. Saupoudrer de sucre glace et servir chaud. Le strudel se conserve 1 journée au réfrigérateur dans un récipient hermétique.

1 h 20
+ repos

Pour 6 à 8 personnes

Également bon FROID

STRUDEL aux prunes

Voici une variante plus épicée du classique strudel aux pommes, avec des prunes, des noix et de la cardamome.

INGRÉDIENTS

185 g de farine
¼ de c. à s. de sel
1 c. à s. de sucre
100 g de beurre doux ramolli
1 gros œuf battu
½ c. à s. de vinaigre de cidre
1 à 2 c. à s. de sucre glace pour servir

Pour la garniture

675 g de prunes dénoyautées et coupées en fines lamelles
60 g de chapelure
100 g de cassonade
3 c. à s. de sucre
1 c. à s. de cannelle moulue
¼ de c. à s. de cardamome
60 g de noix hachées
¼ de c. à s. d'extrait de vanille

1 Préparer la pâte, la déposer dans un saladier beurré et laisser reposer 30 minutes (voir Strudel ricotta et raisins secs, étapes 1 et 2).

2 Pour la garniture, mélanger tous les ingrédients dans un saladier et réserver. Placer un grand torchon propre légèrement fariné sur le plan de travail et poser la pâte dessus.

3 Étirer la pâte délicatement afin d'obtenir un rectangle transparent de 40 x 61 cm (voir Strudel ricotta et raisins secs, étape 4). Faire fondre le reste de beurre et badigeonner généreusement la pâte.

4 Préchauffer le four à 190 °C. Déposer la garniture sur l'une des extrémités de la pâte en laissant une large bordure. Rouler le strudel et le poser sur une plaque à pâtisserie recouverte de papier sulfurisé (voir Strudel ricotta et raisins secs, étape 5). Saupoudrer de sucre et égaliser les extrémités.

5 Faire cuire 30 à 35 minutes au four jusqu'à ce qu'il soit doré. Retirer du four et laisser refroidir 5 à 10 minutes. Saupoudrer de sucre glace et servir chaud. Le strudel se conserve 1 journée au réfrigérateur dans un récipient hermétique.

2 h 05 à 2 h 25 + refroidissement | **Pour 36 parts** | Également bon **FROID**

BAKLAVA

Dans cette sorte de mille-feuille oriental, les feuilles de pâte filo sont superposées et fourrées d'un mélange de noix hachées et d'épices, puis arrosées d'un sirop de miel parfumé à l'eau de fleur d'oranger.

INGRÉDIENTS

250 g de noix concassées
2 c. à s. de cannelle moulue
1 bonne pincée de clous de girofle moulus
50 g de sucre
250 g de pistaches non salées et décortiquées, concassées
500 g de pâte filo
250 g de beurre doux

Pour le sirop

200 g de sucre
250 ml de miel liquide
le jus d'1 citron
3 c. à s. d'eau de fleur d'oranger

MATÉRIEL

1 moule de 30 x 40 cm

1 Préchauffer le four à 180 °C. Mettre les noix, la cannelle, les clous de girofle et le sucre dans un saladier. Réserver 3 à 4 cuillerées à soupe de pistaches et incorporer le reste.

2 Étaler les feuilles de pâte filo sur un torchon humide et les couvrir d'un autre torchon humide. Faire fondre le beurre à feu doux. Beurrer légèrement une plaque et poser une feuille de pâte. Rabattre les bords aux dimensions de la plaque.

3 Badigeonner la pâte de beurre puis la presser aux angles et sur les côtés. Recommencer pour former des couches avec un tiers des feuilles de pâte. Étaler la moitié de la garniture sur le dessus.

4 Recommencer avec un autre tiers des feuilles de filo. Étaler le reste de garniture et superposer le reste de feuilles de pâte. Couper les bords qui dépassent et verser le reste de beurre sur le dessus.

5 Découper la pâte en losanges de 4 cm de côté en incisant sur 1 cm de profondeur. Faire cuire en bas du four 1 h 15 à 1 h 30 jusqu'à ce que le dessus soit doré et que la lame d'un couteau ressorte sèche.

6 Pour le sirop, faire fondre le sucre dans 250 ml d'eau dans une casserole, en remuant de temps en temps. Ajouter le miel, mélanger et porter à ébullition. Faire cuire 25 minutes sans remuer jusqu'à ce qu'un peu de sirop prélevé avec une cuillère et plongé dans de l'eau froide forme une boule souple.

7 Retirer du feu et laisser tiédir. Incorporer le jus de citron et l'eau de fleur d'oranger. Verser sur la pâte. Découper la pâte presque jusqu'au fond du moule, sur la ligne des losanges. Laisser refroidir.

8 Découper complètement les losanges et les déposer sur un plat de service. Parsemer le reste de pistaches et servir chaud. Les baklavas se conservent 5 jours dans un récipient hermétique.

1 h + réfrigération

Pour 8 personnes

TARTELETTES pommes et amandes

Les tartelettes sans moule sont rapides à préparer et très esthétiques. La version aux pommes et aux amandes est un grand classique.

INGRÉDIENTS

farine pour saupoudrer

600 g de pâte feuilletée pur beurre prête à l'emploi

Pour la garniture

215 g de pâte d'amande

8 petites pommes acides, pelées, épépinées et coupées en fines lamelles

le jus d'½ citron

50 g de sucre

sucre glace pour saupoudrer

crème fraîche pour servir (facultatif)

À L'AVANCE

Vous pouvez préparer les disques de pâte et de pâte d'amande 2 heures à l'avance et les conserver au réfrigérateur dans du film alimentaire, avant cuisson.

1

Sur le plan de travail fariné, étaler la moitié de la pâte feuilletée sur 3 mm d'épaisseur. Découper 4 disques à l'aide d'une assiette de 15 cm de diamètre. Les déposer sur une plaque à pâtisserie légèrement aspergée d'eau.

2

Découper 4 autres disques de pâte et les placer sur une seconde plaque à pâtisserie. Piquer la pâte avec une fourchette, en évitant la bordure, et placer 15 minutes au réfrigérateur. Diviser la pâte d'amande en 8 parts égales et former des boules.

3

Étaler une boule de pâte d'amande entre 2 feuilles de papier sulfurisé, en un disque de 12 cm de diamètre. La poser sur un disque de pâte feuilletée et répéter avec le reste de pâte d'amande. Réfrigérer 15 minutes.

4

Préchauffer le four à 220 °C. Mélanger les lamelles de pommes avec le jus de citron dans un saladier. Les disposer sur la pâte d'amande en les chevauchant et en laissant une fine bordure.

5

Faire cuire 15 à 20 minutes au four, jusqu'à ce que les bords de la pâte gonflent autour de la pâte d'amande et soient légèrement dorés. Saupoudrer uniformément les pommes de sucre et remettre les tartelettes au four.

6

Laisser cuire encore 5 à 10 minutes, jusqu'à ce que le contour des pommes caramélise et qu'elles soient tendres sous la lame d'un couteau. Transférer les tartelettes sur des assiettes chaudes et saupoudrer de sucre glace. Servir immédiatement avec de la crème fraîche, si vous le souhaitez.

50 min | Pour 4 personnes

TARTELETTES ananas et rhum

Cuire l'ananas au gril permet d'obtenir de jolies rayures caramélisées. La sauce au rhum apporte une note exotique.

INGRÉDIENTS

½ ananas bien mûr, épluché et le cœur dur retiré
3 c. à s. de beurre doux fondu pour badigeonner
farine pour saupoudrer
1 pâte feuilletée carrée pur beurre de 25 cm de côté prête à l'emploi
2 c. à s. de cassonade

Pour la sauce

60 g de beurre doux
60 ml de rhum brun
60 g de cassonade
125 ml de crème liquide entière
glace à la vanille pour servir

À L'AVANCE

Vous pouvez envelopper les carrés de pâte dans du film alimentaire et les conserver 2 jours au réfrigérateur.

1 Faire chauffer un gril à rainures à feu vif. Couper l'ananas en deux, puis chaque moitié en 8 tranches minces de 7,5 cm de long. Les essuyer avec du papier absorbant et les badigeonner de beurre de chaque côté. Faire dorer 2 minutes sur chaque face.

2 Préchauffer le four à 200 °C. Sur le plan de travail fariné, découper la pâte en 4 carrés de taille égale. Les piquer avec une fourchette en laissant une bordure de 2 cm. Saupoudrer de cassonade et placer sur une plaque à pâtisserie aspergée d'un peu d'eau.

3 Déposer les tranches d'ananas sur les carrés de pâte en les chevauchant et sans dépasser sur la bordure. Badigeonner les tartelettes avec du beurre et glisser en haut du four. Faire cuire 17 à 20 minutes, jusqu'à ce que la pâte soit dorée et gonflée.

4 Pour la sauce, faire chauffer le beurre, le rhum et la cassonade à feu doux dans une casserole en remuant de temps en temps, jusqu'à ce que la cassonade soit fondue. Porter à ébullition, baisser le feu et laisser frémir. Ajouter la crème et faire cuire 10 minutes jusqu'à ce que la sauce soit épaisse et sirupeuse. Verser sur les tartelettes et servir chaud avec de la glace à la vanille.

55 min + refroidissement | Pour 6 à 8 personnes

GALETTES des Rois

Nul besoin de présenter la fameuse galette des Rois à la frangipane servie à l'occasion de l'Épiphanie.

INGRÉDIENTS

farine pour saupoudrer
500 g de pâte feuilletée pur beurre prête à l'emploi
1 œuf battu pour dorer

Pour la frangipane

100 g de beurre doux ramolli
100 g de sucre
1 œuf
100 g de poudre d'amandes
1 c. à s. d'extrait d'amande
1 c. à s. de cognac

À L'AVANCE

Vous pouvez préparer la frangipane à l'avance et la conserver 3 jours au réfrigérateur dans un récipient hermétique.

1 Préchauffer le four à 200 °C. Pour la frangipane, mettre le beurre et le sucre dans un saladier et fouetter jusqu'à ce que le mélange blanchisse et soit mousseux. Ajouter l'œuf et fouetter. Ajouter la poudre d'amandes, l'extrait d'amande et le cognac. Mélanger au fouet pour former une pâte épaisse.

2 Sur le plan de travail légèrement fariné, étaler la pâte en un rectangle de 50 x 25 cm et de 3 à 5 mm d'épaisseur. Plier le rectangle en deux et découper 2 disques à l'aide d'une assiette de 25 cm de diamètre.

3 Déposer l'un des disques de pâte sur une plaque à pâtisserie antiadhésive et étaler la frangipane sur la pâte en laissant une bordure d'1 cm. Badigeonner la bordure avec un peu d'œuf battu.

4 Poser l'autre disque de pâte sur le dessus et pincer les bords pour souder les 2 disques. Dessiner un motif en forme de croisillons ou de spirale sur le dessus à l'aide d'un couteau pointu.

5 Badigeonner le dessus avec de l'œuf battu. Faire cuire 30 minutes dans la partie supérieure du four jusqu'à ce que la pâte soit dorée et gonflée. Laisser la galette refroidir sur la plaque à pâtisserie pendant 5 minutes environ. Servir chaud. La galette se conserve 3 jours au réfrigérateur dans un récipient hermétique.

1 h
+ réfrigération et refroidissement

Pour 6 à 8 personnes

TARTE aux prunes et thym

Les bords de la pâte sont rabattus pour empêcher le jus des prunes de couler. Vous pouvez remplacer les prunes par d'autres fruits du verger.

INGRÉDIENTS

- 225 g de farine + pour saupoudrer
- 25 g de sucre
- 125 g de beurre doux froid, coupé en dés
- 1 pincée de sel
- 1 c. à s. de lait
- 3 branches de thym
- crème liquide pour servir

Pour la garniture

- 1 c. à s. de poudre d'amandes
- 3 c. à s. de sucre
- 6 grosses prunes dénoyautées et coupées en fines lamelles

1 Tamiser la farine et le sucre dans un saladier et mélanger. Ajouter le beurre et mélanger du bout des doigts pour obtenir une chapelure fine. Ajouter le sel et 3 c. à s. d'eau glacée.

2 Former une boule de pâte avec les mains, en ajoutant un peu d'eau glacée si besoin. Déposer la boule de pâte sur le plan de travail légèrement fariné. La pétrir rapidement et délicatement jusqu'à ce qu'elle soit souple. L'envelopper dans du film alimentaire et la placer au moins 1 heure au réfrigérateur.

3 Préchauffer le four à 200 °C. Sur le plan de travail légèrement fariné, étaler la pâte en un disque de 30 cm de diamètre et le poser sur une plaque aspergée d'un peu d'eau.

4 Pour la garniture, mélanger la poudre d'amandes et 1 cuillerée à soupe de sucre dans un bol. Étaler sur la pâte en laissant une bordure de 5 cm.

5 Disposer les lamelles de prunes sur la pâte, en forme de rosace. Rabattre la bordure sur les prunes en pressant légèrement. Badigeonner la bordure de lait et saupoudrer les fruits avec le reste de sucre. Placer les branches de thym au centre.

6 Faire cuire 35 à 40 minutes au four jusqu'à ce que les prunes soient tendres et la pâte dorée. Retirer du four et laisser refroidir 10 minutes. Retirer le thym et servir chaud avec de la crème liquide.

1 h 40 + réfrigération

Pour 8 personnes

Également bon **FROID**

CHERRY PIE

Cette recette de tourte aux cerises (*cherry pie*) est un grand classique américain. Les cerises mûres rendent beaucoup de jus à la cuisson mais la Maïzena assure une bonne tenue à la garniture car elle permet d'épaissir le jus.

INGRÉDIENTS

300 g de farine + pour saupoudrer
1 c. à s. de sel
2 c. à s. de sucre
225 g de beurre doux froid, coupé en dés
2 c. à s. de vinaigre de cidre

Pour la garniture

50 g de sucre + pour saupoudrer
30 g de Maïzena
1 c. à s. de jus de citron
le zeste d'½ citron
1 pincée de sel
½ c. à s. d'extrait de vanille
900 g de cerises sucrées dénoyautées
1 c. à s. de beurre doux froid, coupé en dés
1 gros œuf légèrement battu pour dorer

MATÉRIEL

1 tourtière de 23 cm de diamètre et de 5 cm de profondeur

À L'AVANCE

Vous pouvez préparer la pâte 2 jours à l'avance et la conserver au réfrigérateur dans du film alimentaire.

1 Pour la pâte, mettre la farine, le sel et le sucre dans un saladier et bien mélanger. Ajouter le beurre et sabler du bout des doigts pour obtenir une chapelure grossière. Mélanger le vinaigre et 180 ml d'eau glacée dans un bol.

2 Ajouter peu à peu 4 cuillerées à soupe de liquide et mélanger avec 2 fourchettes. La préparation doit ressembler à des grumeaux. Si la pâte semble trop sèche, ajouter un peu de liquide et mélanger.

ASTUCE Il ne faut pas pétrir la pâte trop longtemps car elle risquerait de durcir.

3 Déposer la pâte sur le plan de travail légèrement fariné et la pétrir 4 à 5 minutes jusqu'à ce qu'elle soit souple.

4 Prélever un tiers de la pâte. Envelopper les deux morceaux dans du film alimentaire et placer au moins 30 minutes au réfrigérateur, ou de préférence toute la nuit.

5 Sur le plan de travail légèrement fariné, étaler le morceau de pâte le plus gros en un disque de 30 à 33 cm et de 3 mm d'épaisseur. Le placer dans le moule en le faisant dépasser de 2 cm. Glisser au réfrigérateur.

6 Préchauffer le four à 200 °C. Pour la garniture, mettre le sucre, la Maïzena, le jus de citron, le zeste de citron, le sel et l'extrait de vanille dans un saladier et bien mélanger. Ajouter les cerises et remuer. Laisser macérer 10 à 15 minutes.

Pincez les bords de la pâte pour la décorer *(voir p. 35).*

ASTUCE Découpez une croix au centre avant la cuisson pour que la vapeur puisse sortir et empêcher la garniture de couler.

7 Verser la garniture dans le moule et parsemer les dés de beurre sur le dessus. Étaler le reste de pâte en un disque légèrement plus grand que le moule. Poser le disque de pâte sur la garniture et souder les bords. Placer 15 à 20 minutes au congélateur.

8 Badigeonner d'œuf battu et saupoudrer de sucre. Faire 4 incisions sur le dessus. Enfourner pour 35 à 45 minutes. Baisser à 180 °C et faire cuire encore 15 à 20 minutes. Quand le dessus est doré, retirer du four. Servir chaud. Le cherry pie se conserve 1 à 2 jours au réfrigérateur.

1 h 20
+ réfrigération

Pour 6 à 8 personnes

Également bon **FROID**

TOURTE poires et noix

La saveur douce des poires contraste avec le parfum des noix moulues de la pâte.

INGRÉDIENTS

60 g de noix

135 g de sucre
+ pour saupoudrer

250 g de farine tamisée
+ pour saupoudrer

1 œuf

150 g de beurre doux ramolli
+ pour le moule

½ c. à s. de sel

1 c. à s. de cannelle moulue

Pour la garniture

875 g de poires pelées, épépinées et coupées en quartiers

½ c. à s. de poivre noir du moulin

le jus d'1 citron

MATÉRIEL

1 moule à tarte à fond amovible de 23 cm de diamètre

À L'AVANCE

Vous pouvez préparer la pâte 2 jours à l'avance et la conserver au réfrigérateur dans du film alimentaire.

1 Mixer finement les noix et la moitié du sucre au robot. Les mélanger avec la farine dans un saladier. Creuser un puits. Y ajouter l'œuf, le beurre, le sel, la cannelle et le reste de sucre. Bien mélanger.

2 Incorporer peu à peu la farine et sabler la pâte. Former une boule et la pétrir 1 à 2 minutes sur le plan de travail légèrement fariné. Quand elle est souple, former une boule, l'envelopper dans du film alimentaire et la laisser raffermir 30 minutes au frais.

3 Préchauffer le four à 190 °C. Beurrer le moule. Sur le plan de travail fariné, étaler les deux tiers de la pâte en un disque de 28 cm. Foncer le moule. Couper la pâte qui dépasse et réfrigérer 1 heure. Incorporer les chutes de pâte au tiers restant et replacer au réfrigérateur.

4 Pour la garniture, retirer les fibres dures des poires. Mettre les poires, le poivre et le jus de citron dans un saladier. Mélanger. Égoutter le jus et disposer les poires sur la pâte, en rosace.

5 Étaler le reste de pâte en un disque de 25 cm de diamètre et le poser sur les poires. Couper les bords, badigeonner d'eau et souder. Parsemer de sucre et réfrigérer 15 minutes. Placer sur une plaque à pâtisserie et faire cuire 35 à 40 minutes au four jusqu'à ce que le dessus soit bien doré. Retirer du four et servir chaud.

1 h 05
+ réfrigération et refroidissement

Pour 6 personnes

Également bon **FROID**

CHAUSSONS aux pêches

Ces chaussons garnis de pêches épicées sont parfaits pour un pique-nique.

INGRÉDIENTS

150 g de farine
+ pour saupoudrer

½ c. à s. de sel

1 c. à s. de sucre
+ pour saupoudrer

115 g de beurre doux froid, coupé en dés

1 c. à s. de vinaigre de cidre

Pour la garniture

350 g de pêches pelées et coupées en morceaux de 2,5 cm

½ c. à s. de pâte de vanille ou 1 c. à s. d'extrait de vanille

50 g de cassonade

1 c. à s. de cannelle

¼ de c. à s. de sel

1 c. à s. de farine

1 gros œuf légèrement battu

À L'AVANCE

La pâte se conserve 2 jours au réfrigérateur dans du film alimentaire.

1 Mélanger la farine, le sel et le sucre dans un saladier. Ajouter le beurre et sabler du bout des doigts. Mélanger le vinaigre avec 120 ml d'eau glacée dans un bol en ajoutant peu à peu 4 cuillerées à soupe et mélanger avec 2 fourchettes.

2 Ajouter un peu de liquide si besoin. Pétrir la pâte sur le plan de travail fariné. Quand elle est souple, former une boule, l'envelopper et la placer 30 minutes au réfrigérateur ou, mieux, toute la nuit.

3 Pour la garniture, mélanger les pêches et la vanille dans un bol. Mêler la cassonade, la cannelle, le sel et la farine dans un autre bol, puis mélanger avec les pêches.

4 Étaler la pâte sur le plan de travail fariné, en un rectangle de 24 x 37 cm et de 2,5 cm d'épaisseur. Couper 6 carrés de 12 cm de côté. Les déposer sur une plaque à pâtisserie et humidifier un peu les bords.

5 Répartir la garniture sur l'une des moitiés des carrés de pâte. Replier la pâte sur la garniture et souder les bords en les pinçant de manière décorative. Placer 20 minutes au frais. Préchauffer le four à 190 °C.

6 Badigeonner les chaussons d'œuf battu. Faire 2 petites incisions sur le dessus de chaque chausson. Saupoudrer de sucre et faire cuire 30 à 35 minutes au four. Quand le dessus est bien doré, retirer du four et laisser refroidir légèrement. Servir chaud.

TOURTES

Idées de garnitures

Le cherry pie est un grand classique que vous pouvez décliner avec les garnitures proposées ici.

Abricot et pistache ▲

Remplacer les cerises par 1,1 kg d'abricots mûrs coupés en deux, dénoyautés et coupés en quartiers. Les mélanger avec 30 g de pistaches concassées et les ajouter aux autres ingrédients de la garniture (voir p. 26-29, étape 6).

◂ Myrtille et pêche

Remplacer les cerises par 600 g de pêches mûres pelées, dénoyautées et coupées en tranches épaisses, et 300 g de myrtilles. Les ajouter aux autres ingrédients de la garniture (voir p. 26-29, étape 6).

◂ Pomme et cannelle

Remplacer les cerises par 1,35 kg de pommes acides pelées et coupées en dés. Ajouter 50 g de cassonade, ½ c. à s. de cannelle, ¼ de c. à s. de clous de girofle et ¼ de c. à s. de noix muscade râpée aux autres ingrédients de la garniture (voir p. 26-29, étape 6).

◂ Mûre et pomme

Remplacer les cerises par 450 g de mûres et 450 g de pommes pelées, épépinées et coupées en dés. Les ajouter aux autres ingrédients de la garniture (voir p. 26-29, étape 6).

Prune jaune ▲

Remplacer les cerises par la même quantité de prunes coupées en deux et dénoyautées. Les ajouter aux autres ingrédients de la garniture (voir p. 26-29, étape 6). Les prunes très mûres rendent beaucoup de jus, donc choisir de petites prunes à peine mûres.

Rhubarbe et fraise ▸

Couper 450 g de rhubarbe en morceaux de 2 cm et les mélanger avec la même quantité de fraises. Les ajouter aux autres ingrédients de la garniture (voir p. 26-29, étape 6).

1 h 35
+ réfrigération et refroidissement

Pour 8 personnes

Également bon **FROID**

STREUSEL myrtilles et pommes

Le streusel est une sorte de crumble allemand. Il recouvre ici une garniture aux myrtilles et apporte une touche légèrement croquante. Il faut cuire la pâte à blanc avant de la garnir pour qu'elle soit bien dorée et croustillante.

INGRÉDIENTS

200 g de farine + pour saupoudrer

100 g de beurre doux froid, coupé en dés

1 œuf battu

Pour le streusel

75 g de farine

30 g de cassonade

½ c. à s. de cannelle

75 g de beurre doux

45 g de flocons d'avoine

45 g de noix de pécan

glace au caramel au beurre salé pour servir (facultatif)

Pour la garniture

250 g de myrtilles

250 g de pommes pelées, épépinées et coupées en dés d'1 cm

2 c. à s. de Maïzena

3 c. à s. de sucre

MATÉRIEL

1 moule à tarte profond à fond amovible de 23 cm de diamètre

légumes secs pour la cuisson

À L'AVANCE

La pâte cuite à blanc se garde 2 jours au réfrigérateur dans un récipient hermétique.

1

Verser la farine dans un saladier. Ajouter le beurre et mélanger du bout des doigts pour obtenir une chapelure fine. Ajouter l'œuf et former une pâte souple. L'envelopper dans du film alimentaire et la placer 30 minutes au réfrigérateur. Préchauffer le four à 180 °C.

Étaler la pâte sur le plan de travail fariné, sur 5 mm d'épaisseur. Foncer le moule et découper la pâte qui dépasse. Piquer la pâte et recouvrir de papier sulfurisé. Ajouter des légumes secs et faire cuire 20 minutes au four. Retirer les légumes secs et le papier sulfurisé ; faire cuire encore 5 minutes. Laisser refroidir.

2

3

Monter le four à 190 °C. Mélanger la farine, le sucre, la cannelle et le beurre en chapelure grossière. Incorporer les flocons d'avoine et les noix de pécan.

4

Pour la garniture, mettre tous les ingrédients dans un saladier et mélanger pour enrober les fruits de sucre et de Maïzena.

ASTUCE Les dés de pommes doivent être assez petits pour cuire au four, tout en conservant leur texture.

5

Étaler la garniture uniformément sur la pâte cuite et tasser légèrement. Ajouter le streusel au centre et secouer le moule pour le répartir.

Faire cuire 40 à 45 minutes au four. Couvrir de papier d'aluminium si le dessus cuit trop vite. Laisser refroidir 30 minutes. Démouler et servir chaud avec de la glace au caramel au beurre salé, si vous le souhaitez. La tarte se conserve 2 jours au réfrigérateur.

6

1 h + réfrigération | **Pour 6 personnes** | Également bon **FROID**

MINCE PIE

Le mince pie est une tartelette sucrée anglaise servie à Noël. Notre version vous fera retrouver les parfums de ce classique.

INGRÉDIENTS

- 60 g de cranberries séchées
- 150 g de raisins secs blonds et 150 g de raisins de Corinthe
- 30 g de fruits confits
- 150 g de pommes pelées, épépinées et râpées
- 2 c. à s. de cognac
- 30 g de noix hachées
- le zeste râpé et le jus d'1 orange
- ½ c. à s. de cannelle moulue
- ¼ de c. à s. de noix muscade râpée
- ⅛ de c. à s. de clous de girofle moulus
- 15 g d'amandes effilées
- sucre glace pour saupoudrer
- 150 g de farine + pour saupoudrer
- 25 g de sucre
- 85 g de beurre doux froid, coupé en dés
- 1 œuf battu

Pour la frangipane

- 100 g de beurre doux ramolli
- 100 g de sucre
- 2 gros œufs
- 100 g de poudre d'amandes
- 30 g de farine

MATÉRIEL

- 1 moule à tarte profond à fond amovible de 23 cm de diamètre
- légumes secs pour la cuisson

1 Pour la garniture, hacher les cranberries, les raisins secs et les fruits confits. Les mettre dans un saladier avec les pommes, le cognac, les noix, le zeste et le jus d'orange ainsi que les épices. Mélanger, couvrir de film alimentaire et réfrigérer toute la nuit.

2 Pour la pâte, mélanger la farine et le sucre dans un saladier. Ajouter le beurre et sabler du bout des doigts. Ajouter l'œuf et former une boule. Envelopper et réfrigérer 30 minutes. Préchauffer le four à 180 °C.

3 Étaler la pâte sur le plan de travail fariné, sur 5 mm d'épaisseur. Foncer le moule. Piquer avec une fourchette, recouvrir de papier sulfurisé, déposer les légumes secs et faire cuire 20 minutes au four. Retirer les légumes secs et le papier sulfurisé ; faire cuire 5 minutes de plus. Laisser refroidir.

4 Pour la frangipane, battre le beurre et le sucre jusqu'à ce que le mélange blanchisse. Ajouter les œufs un à un et fouetter entre chaque ajout. Incorporer la poudre d'amandes et la farine.

5 Étaler la garniture sur la pâte cuite. Ajouter la frangipane en couche uniforme. Parsemer d'amandes effilées. Faire cuire 40 minutes au four. Quand le gâteau est doré, laisser refroidir 10 minutes avant de démouler. Saupoudrer de sucre glace et servir chaud. Le mince pie se conserve 3 jours dans un récipient hermétique.

35 min + réfrigération et refroidissement | **Pour 4 personnes** | Également bon **FROID**

TARTELETTES prunes et mûres

Ces tartelettes se préparent sans moule et la garniture aux fruits d'automne offre un joli mélange de couleurs et de saveurs.

INGRÉDIENTS

- 200 g de farine + pour saupoudrer
- 50 g de sucre
- 100 g de beurre doux froid, coupé en dés
- 2 à 5 grosses prunes dénoyautées et coupées en dés de 2 cm
- 200 g de mûres
- 1 c. à s. de poudre d'amandes
- 1 c. à s. de cassonade + pour saupoudrer
- ½ c. à s. de zeste de citron
- 1 œuf battu pour dorer
- crème anglaise pour servir

1 Tamiser la farine et le sucre dans un saladier. Ajouter le beurre et mélanger du bout des doigts pour obtenir une chapelure grossière. Ajouter 3 à 4 cuillerées à soupe d'eau glacée et former une boule souple. Envelopper dans du film alimentaire et réfrigérer 30 minutes.

2 Préchauffer le four à 200 °C. Mélanger les prunes, les mûres, la poudre d'amandes, la cassonade et le zeste de citron dans un saladier. Diviser la pâte en 4 parts égales. Former des boules et étaler chacune sur le plan de travail légèrement fariné en un disque de 20 cm de diamètre.

3 Déposer un quart de la garniture au centre de chaque disque de pâte. Rabattre les bords et les pincer ensemble en laissant un espace ouvert au centre pour montrer l'intérieur. Badigeonner d'œuf battu et saupoudrer de cassonade.

4 Disposer les tartelettes sur une plaque à pâtisserie antiadhésive et faire cuire 20 minutes au four. Quand la pâte est croustillante en dessous et dorée au-dessus, retirer du four et laisser refroidir 10 minutes. Servir chaud avec de la crème anglaise, de préférence le jour même.

40 min
+ refroidissement

Pour
6 personnes

Également bon
FROID

TARTELETTES pêches et framboises

La pâte filo prête à l'emploi facilite la réalisation de ces tartelettes parfaites pour terminer un repas estival.

INGRÉDIENTS

3 feuilles de pâte filo prête à l'emploi

farine pour saupoudrer

30 g de beurre doux fondu + un peu si nécessaire

30 g de poudre d'amandes

1 c. à s. de pistaches finement hachées

yaourt grec pour servir

Pour la garniture

2 pêches mûres pelées, dénoyautées et coupées en fines lamelles

125 g de framboises

1 c. à s. bombée de cassonade

MATÉRIEL

1 moule à muffins à 6 empreintes

1 Préchauffer le four à 190 °C. Sur le plan de travail fariné, étaler une feuille de pâte filo et la badigeonner d'un peu de beurre. La couvrir d'une autre feuille de pâte filo, badigeonner de beurre et ajouter la dernière feuille de pâte. Couper en 6 parts égales.

2 Beurrer le moule à muffins et presser délicatement la pâte filo dans chaque empreinte. Badigeonner les bords de la pâte avec du beurre et couvrir le moule avec un torchon humide. Pour la garniture, mélanger tous les ingrédients dans un saladier.

3 Répartir la poudre d'amandes dans chaque empreinte et ajouter la garniture en formant une pointe au centre. Faire cuire 15 à 20 minutes, jusqu'à ce que la pâte soit croustillante et dorée, et que la garniture soit tendre.

4 Retirer du four et laisser refroidir 5 minutes dans le moule. Démouler et faire refroidir quelques instants sur une grille avant d'ajouter les pistaches sur le dessus. Servir chaud avec du yaourt à la grecque. À consommer de préférence le jour même.

Bordures décorées

Pour rendre vos tartes plus jolies, vous pouvez réaliser des décorations sur la bordure avant de faire cuire la pâte à blanc.

Crans Pincer la pâte de l'extérieur vers l'intérieur, avec le pouce et l'index d'une main pour créer un bourrelet. En même temps, pousser la pâte entre le pouce et l'index avec l'index de l'autre main, de l'intérieur. Répéter pour décorer toute la bordure.

Tresse Découper 3 bandes de pâte de 23 x 1 cm. Réaliser une tresse et la coller avec de l'œuf battu sur la bordure de la pâte. Répéter l'opération avec 2 tresses de même taille pour décorer toute la bordure.

Feuilles Découper 40 feuilles environ avec un emporte-pièce en forme de petite feuille et utiliser la pointe d'un couteau pointu pour dessiner les nervures sur chaque feuille. Les coller sur la bordure avec de l'œuf battu en les chevauchant. Badigeonner le dessus avec de l'œuf battu.

Torsades Découper 2 bandes de pâte de 2,5 x 38 cm. Les torsader sans trop serrer. Les coller sur la bordure avec de l'œuf battu en pressant légèrement pour ler fixer sur le pourtour de la tarte.

1 h 10 + réfrigération

Pour 4 à 6 personnes

Également bon **FROID**

TARTE TATIN aux pommes

Selon la légende, la tarte tatin serait née d'une maladresse des sœurs Tatin au XIXe siècle. Pour obtenir une couche uniforme de pommes caramélisées, il faut combler tous les espaces entre les tranches de pommes avec de petits morceaux de pomme.

INGRÉDIENTS

175 g de farine tamisée + pour saupoudrer

25 g de sucre

100 g de beurre doux froid, coupé en dés

glace à la vanille pour servir

Pour la garniture

150 g de sucre

30 g de beurre doux

4 à 5 pommes à chair ferme, par exemple Gala ou Golden, pelées, épépinées et coupées en huit

MATÉRIEL

1 poêle de 23 cm de diamètre allant au four ou 1 moule de 23 cm allant sur le feu

1

Verser la farine et le sucre dans un saladier. Ajouter le beurre et sabler pour obtenir une chapelure grossière. Ajouter 3 cuillerées à soupe d'eau glacée et former une boule souple. L'envelopper dans du film alimentaire et la réfrigérer 30 minutes.

2

Pour la garniture, étaler le sucre dans la poêle et chauffer à feu doux jusqu'à ce qu'il fonde sur les bords. Faire dorer le caramel, sans trop remuer car cela le ferait durcir. Retirer du feu.

3

Incorporer le beurre en remuant. Étaler le caramel en couche uniforme dans la poêle puis laisser refroidir et durcir. Préchauffer le four à 200 °C.

4

Déposer les tranches de pommes sur le caramel en les serrant bien. Combler les espaces avec de petits morceaux de pomme.

5

Étaler la pâte sur le plan de travail fariné. Avec une assiette, découper un cercle de 24 cm et en recouvrir les pommes. Rentrer les bords dans la poêle pour créer un petit rebord.

6

Faire cuire 30 à 35 minutes dans la partie supérieure du four jusqu'à ce que la pâte soit dorée. Laisser refroidir 5 minutes avant de retourner délicatement la tarte sur une grande assiette. Récupérer le caramel dans la poêle et l'ajouter sur la tarte. Servir aussitôt avec de la glace à la vanille.

30 min
+ refroidissement et réfrigération

Pour 4 à 6 personnes

Également bon **FROID**

TARTE TATIN
aux figues et mascarpone au chèvre

Les figues sucrées offrent une merveilleuse garniture caramélisée. Cette tarte spectaculaire mais simple à réaliser est délicieuse avec du mascarpone au fromage de chèvre frais qui apporte une touche orientale à ce classique.

INGRÉDIENTS

- 60 g de beurre doux
- 60 g de sucre
- 8 figues mûres équeutées et coupées en deux
- farine pour saupoudrer
- 1 pâte feuilletée pur beurre prête à l'emploi

Pour le mascarpone

- 150 g de mascarpone à température ambiante
- 100 g de fromage de chèvre frais à température ambiante
- 6 c. à s. de crème liquide
- 3 c. à s. de sucre glace

MATÉRIEL

1 poêle de 23 cm de diamètre allant au four ou 1 moule de 23 cm allant sur le feu

À L'AVANCE

Vous pouvez préparer le mascarpone 3 jours à l'avance et le conserver couvert au réfrigérateur.

1 Préchauffer le four à 220 °C. Mettre le beurre et le sucre dans la poêle chauffée à feu modéré. Faire fondre en remuant sans cesse. Retirer du feu et laisser refroidir.

2 Déposer les figues, le côté coupé vers le bas, sur le caramel. Poser la pâte feuilletée sur le dessus en rentrant les bords pour créer un petit rebord autour des figues.

3 Faire cuire 20 minutes dans la partie supérieure du four jusqu'à ce que la pâte soit dorée. Laisser refroidir 5 minutes avant de retourner délicatement la tarte sur le plat de service. Récupérer le caramel dans la poêle et l'ajouter sur la tarte.

4 Pendant ce temps, préparer le mascarpone en mettant tous les ingrédients dans un saladier. Battre le mélange jusqu'à ce qu'il soit lisse et homogène. Placer au réfrigérateur jusqu'au moment de servir. Déguster ce dessert chaud, le jour même, avec le mascarpone.

35 min + refroidissement — **Pour 4 à 6 personnes** — Également bon **FROID**

TARTE TATIN
banane, érable et rhum

Le parfum du sirop d'érable se marie délicieusement à la saveur douce de la banane. Vous pouvez servir cette tarte tatin originale avec une glace à la vanille de qualité.

INGRÉDIENTS

- 2 c. à s. de sirop d'érable
- 30 g de cassonade
- 30 g de beurre doux
- 2 c. à s. de rhum
- 4 bananes pas trop mûres coupées en rondelles de 2 cm
- farine pour saupoudrer
- 1 pâte feuilletée pur beurre prête à l'emploi

MATÉRIEL

1 poêle de 23 cm de diamètre allant au four ou 1 moule de 23 cm allant sur le feu

1 Préchauffer le four à 220 °C. Chauffer le sirop d'érable, la cassonade, le beurre et le rhum dans une poêle à feu modéré. Faire fondre en remuant sans cesse.

2 Porter à ébullition, baisser le feu et faire cuire 2 à 3 minutes pour faire réduire le caramel. Retirer du feu et laisser refroidir. Disposer les tranches de bananes sur le caramel en les serrant bien.

3 Ajouter la pâte feuilletée sur le dessus en rentrant le pourtour pour créer un petit rebord autour des bananes.

4 Faire cuire 20 minutes dans la partie supérieure du four jusqu'à ce que la pâte soit dorée. Laisser refroidir 5 minutes avant de retourner délicatement la tarte sur un plat de service. Récupérer le caramel dans la poêle et l'ajouter sur la tarte. Servir aussitôt.

Variantes simples

De nombreux fruits se prêtent à la caramélisation. Utilisez une bonne recette de pâte, comme celle de la Tarte tatin aux pommes (voir p. 36-37).

Pomme et mûre Combler les espaces entre les tranches de pommes avec des mûres (voir p. 37, étape 4). Compter 1 pomme en moins et 100 g de mûres.

Poire Remplacer les pommes par la même quantité de poires pas trop mûres, pelées, épépinées et coupées en lamelles (voir p. 36-37).

Ananas Le parfum du caramel s'harmonise parfaitement avec l'ananas. Peler 1 ananas moyen, retirer le cœur dur et couper en dés de 2 cm pour remplacer les pommes de la recette (voir p. 36-37).

Abricot Remplacer les pommes (voir p. 36-37) par 8 abricots coupés en deux et dénoyautés. Comme pour tous les fruits tendres, ne pas choisir de fruits trop mûrs car ils risqueraient de se transformer en purée avant que la pâte ne soit cuite.

Prune Remplacer les pommes (voir p. 36-37) par 8 à 10 grosses prunes foncées et fermes, coupées en deux et dénoyautées. Les poser sur le caramel, côté coupé vers le bas.

Pêche Remplacer les pommes (voir p. 36-37) par 4 à 6 pêches mûres coupées en deux, dénoyautées et coupées en tranches.

1 h 30
+ réfrigération et refroidissement

Pour
8 personnes

TARTE NORMANDE aux poires

La pâte riche et croustillante rend cette tarte normande irrésistible. L'association des poires et de la frangipane est plus traditionnelle, mais vous pouvez également utiliser des pommes.

INGRÉDIENTS

75 g de beurre doux ramolli et coupé en dés + pour le moule

175 g de farine tamisée + pour saupoudrer

3 jaunes d'œufs

60 g de sucre

1 pincée de sel

½ c. à s. d'extrait de vanille

3 à 4 poires mûres, pelées, épépinées et coupées en quartiers

le jus d'1 citron

crème liquide entière ou crème fraîche pour servir

Pour la frangipane

125 g de beurre doux ramolli

100 g de sucre

1 œuf + 1 jaune légèrement battu

1 c. à s. de kirsch

125 g de poudre d'amandes

2 c. à s. de farine tamisée

Pour le nappage

150 g de confiture d'abricots

2 à 3 c. à s. de kirsch ou d'eau

MATÉRIEL

1 moule à tarte cannelé à fond amovible de 23 cm de diamètre

À L'AVANCE

Le fond de tarte se conserve 3 jours au réfrigérateur dans un récipient hermétique ou 3 mois au congélateur.

1

Préchauffer le four à 200 °C et beurrer le moule. Mettre la farine dans un saladier et creuser un puits au centre. Ajouter le beurre, les jaunes d'œufs, le sucre, le sel et l'extrait de vanille, puis bien mélanger.

2

Travailler les ingrédients du bout des doigts pour former une pâte collante. Ajouter un peu d'eau si besoin. Pétrir la pâte 1 à 2 minutes sur le plan de travail fariné. L'envelopper dans du film alimentaire et réfrigérer 30 minutes.

Pétrissez la pâte délicatement jusqu'à ce qu'elle soit souple.

3

Sur le plan de travail légèrement fariné, étaler la pâte en un disque de 28 cm de diamètre. La mettre dans le moule et couper la pâte qui dépasse. Piquer le fond avec une fourchette et placer pendant 15 minutes au réfrigérateur jusqu'à ce qu'elle soit ferme.

4

Pour la frangipane, battre le beurre et le sucre 2 à 3 minutes. Quand le mélange est mousseux, ajouter l'œuf et le jaune, en fouettant bien entre chaque ajout. Incorporer le kirsch, la poudre d'amandes et la farine.

5

Mélanger les poires et le jus de citron dans un bol. Étaler la frangipane en couche uniforme sur la pâte et déposer les poires sur le dessus en forme de rosace. Poser le moule sur une plaque à pâtisserie et faire cuire 12 à 15 minutes au four. Baisser la température à 180 °C et faire cuire 25 à 30 minutes de plus jusqu'à ce que la tarte soit dorée.

6

Laisser refroidir légèrement avant de démouler la tarte. Pour le nappage, passer la confiture dans une passoire au-dessus d'un récipient résistant à la chaleur. Ajouter le kirsch et faire fondre au bain-marie. Badigeonner la tarte avec ce mélange. Servir chaud avec de la crème. La tarte se conserve 2 jours dans un récipient hermétique.

1 h 15
+ réfrigération et refroidissement

Pour 8 personnes

TARTE aux pommes

Cette tarte magnifique associe une compote de pommes, des lamelles de pommes disposées en rosace et un nappage à la confiture d'abricots.

INGRÉDIENTS

- farine pour saupoudrer
- 375 g de pâte sucrée prête à l'emploi
- 2 c. à s. de confiture d'abricots passée à travers une passoire

Pour la garniture

- 50 g de beurre doux
- 750 g de pommes à compote pelées, épépinées et coupées en dés
- 125 g de sucre
- le zeste finement râpé et le jus d'½ citron
- 2 c. à s. de calvados ou de cognac
- 2 pommes fermes pelées, épépinées et coupées en fines lamelles

MATÉRIEL

- 1 moule à tarte à fond amovible de 23 cm de diamètre
- légumes secs pour la cuisson

À L'AVANCE

Le fond de tarte cuit se conserve 3 jours au réfrigérateur dans un récipient hermétique ou 3 mois au congélateur.

1 Sur le plan de travail légèrement fariné, étaler la pâte en un disque de 28 cm de diamètre et 3 mm d'épaisseur. La placer dans le moule en la faisant dépasser de 2 cm. Piquer le fond et glisser 30 minutes au réfrigérateur. Préchauffer le four à 200 °C.

2 Recouvrir la pâte de papier sulfurisé et ajouter des légumes secs sur le dessus. Poser le moule sur une plaque à pâtisserie et faire cuire 20 minutes au four. Retirer les légumes secs et le papier sulfurisé ; faire cuire 5 minutes de plus. Quand la pâte est dorée, la retirer du four et couper ce qui dépasse. Réserver.

3 Pour la garniture, faire fondre le beurre à feu doux dans une casserole et ajouter les dés de pommes. Couvrir et faire cuire 15 minutes, en remuant, jusqu'à ce que les pommes soient tendres. Écraser en compote à travers une passoire.

4 Reverser la compote dans la casserole. Réserver 1 cuillerée à soupe de sucre et incorporer le reste dans la compote. Ajouter le zeste de citron et le calvados, puis faire épaissir sur feu doux en remuant souvent.

5 Étaler la compote sur la pâte cuite à blanc. Sur le dessus, disposer les tranches de pommes en rosace. Badigeonner de jus de citron et saupoudrer le sucre réservé. Faire dorer 30 à 35 minutes au four.

6 Laisser refroidir légèrement avant de démouler la tarte. Faire chauffer la confiture et badigeonner le dessus de la tarte. Servir chaud. La tarte se conserve 2 jours au réfrigérateur dans un récipient hermétique.

1 h 10
+ réfrigération et refroidissement

Pour 8 personnes

TARTE à la crème

Cette tarte recouverte d'une crème délicatement aromatisée à la muscade est un grand classique britannique.

INGRÉDIENTS

175 g de farine + pour saupoudrer

100 g de beurre doux froid, coupé en dés

50 g de sucre

2 jaunes d'œufs

½ c. à s. d'extrait de vanille

Pour la garniture

2 œufs

30 g de sucre

½ c. à s. d'extrait de vanille

¼ de c. à s. de noix muscade râpée

225 ml de lait

150 ml de crème liquide entière

MATÉRIEL

1 moule à tarte à fond amovible de 23 cm de diamètre

légumes secs pour la cuisson

À L'AVANCE

Le fond de tarte cuit se conserve 3 jours au réfrigérateur dans un récipient hermétique ou 3 mois au congélateur.

1 Mettre la farine dans un saladier. Ajouter le beurre et mélanger du bout des doigts pour obtenir une chapelure. Incorporer le sucre. Dans un bol, battre les jaunes d'œufs et l'extrait de vanille, puis les ajouter dans le saladier et mélanger pour former une pâte souple. L'envelopper dans du film alimentaire et placer 1 heure au réfrigérateur.

2 Préchauffer le four à 200 °C. Étaler la pâte et foncer le moule (voir Tarte aux pommes, étape 1). Piquer la pâte avec une fourchette, placer au réfrigérateur et faire cuire à blanc jusqu'à ce qu'elle soit dorée (voir Tarte aux pommes, étape 2). Couper la pâte qui dépasse. Baisser le four à 170 °C.

3 Pour la garniture, battre les œufs, le sucre, l'extrait de vanille et la noix muscade dans un saladier. Dans une casserole, porter à ébullition le lait et la crème, ajouter les œufs battus et mélanger au fouet.

4 Poser le moule à tarte sur une plaque à pâtisserie. Verser la crème sur la pâte cuite à blanc et étaler en couche uniforme. Faire cuire 20 à 25 minutes au four jusqu'à ce que la crème soit ferme mais encore tremblotante. Laisser refroidir 15 minutes avant de démouler. Servir chaud. La tarte se conserve 1 journée au réfrigérateur, dans un récipient hermétique.

1 h 50
+ réfrigération et refroidissement

Pour 8 personnes

TARTE façon treacle

La garniture de cette tarte anglaise est généralement un mélange de golden syrup et de chapelure fraîche. Cette version est revisitée avec de la crème et des œufs qui donnent une texture moins compacte.

INGRÉDIENTS

150 g de farine + pour saupoudrer

100 g de beurre doux froid, coupé en dés

½ c. à s. d'extrait de vanille

1 jaune d'œuf

50 g de sucre

Pour la garniture

200 ml de golden syrup

200 ml de crème fraîche épaisse entière

2 œufs

le zeste finement râpé d'1 orange

100 g de chapelure préparée avec du croissant ou de la brioche

crème fraîche épaisse pour servir

MATÉRIEL

1 moule à tarte à fond amovible de 23 cm de diamètre

légumes secs pour la cuisson

1 Verser la farine dans un saladier. Ajouter le beurre et mélanger du bout des doigts pour obtenir une chapelure. Incorporer le sucre. Dans un bol, battre l'extrait de vanille et le jaune d'œuf, puis ajouter dans le saladier et mélanger pour former une pâte souple. L'envelopper dans du film alimentaire et placer 30 minutes au réfrigérateur.

2 Préchauffer le four à 180 °C. Étaler la pâte et foncer le moule (voir Tarte aux pommes, étape 1). Piquer la pâte avec une fourchette, placer au réfrigérateur, puis faire cuire à blanc jusqu'à ce qu'elle soit dorée (voir Tarte aux pommes, étape 2). Couper la pâte qui dépasse. Baisser le four à 170 °C.

3 Pour la garniture, battre le golden syrup, la crème, les œufs et le zeste d'orange dans un saladier. Incorporer délicatement la chapelure et bien mélanger. Placer le moule à tarte sur une plaque à pâtisserie posée sur la grille du four. Verser la garniture sur la pâte cuite à blanc et étaler en couche uniforme.

4 Glisser délicatement la grille dans le four et faire cuire 30 minutes jusqu'à ce que la garniture soit juste cuite. Laisser refroidir 15 minutes avant de démouler. Servir chaud avec de la crème épaisse. La tarte se conserve 2 jours dans un récipient hermétique.

À L'AVANCE

Le fond de tarte cuit se conserve 3 jours au réfrigérateur dans un récipient hermétique ou 3 mois au congélateur.

1 h 35
+ refroidissement

Pour 8 personnes

Également bon **FROID**

TARTE au potiron

Riche et sucrée, cette tarte au potiron est un grand classique américain qui offre le parfum et les saveurs de l'automne. Elle est traditionnellement servie en dessert au moment des fêtes de Thanksgiving.

INGRÉDIENTS

115 g de beurre froid, coupé en dés + pour le moule

150 g de farine + pour saupoudrer

1 c. à s. de sucre

½ c. à s. de sel

1 c. à s. de vinaigre de cidre

crème Chantilly pour servir

Pour la garniture

400 g de purée de potiron bien égouttée

120 ml de lait entier

175 g de cassonade

⅛ de c. à s. de cannelle moulue

½ c. à s. de noix muscade râpée

⅛ de c. à s. de quatre-épices

½ c. à s. de sel

2 gros œufs

MATÉRIEL

1 moule à manqué de 23 cm de diamètre et de 5 cm de profondeur

légumes secs pour la cuisson

À L'AVANCE

La pâte cuite à blanc se garde 3 jours dans un récipient hermétique.

1 Beurrer le moule. Mélanger la farine, le sucre et le sel dans un saladier. Ajouter le beurre et mélanger du bout des doigts pour obtenir une chapelure grossière. Dans un bol, mélanger le vinaigre et 120 ml d'eau glacée.

2 Ajouter peu à peu 8 cuillerées à soupe de liquide dans le saladier et mélanger avec 2 fourchettes jusqu'à ce que des grumeaux se forment. Ajouter un peu de liquide si la pâte semble trop sèche.

ASTUCE La réfrigération de la pâte permet au gluten de se détendre : elle est ainsi plus facile à étaler et ne se rétracte pas à la cuisson.

3 Sur le plan de travail légèrement fariné, pétrir la pâte quelques instants jusqu'à ce qu'elle s'amalgame. L'envelopper dans du film alimentaire et la placer 30 minutes au réfrigérateur ou, mieux, toute la nuit.

4 Sur le plan de travail légèrement fariné, étaler la pâte en un disque de 30 cm de diamètre et de 2 mm d'épaisseur. La disposer dans le moule en la faisant dépasser d'1 cm. Pincer les bords de la pâte (voir p. 35) et placer 30 minutes au réfrigérateur. Préchauffer le four à 190 °C.

ASTUCE La cuisson à blanc permet d'empêcher que la pâte ne soit détrempée par la garniture.

5 Piquer le fond de la pâte avec une fourchette. Recouvrir de papier sulfurisé et ajouter des légumes secs. Placer sur une plaque à pâtisserie et faire cuire 25 minutes environ au four jusqu'à ce qu'elle soit légèrement dorée sur les bords.

6 Retirer les légumes secs et le papier sulfurisé. Faire cuire 6 à 10 minutes de plus jusqu'à ce que la pâte soit dorée. Retirer du four et laisser refroidir. Baisser le four à 180 °C.

7 Pour la garniture, fouetter la purée de potiron, le lait et la cassonade jusqu'à ce que le mélange soit lisse. Incorporer les épices, le sel et les œufs en fouettant bien.

8 Verser la garniture sur la pâte. Placer sur une plaque. Couvrir les bords de papier d'aluminium. Faire cuire 35 à 40 minutes au four. Retirer le papier d'aluminium et faire cuire encore 10 minutes. Laisser refroidir un peu et servir chaud avec de la chantilly. La tarte se garde 2 jours dans une boîte hermétique.

1 h 40
+ réfrigération et refroidissement

Pour 8 personnes

Également bon **FROID**

TARTE au potiron façon crème brûlée

La cardamome et les clous de girofle donnent du piquant à cette tarte. Le dessus caramélisé apporte une finition professionnelle – une technique à essayer avec toutes les tartes de type flan.

INGRÉDIENTS

- 115 g de beurre doux froid, coupé en dés + pour le moule
- 150 g de farine + pour saupoudrer
- 2 ½ c. à s. de sucre
- ½ c. à s. de sel
- 1 c. à s. de vinaigre de cidre
- chantilly pour servir

Pour la garniture

- 400 g de purée de potiron bien égouttée
- 400 g de lait concentré
- 1 ¼ c. à s. de cannelle moulue
- ½ c. à s. de noix muscade râpée
- ¼ de c. à s. de cardamome moulue
- ⅛ de c. à s. de clous de girofle moulus
- ½ c. à s. d'extrait de vanille
- ¼ de c. à s. de sel
- 2 gros œufs

MATÉRIEL

- 1 moule à manqué de 23 cm de diamètre et de 5 cm de profondeur
- légumes secs pour la cuisson
- chalumeau de cuisine

À L'AVANCE

La pâte cuite à blanc se garde 3 jours dans un récipient hermétique.

1 Mélanger la farine, 1 cuillerée à soupe de sucre et le sel dans un saladier. Ajouter le beurre et sabler grossièrement du bout des doigts. Dans un bol, mélanger le vinaigre et 60 ml d'eau glacée.

2 Ajouter peu à peu 8 cuillerées à soupe de liquide dans le saladier et mélanger avec 2 fourchettes. Ajouter un peu de liquide si la pâte semble trop sèche. Sur le plan de travail fariné, pétrir la pâte quelques instants. L'envelopper et la réfrigérer 30 minutes ou, mieux, toute la nuit.

3 Sur le plan de travail fariné, étaler la pâte en un disque de 30 à 33 cm, sur 3 mm d'épaisseur. Foncer le moule beurré en faisant dépasser la pâte d'1 cm. Pincer les bords et réfrigérer 30 minutes. Préchauffer le four à 190 °C.

4 Piquer le fond de la pâte avec une fourchette. Recouvrir de papier sulfurisé et ajouter des légumes secs. Faire cuire 25 minutes au four. Retirer les légumes secs et le papier sulfurisé. Faire dorer 6 à 10 minutes de plus puis retirer du four.

5 Baisser le four à 180 °C. Fouetter la purée de potiron et le lait, puis le reste des ingrédients.

6 Verser cette garniture sur la pâte cuite, couvrir les bords de papier d'aluminium et faire cuire 35 minutes au four. Retirer le papier d'aluminium et faire cuire 10 minutes de plus. Retirer du four et laisser refroidir complètement.

7 Saupoudrer le reste de sucre et l'étaler avec le dos d'une cuillère. Caraméliser au chalumeau. Servir à température ambiante avec de la chantilly. La tarte se conserve 2 jours dans un récipient hermétique.

1 h 30 + réfrigération et refroidissement | **Pour 8 personnes** | Également bon **FROID**

TARTE à la patate douce

Une autre spécialité américaine épicée et veloutée.

INGRÉDIENTS

- 1 ½ c. à s. de beurre doux fondu + pour le moule
- 270 g de pâte sucrée (voir Tarte au potiron façon crème brûlée, étapes 1-2)
- 550 g de patates douces cuites à l'eau et écrasées en purée
- ¼ de c. à s. de sel
- 200 ml de lait concentré
- 120 ml de lait en poudre
- 2 c. à s. de cassonade
- 1 ¼ de c. à s. de cannelle moulue
- ½ c. à s. de noix muscade râpée
- ½ c. à s. d'extrait de vanille
- 2 gros œufs
- chantilly pour servir

MATÉRIEL

- 1 moule à manqué de 23 cm de diamètre et de 5 cm de profondeur
- légumes secs pour la cuisson

À L'AVANCE

La pâte cuite à blanc se garde 3 jours dans un récipient hermétique.

1 Préchauffer le four à 180 °C. Beurrer le moule. Étaler la pâte, la placer dans le moule et faire cuire à blanc (voir Tarte au potiron façon crème brûlée, étapes 3 et 4). Battre la purée de patates douces, le beurre, le sel, le lait concentré et le lait en poudre dans un saladier jusqu'à ce que le mélange soit lisse et homogène.

2 Ajouter la cassonade, la cannelle, la noix muscade, l'extrait de vanille et les œufs dans le saladier. Bien mélanger et verser sur la pâte cuite, en couche uniforme. Couvrir les bords de papier d'aluminium.

3 Faire cuire 35 minutes environ au four jusqu'à ce que la garniture soit cuite. Retirer le papier d'aluminium et faire cuire 10 minutes de plus. Retirer du four.

4 Laisser refroidir légèrement. Démouler et faire refroidir sur une grille. Servir à température ambiante avec de la chantilly. La tarte se conserve 2 jours dans un récipient hermétique.

1 h 30 + réfrigération et refroidissement | **Pour 8 personnes** | Également bon **FROID**

TARTE potiron et noix de pécan

Cette recette nécessite un moule en métal car il répartit mieux la chaleur et permet d'obtenir une pâte plus croustillante.

INGRÉDIENTS

- 150 g de farine + pour saupoudrer
- 100 g de beurre doux froid, coupé en dés
- 50 g de sucre
- 1 jaune d'œuf
- ½ c. à s. d'extrait de vanille

Pour la garniture

- 3 œufs
- 100 g de cassonade
- 1 c. à s. de mélange d'épices pour pain d'épices
- 200 ml de crème épaisse entière
- 1 c. à s. de cannelle moulue
- 2 c. à s. de sirop d'érable
- 400 g de potiron cuit au four et écrasé en purée
- 75 g de noix de pécan concassées

MATÉRIEL

- 1 moule à tarte en métal à fond amovible de 23 cm de diamètre
- légumes secs pour la cuisson

À L'AVANCE

La pâte cuite à blanc se garde 3 jours dans un récipient hermétique.

1 Mettre la farine et le beurre dans un saladier. Sabler du bout des doigts. Incorporer le sucre. Dans un bol, battre le jaune d'œuf et l'extrait de vanille, puis les ajouter dans le saladier. Mélanger pour former une pâte souple. Ajouter un peu d'eau si elle semble trop sèche. L'emballer et la réfrigérer 30 minutes.

2 Préchauffer le four à 180 °C. Sur le plan de travail fariné, étaler la pâte sur 3 mm d'épaisseur. La placer dans le moule en la faisant dépasser de 2 cm. Piquer la pâte, la recouvrir de papier sulfurisé et ajouter les légumes secs.

3 Poser le moule sur une plaque et faire cuire 20 minutes au four. Retirer les légumes secs et le papier sulfurisé. Faire cuire encore 5 minutes si le centre n'est pas assez cuit. Retirer du four, recouper les bords et laisser refroidir.

4 Pour la garniture, fouetter les œufs, la cassonade, le mélange d'épices, la crème, la cannelle et le sirop d'érable dans un saladier. Incorporer le potiron et mélanger au fouet. Parsemer les noix de pécan sur la pâte. Placer le moule sur une plaque et poser sur la grille du four.

5 Verser la garniture sur la pâte, en couche uniforme. Faire cuire 45 à 50 minutes. Laisser refroidir 15 minutes avant de démouler. La tarte se conserve 2 jours dans un récipient hermétique, au réfrigérateur.

40 min
+ repos

Pour 12 beignets

Également bon
FROID

BEIGNETS à la confiture

Ces beignets moelleux n'ont rien à voir avec les beignets du commerce. Ils sont pourtant faciles à réaliser – l'astuce consiste à avoir une huile de friture à bonne température tout au long de la cuisson.

INGRÉDIENTS

150 ml de lait entier

75 g de beurre doux

½ c. à s. d'extrait de vanille

2 c. à s. de levure de boulanger

75 g de sucre + pour servir

425 g de farine T45 de préférence + pour saupoudrer

½ c. à s. de sel

2 œufs battus

1 litre d'huile de tournesol + pour graisser

250 g de confiture de framboises, de fraises ou de cerises mixée en purée

MATÉRIEL

thermomètre pour friture

poche équipée d'une douille fine

À L'AVANCE

Vous pouvez préparer les beignets la veille et les stocker non fourrés dans un récipient hermétique.

1

Faire chauffer le lait, le beurre et l'extrait de vanille à feu modéré dans une casserole. Laisser tiédir. Au fouet, incorporer la levure et 1 cuillerée à soupe de sucre. Couvrir et laisser reposer 10 minutes. Tamiser la farine, le sel et le reste du sucre dans un saladier. Incorporer les œufs dans le lait refroidi.

2

Creuser un puits au centre de la farine. Verser le lait et mélanger. Sur le plan de travail légèrement fariné, pétrir la pâte 10 minutes jusqu'à ce qu'elle soit souple. La mettre dans un saladier huilé, couvrir de film alimentaire et laisser lever 2 heures au chaud.

3

Sur le plan de travail fariné, pétrir la pâte jusqu'à ce qu'elle soit lisse. Former 12 boulettes. Les disposer, espacées, sur une plaque antiadhésive et couvrir de film alimentaire ou d'un torchon. Laisser reposer 1 à 2 heures au chaud, jusqu'à ce qu'elles doublent de volume.

4

Faire chauffer l'huile dans une grande casserole profonde à 170-180 °C. Glisser délicatement les boulettes dans l'huile en tournant le côté arrondi vers le bas. Faire frire 1 minute de chaque côté jusqu'à ce qu'elles soient bien dorées. Retirer avec une écumoire. Faire frire en plusieurs fournées pour ne pas trop les serrer dans l'huile.

5

Égoutter les beignets sur une assiette recouverte de papier absorbant et les rouler dans du sucre tant qu'ils sont encore chauds.

6

Transférer la confiture dans une poche à douille. Poser les beignets sur le côté et les fourrer avec 1 cuillerée à soupe de confiture, à ras bord. Saupoudrer d'un peu de sucre et servir chaud. Les beignets se conservent 1 journée dans une boîte hermétique.

25 min **Pour 25 à 30 beignets**

BEIGNETS pomme et cannelle

Il est facile et rapide de transformer des pommes et quelques ingrédients de base en beignets légers et délicieux.

INGRÉDIENTS

- 120 ml de lait entier
- 1 œuf
- 30 g de beurre doux fondu et refroidi
- ½ c. à s. d'extrait de vanille
- 150 g de farine
- 1 c. à s. de levure chimique
- ½ c. à s. de cannelle moulue
- 50 g de sucre
- 2 pommes pelées, épépinées et coupées en dés
- 1 litre d'huile de tournesol ou autre huile de friture neutre
- sucre glace pour saupoudrer

MATÉRIEL

thermomètre pour friture

1 Fouetter le lait, l'œuf, le beurre et l'extrait de vanille dans un saladier. Tamiser la farine, la levure, la cannelle et le sucre dans un bol et bien mélanger. Verser la préparation à base de lait dans la farine et mélanger pour former une pâte épaisse. Incorporer les pommes.

2 Dans une grande casserole à fond épais, faire chauffer l'huile à 180 °C. Déposer une petite quantité de pâte dans l'huile pour vérifier si elle est assez chaude : la pâte doit grésiller et dorer.

3 Glisser délicatement quelques cuillerées à café bombées de pâte dans l'huile chaude et faire cuire 1 à 2 minutes de chaque côté, jusqu'à ce que les beignets soient dorés. Ne pas faire des beignets trop gros et ne pas cuire trop de beignets en même temps.

4 Retirer les beignets avec une écumoire. Les égoutter sur du papier absorbant ou les garder au chaud dans le four préchauffé. Faire cuire le reste des beignets. Saupoudrer les beignets chauds avec un peu de sucre glace et servir aussitôt.

25 min **Pour 25 à 30 beignets**

BEIGNETS citron et ricotta

Ces petites bouchées légères à déguster chaudes sont tellement irrésistibles que vos invités en redemanderont !

INGRÉDIENTS

- 200 g de ricotta
- 2 œufs battus
- ½ c. à s. d'extrait de vanille
- 2 c. à s. de beurre doux fondu et refroidi
- 100 g de farine
- 2 c. à s. de levure chimique
- 4 c. à s. de sucre
- 1 c. à s. de zeste de citron
- 1 c. à s. de jus de citron
- 1 litre d'huile de tournesol ou autre huile de friture neutre
- sucre glace pour saupoudrer

MATÉRIEL

thermomètre pour friture

1 Dans un saladier, fouetter la ricotta, les œufs, l'extrait de vanille et le beurre. Tamiser la farine, la levure et le sucre dans un saladier et ajouter le zeste de citron. Former une pâte épaisse en mélangeant les deux préparations. Ajouter le jus de citron et mélanger.

2 Faire chauffer l'huile dans une grande casserole à fond épais, à 180 °C. Vérifier si l'huile est chaude (voir Beignets pomme et cannelle, étape 2). Faire cuire des cuillerées à café bombées de pâte dans l'huile jusqu'à ce que les beignets soient bien dorés (voir Beignets pomme et cannelle, étape 3).

3 Retirer les beignets avec une écumoire. Les égoutter sur du papier absorbant ou les garder au chaud dans le four préchauffé. Faire cuire le reste des beignets. Saupoudrer les beignets chauds avec un peu de sucre glace et servir aussitôt.

40 min + réfrigération et repos — Pour 40 beignets

BEIGNETS aux épices

Voici une recette américaine, très populaire à la Nouvelle-Orléans. Les beignets y ont été introduits par les colons français.

INGRÉDIENTS

- 7 g de levure de boulanger
- 100 g de sucre + 1 pincée
- 250 ml de crème liquide entière
- 60 g de beurre
- 2 œufs
- 750 g de farine + pour saupoudrer
- 1 litre d'huile d'arachide ou de tournesol

Pour le mélange d'épices

- 1 c. à s. de cannelle moulue
- ½ c. à s. de gingembre moulu
- ½ c. à s. de noix muscade râpée
- ½ c. à s. de clous de girofle moulus
- 75 g de sucre glace

MATÉRIEL

thermomètre pour friture

1 Verser 125 ml d'eau chaude dans un bol. Y dissoudre la levure et 1 pincée de sucre. Laisser reposer 5 à 7 minutes jusqu'à formation de bulles. Mêler tous les ingrédients du mélange d'épices dans un bol et réserver.

2 Faire fondre le beurre avec la crème à feu doux dans une grande casserole. Verser dans un saladier et ajouter la levure, le sucre, les œufs et la moitié de la farine. Mélanger. Incorporer peu à peu le reste de farine pour obtenir une pâte souple.

3 Pétrir la pâte 5 à 7 minutes jusqu'à ce qu'elle soit élastique, en ajoutant un peu de farine si elle est trop collante. La placer dans un saladier, couvrir de film alimentaire et laisser lever 4 à 6 heures, jusqu'à ce qu'elle double de volume.

4 Sur le plan de travail légèrement fariné, étaler la pâte en un disque d'1 cm d'épaisseur. Découper 40 carrés de 4 cm de côté. Faire chauffer l'huile dans une grande casserole à fond épais à 190 °C.

5 Faire cuire les carrés de pâte en plusieurs fournées, 1 à 2 minutes de chaque côté. Quand ils sont dorés et gonflés, les retirer avec une écumoire et les faire refroidir légèrement sur une grille. Saupoudrer le mélange d'épices sur les beignets chauds et servir aussitôt.

25 min + refroidissement — Pour 20 churros

CHURROS et sauce au chocolat épicée

Saupoudrées de cannelle et de sucre puis servies avec une sauce au chocolat épicée, ces spécialités espagnoles sont l'accompagnement idéal du café après un dîner.

INGRÉDIENTS

- 25 g de beurre doux
- 200 g de farine
- 1 c. à s. de levure chimique
- 50 g de sucre
- 1 litre d'huile d'arachide ou de tournesol
- 1 c. à s. de cannelle moulue

Pour la sauce

- 50 g de chocolat noir coupé en morceaux
- 150 ml de crème liquide entière
- 1 c. à s. de sucre
- 1 c. à s. de beurre doux
- 1 pincée de sel
- ¼ de c. à s. de piment en poudre

MATÉRIEL

poche équipée d'une douille cannelée de 2 cm de diamètre

thermomètre pour friture

1 Mélanger le beurre et 200 ml d'eau bouillante dans un bol. Tamiser la farine, la levure et la moitié du sel dans un saladier. Creuser un puits et verser le liquide en remuant pour former une pâte épaisse. Laisser refroidir 5 minutes.

2 Faire chauffer l'huile à 190 °C dans une grande casserole à fond épais. Verser la pâte dans la poche à douille, la positionner au-dessus de l'huile, presser pour obtenir des churros de 7 cm de long et couper la pâte aux ciseaux. Procéder en plusieurs fournées. Faire dorer les churros 1 à 2 minutes de chaque côté.

3 Les retirer avec une écumoire et les égoutter sur une assiette recouverte de papier absorbant. Mélanger la cannelle et le reste de sucre et y tremper légèrement les churros encore chauds. Laisser refroidir 5 à 10 minutes.

4 Pour la sauce, faire fondre le chocolat, la crème, le sucre et le beurre dans un saladier au bain-marie, sans que le fond du saladier touche l'eau. Laisser épaissir 3 à 4 minutes en mélangeant.

5 Retirer du feu, ajouter le sel et bien mélanger. Ajouter le piment peu à peu jusqu'au piquant souhaité. Servir la sauce aussitôt avec les churros chauds.

1 h 10 + refroidissement

Pour 9 personnes

BROWNIE aux pépites de chocolat

Les meilleurs brownies sont croustillants sur le dessus et moelleux à l'intérieur. Si vous les préférez très fondants, faites-les cuire 5 minutes de moins. Si vous les aimez plus fermes, ajoutez 5 minutes de cuisson.

INGRÉDIENTS

- 115 g de beurre + pour le moule
- 175 g de chocolat noir finement haché
- 60 g de chocolat noir à 85 % de cacao minimum, finement haché
- 2 c. à s. d'extrait de vanille
- 200 g de sucre
- 50 g de cassonade
- 2 gros œufs
- 125 g de farine
- 3 c. à s. de cacao amer en poudre
- ¾ de c. à s. de sel
- ¼ de c. à s. de levure chimique
- 60 g de pépites de chocolat au lait
- 60 g de pépites de chocolat blanc
- glace à la vanille pour servir (facultatif)

MATÉRIEL

1 moule carré de 20 cm de côté

1

Préchauffer le four à 180 °C. Beurrer le moule. Tapisser de papier sulfurisé en le faisant dépasser. Faire fondre le beurre et les deux sortes de chocolat noir dans un saladier au bain-marie en veillant à ce que le fond du saladier ne touche pas l'eau. Mélanger et laisser tiédir.

2

Ajouter peu à peu l'extrait de vanille et les deux sortes de sucre. Mélanger au fouet. Ajouter les œufs, un par un, en fouettant bien entre chaque ajout. Mélanger la farine, le cacao en poudre, le sel et la levure chimique dans un autre saladier.

3

À l'aide d'une spatule, incorporer la farine et mélanger jusqu'à ce que la pâte soit bien lisse. Ajouter les pépites de chocolat et les répartir dans la pâte. Verser la pâte dans le moule en couche uniforme.

4

Faire cuire 40 à 45 minutes jusqu'à ce que la lame d'un couteau ressorte sèche. Laisser refroidir quelques instants avant de démouler le brownie. Le couper en 9 carrés en nettoyant le couteau avec un torchon humide entre chaque part. Servir chaud avec de la glace à la vanille (facultatif). Le brownie se conserve 5 jours dans un récipient hermétique.

1 h 10
+ refroidissement

Pour 9 personnes

BROWNIE façon cheesecake

Marbré de fromage frais, ce brownie offre un agréable contraste de saveurs et de textures.

1 Préchauffer le four à 180 °C. Beurrer **un moule carré de 20 cm de côté**. Chemiser de papier sulfurisé. Mettre **85 g de beurre, 75 g de chocolat noir finement haché** et **45 g de chocolat noir à teneur élevée en cacao finement haché** dans un saladier résistant à la chaleur et faire fondre au bain-marie. Remuer jusqu'à ce que le mélange soit lisse.

2 Laisser reposer, puis incorporer peu à peu **175 g de sucre** et **2 c. à s. de cassonade**. Ajouter **2 œufs**, un par un, en fouettant jusqu'à ce que la pâte soit lisse. Incorporer **1 ½ c. à s. d'extrait de vanille**. Mélanger **85 g de farine**, **½ c. à s. de sel** et **½ c. à s. de levure chimique** dans un autre saladier et les ajouter dans la pâte.

3 Fouetter **225 g de fromage frais (de type St Môret®)** dans un autre saladier. Ajouter **1 c. à s. d'extrait de vanille**, **⅛ de c. à s. de sel**, **1 gros jaune d'œuf** et **50 g de sucre glace**. Bien fouetter. Verser la pâte au chocolat dans le moule, puis celle au fromage frais. Former des tourbillons avec un couteau.

4 Faire cuire au four 40 à 45 minutes jusqu'à ce qu'une lame en ressorte avec très peu de miettes. Laisser refroidir un peu, puis démouler le brownie. Le couper en 9 carrés et servir chaud. Il se conserve 4 jours au réfrigérateur dans un récipient hermétique.

1 h 15
+ refroidissement

Pour 24 parts

BROWNIE chocolat et framboises

L'association des framboises et du chocolat noir est l'une des plus savoureuses. Chauds avec de la chantilly, ces brownies sont irrésistibles.

1 Préchauffer le four à 180 °C. Beurrer **un moule de 30 cm de long** et le recouvrir de papier sulfurisé en le faisant dépasser. Faire fondre **115 g de beurre** et **225 g de chocolat noir finement haché** dans un saladier résistant à la chaleur (voir Brownie façon cheesecake, étape 1).

2 Laisser refroidir le mélange, puis ajouter **200 g de cassonade**, **100 g de sucre** et **2 c. à s. d'extrait de vanille**. Fouetter pour mélanger. Ajouter **4 gros œufs**, un par un, en fouettant bien entre chaque ajout.

3 Mélanger **150 g de farine**, **1 c. à s. de sel** et **1 c. à s. de levure chimique** dans un bol et les incorporer dans la pâte au chocolat. Ajouter **225 g de framboises** et **140 g de pépites de chocolat au lait**. Bien mélanger et verser dans le moule.

4 Faire cuire 30 à 35 minutes jusqu'à ce que la lame d'un couteau ressorte sèche. Laisser refroidir quelques instants, puis démouler le brownie. Le couper en 24 carrés et servir chaud. Le brownie se conserve 3 jours au réfrigérateur dans un récipient hermétique.

Chocolat et framboises

Façon cheesecake

1 h + refroidissement | Pour 9 parts

BROWNIE
aux cacahuètes salées

Une simple pincée de sel peut rehausser le parfum de nombreux desserts au chocolat. Les cacahuètes salées donnent ici un délicieux côté piquant.

1 Préchauffer le four à 180 °C. Beurrer **un moule carré de 20 cm de côté** et le recouvrir de papier sulfurisé en le faisant dépasser. Faire fondre **85 g de beurre**, **115 g de chocolat au lait finement haché** et **60 g de chocolat noir à teneur élevée en cacao finement haché** dans un saladier résistant à la chaleur (voir Brownie façon cheesecake, étape 1).

2 Laisser refroidir, puis incorporer peu à peu **200 g de sucre**, **75 g de cassonade** et **2 c. à s. d'extrait de vanille**. Bien mélanger au fouet. Ajouter **2 œufs**, un par un, en fouettant bien jusqu'à ce que la pâte soit lisse.

3 Mélanger **100 g de farine**, **½ c. à s. de sel** et **¼ de c. à s.** de levure chimique dans un bol et incorporer dans la pâte. Ajouter **75 g de cacahuètes salées hachées**, mélanger et verser la pâte dans le moule en couche uniforme.

4 Faire cuire au four 40 à 45 minutes jusqu'à ce que la lame d'un couteau ressorte sèche. Laisser refroidir un peu, puis démouler le brownie. Le couper en 9 carrés et servir chaud. Le brownie se conserve 5 jours dans un récipient hermétique.

45 min + refroidissement | Pour 24 parts

BLONDIE
aux noix de pécan

Les noix de pécan apportent un agréable croquant à ce brownie au chocolat blanc. Vous pouvez les remplacer par des noisettes ou des pistaches.

1 Préchauffer le four à 180 °C. Beurrer **un moule de 30 cm de long** et le recouvrir de papier sulfurisé en le faisant dépasser. Faire fondre **140 g de beurre** dans une petite casserole à feu doux.

2 Retirer du feu et ajouter **300 g de cassonade** et **1 ½ c. à s. d'extrait de vanille**. Fouetter pour mélanger. Ajouter **3 gros œufs**, un par un, en fouettant bien entre chaque ajout.

3 Mélanger **200 g de farine**, **1 c. à s. de sel** et **1 ¼ c. à s. de levure chimique** dans un bol et les incorporer dans la pâte au chocolat. Ajouter **125 g de noix de pécan hachées** et **175 g de pépites de chocolat blanc**. Bien mélanger et verser dans le moule.

4 Faire cuire 30 minutes jusqu'à ce que la lame d'un couteau enfoncée au centre ressorte sèche. Laisser refroidir quelques instants dans le moule, puis démouler le blondie. Le couper en 24 carrés et servir chaud. Le blondie se conserve 4 jours dans un récipient hermétique.

45 min
+ repos et refroidissement

Pour 6 personnes

CLAFOUTIS aux cerises

Né au XIXe siècle en France, le clafoutis combine les ingrédients les plus simples pour un résultat délicieux. Préférez une poêle en fonte car elle assure une cuisson plus homogène. Servez le clafoutis dès la sortie du four.

INGRÉDIENTS

- 2 c. à s. de beurre fondu et refroidi + pour le moule
- 75 g de farine
- 75 g de sucre
- 2 œufs
- 125 ml de lait entier
- 125 ml de crème entière liquide
- 1 c. à s. d'extrait de vanille
- 300 g de cerises dénoyautées en bocal, égouttées
- sucre glace pour saupoudrer

MATÉRIEL

1 poêle en fonte ou 1 moule de 25 cm de diamètre

1

Préchauffer le four à 200 °C. Beurrer la poêle et réserver. Mélanger la farine et le sucre dans un saladier. Ajouter les œufs, un par un, en fouettant bien entre chaque ajout. Incorporer le beurre en fouettant.

2

Ajouter peu à peu le lait et la crème en les alternant. Mélanger pour obtenir une pâte lisse. Ajouter l'extrait de vanille et mélanger. Laisser reposer 30 minutes à température ambiante.

3

Ajouter les cerises dans la poêle en couche uniforme et verser la pâte par-dessus.

4

Faire cuire 30 minutes dans la partie supérieure du four jusqu'à ce que le dessus soit d et le centre ferme. Retirer du fo et laisser refroidir 5 minutes environ. Saupoudrer de sucre glace et servir chaud ou à température ambiante. Le clafoutis est meilleur le jour même.

45 min
+ repos et refroidissement

Pour 6 personnes

CLAFOUTIS mûres et poires

Voici une version plus automnale du clafoutis aux cerises. Choisissez des mûres à pleine maturité, bien juteuses, et des poires un peu fermes pour que les tranches restent entières à la cuisson.

INGRÉDIENTS

- 75 g de farine
- 75 g de sucre
- 2 œufs
- 3 c. à s. de beurre fondu et refroidi
- 125 ml de lait entier
- 125 ml de crème entière liquide
- 1 c. à s. d'extrait de vanille
- 2 poires pelées, épépinées et coupées en 8 tranches
- 150 g de mûres

MATÉRIEL

1 poêle en fonte ou 1 moule de 25 cm de diamètre allant sur le feu

1 Préchauffer le four à 200 °C. Mélanger la farine et le sucre dans un saladier. Ajouter les œufs, un par un, en fouettant bien entre chaque ajout. Incorporer 2 cuillerées à soupe de beurre en fouettant.

2 Incorporer peu à peu le lait et la crème. Mélanger pour obtenir une pâte lisse. Ajouter l'extrait de vanille et mélanger. Laisser reposer 30 minutes à température ambiante.

3 Faire chauffer le reste de beurre dans la poêle ou dans le moule, à feu modéré. Ajouter les poires et les mûres, remuer et retirer du feu. Secouer légèrement la poêle pour étaler les fruits en couche uniforme. Verser la pâte dessus de manière homogène.

4 Faire cuire 30 minutes dans la partie supérieure du four, jusqu'à ce que le dessus soit doré et le centre ferme au toucher. Retirer du four et laisser refroidir 5 minutes environ. Servir chaud ou à température ambiante. Le clafoutis est meilleur servi le jour même.

45 min
+ repos et refroidissement

Pour 6 personnes

CLAFOUTIS abricots et amandes

Voici un clafoutis qui peut se préparer à la dernière minute avec des ingrédients que l'on a généralement dans ses placards

INGRÉDIENTS

- 2 c. à s. de beurre fondu et refroidi + pour le moule
- 50 g de poudre d'amandes
- 25 g de farine
- 75 g de sucre
- 2 œufs
- 125 ml de lait entier
- 125 ml de crème entière liquide
- 1 c. à s. d'extrait de vanille
- 425 g d'abricots en boîte égouttés et coupés en deux
- 20 g d'amandes effilées
- sucre glace pour saupoudrer

MATÉRIEL

1 poêle en fonte ou 1 moule de 25 cm de diamètre allant sur le feu

1 Préchauffer le four à 200 °C. Beurrer le moule et réserver. Mélanger la poudre d'amandes, la farine et le sucre dans un saladier. Ajouter les œufs, un par un, en fouettant bien entre chaque ajout. Incorporer le beurre en fouettant.

2 Incorporer peu à peu le lait et la crème (voir Clafoutis mûres et poires, étape 2). Ajouter l'extrait de vanille et mélanger. Laisser reposer 30 minutes à température ambiante.

3 Étaler les abricots dans le moule, côté coupé vers le bas. Verser la pâte dessus de manière homogène sans déplacer les fruits.

4 Faire cuire 30 minutes (voir Clafoutis mûres et poires, étape 4). Retirer du four et laisser refroidir 5 minutes environ. Saupoudrer de sucre glace et servir chaud ou à température ambiante. Le clafoutis est meilleur servi le jour même.

35 min
+ repos et refroidissement

pour 12 clafoutis

MINI CLAFOUTIS
aux framboises

Les mini clafoutis cuisent rapidement, ce qui est parfait pour préserver la délicatesse des framboises : elles ne sont ainsi pas réduites en purée par une cuisson trop longue.

INGRÉDIENTS

- 2 c. à s. de beurre fondu et refroidi + pour le moule
- 75 g de farine
- 75 g de sucre
- 2 œufs, jaune et blanc séparés
- 120 ml de lait entier
- 120 ml de crème entière liquide + pour servir
- 1 c. à s. d'extrait de vanille
- 48 framboises, soit 175 g environ
- sucre glace pour saupoudrer

MATÉRIEL

1 moule à muffins de 12 empreintes

1 Préchauffer le four à 200 °C. Beurrer les moules et réserver. Mélanger la farine et le sucre dans un saladier. Ajouter les jaunes d'œufs et le beurre en fouettant.

2 Incorporer peu à peu le lait et la crème. Mélanger pour obtenir une pâte lisse. Ajouter l'extrait de vanille et mélanger. Laisser reposer 30 minutes à température ambiante.

3 Verser 1 cuillerée à soupe de pâte dans chaque empreinte du moule à muffins. Ajouter 4 framboises dans chaque empreinte puis verser le reste de pâte de manière homogène. Faire cuire 20 minutes dans la partie supérieure du four jusqu'à ce que le dessus soit doré et ferme au toucher.

4 Retirer du four et laisser reposer 10 minutes environ. Passer la lame d'un couteau autour des muffins pour les détacher. Les démouler sur une grille pour les faire refroidir à température ambiante. Saupoudrer de sucre glace et servir avec de la crème liquide. Les clafoutis sont meilleurs le jour même.

20 min + repos

Pour 8 personnes

CRÊPES au citron et au sucre

Ces crêpes sont parfaites pour une réunion de famille. On peut remplacer le citron et le sucre par de nombreuses autres garnitures comme du miel, du sirop d'érable, de la pâte à tartiner au chocolat, de la confiture ou des fruits rouges.

INGRÉDIENTS

100 g de farine tamisée

2 c. à s. de sucre
+ pour saupoudrer

½ c. à s. de sel

2 œufs

250 ml de lait entier

2 c. à s. de beurre fondu
et refroidi + pour la cuisson

1 citron coupé en quartiers
pour servir

MATÉRIEL

1 poêle antiadhésive de 25 cm de diamètre

À L'AVANCE

Vous pouvez préparer la pâte la veille et la conserver au réfrigérateur dans un récipient couvert. Ramenez-la à température ambiante et fouettez-la avant de faire cuire les crêpes.

1

Mélanger la farine, le sucre et le sel dans un saladier. Ajouter les œufs, un par un, en fouettant bien pour obtenir une pâte lisse et épaisse.

2

Verser le lait peu à peu tout en fouettant. Ajouter le beurre et mélanger. Verser la pâte dans un pichet. Laisser reposer 30 minutes. Préchauffer le four à 150 °C.

3

Faire chauffer la poêle à feu modéré et faire fondre une noisette de beurre. Lorsque le beurre commence à grésiller, l'étaler avec du papier absorbant. Verser la pâte en fine couche pour couvrir le fond de la poêle. Faire cuire 2 minutes jusqu'à ce que les bords soient marron et que le dessous soit doré.

4

Retourner la crêpe et faire cuire l'autre côté 1 à 2 minutes. Retirer la crêpe de la poêle, l'envelopper dans un torchon propre et la mettre au four. Faire cuire les autres crêpes. Les saupoudrer de sucre et servir chaud avec du citron pressé.

25 min · Pour 6 à 8 personnes

GÂTEAU DE CRÊPES à la suédoise

Ce gâteau étonnant est très apprécié en Suède. Si vous êtes pressé, achetez des crêpes prêtes à l'emploi.

INGRÉDIENTS

200 ml de crème liquide entière froide

240 ml de crème fraîche

3 c. à s. de sucre

¼ de c. à s. d'extrait de vanille

250 g de framboises

6 crêpes (voir p. 62, étapes 1 à 4)

sucre glace pour servir

1 Mettre la crème dans un saladier et la fouetter en chantilly jusqu'à ce que des pointes fermes se forment. Ajouter la crème fraîche, le sucre et l'extrait de vanille, puis mélanger au fouet. Réserver 4 cuillerées à soupe de la préparation.

2 Réserver une bonne poignée de framboises et mettre le reste dans un saladier. Les écraser à la fourchette. Incorporer délicatement les framboises écrasées dans la crème en réalisant un effet marbré.

3 Déposer une crêpe sur le plat de service et étaler ⅕ de la crème. Recommencer avec le reste de crêpes et de crème en répartissant la crème de manière égale entre chaque couche.

4 Étaler la crème réservée sur la dernière crêpe et parsemer la poignée de framboises réservées. Saupoudrer de sucre glace et servir aussitôt.

25 min + repos · Pour 8 crêpes

CRÊPES Suzette

Un grand classique français composé d'une crêpe nappée d'une sauce à base de beurre, de jus d'orange et de liqueur d'orange.

INGRÉDIENTS

le zeste d'1 grosse orange coupé en fines lanières

60 g de beurre

4 c. à s. de sucre

le jus et le zeste râpé de 2 oranges

2 c. à s. de Grand Marnier ou autre liqueur d'orange

8 crêpes (voir p. 62, étapes 1 à 4)

1 Plonger les lanières d'orange dans une casserole remplie à moitié d'eau bouillante. Laisser dans l'eau 2 minutes, puis égoutter et laisser refroidir.

2 Faire chauffer le beurre et le sucre sur feu doux dans une petite casserole à fond épais, en remuant jusqu'à ce que le sucre soit fondu. Ajouter le jus et le zeste d'orange, porter à ébullition en remuant souvent.

3 Baisser le feu et faire réduire la sauce 5 minutes jusqu'à ce qu'elle soit sirupeuse. Ajouter le Grand Marnier et laisser réduire 1 à 2 minutes de plus.

4 Retirer la sauce du feu et réserver au chaud. Plier les crêpes chaudes en quatre et verser la sauce sur le dessus. Décorer chaque crêpe avec les lanières d'orange et servir aussitôt.

20 min
+ refroidissement et repos

Pour 8 à 10 crêpes

CRÊPES au chocolat

Petits et grands adorent les crêpes au chocolat. Vous pouvez les empiler et les recouvrir de glaçage pour les transformer en gâteau au chocolat.

INGRÉDIENTS

30 g de beurre
+ pour la cuisson

30 g de chocolat noir

75 g de farine tamisée

25 g de cacao
en poudre

2 c. à s. de sucre

½ c. à s. de sel

2 œufs

250 ml de lait entier

À L'AVANCE

Vous pouvez préparer la pâte la veille et la conserver au réfrigérateur dans un récipient couvert. Ramenez-la à température ambiante et fouettez-la avant de faire cuire les crêpes.

1 Faire fondre le beurre et le chocolat dans un saladier au bain-marie. Réserver et laisser refroidir complètement. Mélanger la farine, le cacao en poudre, le sucre et le sel dans un saladier. Ajouter les œufs, un par un, et fouetter pour former une pâte.

2 Verser le lait progressivement, tout en fouettant. Ajouter le chocolat refroidi peu à peu, en fouettant sans cesse. Verser la pâte dans un pichet et laisser reposer 30 minutes.

3 Préchauffer le four à 150 °C. Faire fondre une noisette de beurre à feu modéré dans une grande poêle antiadhésive. Lorsque le beurre commence à grésiller, l'étaler avec du papier absorbant. Verser la pâte en fine couche pour couvrir le fond de la poêle.

4 Faire cuire 2 minutes jusqu'à ce que le dessous soit doré. Retourner la crêpe et faire cuire l'autre côté 1 à 2 minutes. Retirer la crêpe de la poêle, l'envelopper dans un torchon propre et la réserver au four. Faire cuire le reste des crêpes. Servir chaud.

35 min
+ repos

Pour 8 crêpes

BLINTZ à la sauce aux cerises

Ces délicates crêpes fourrées sont originaires d'Europe de l'Est. La garniture crémeuse et douce contraste avec la sauce acidulée et fruitée.

INGRÉDIENTS

200 g de cottage cheese
entier

100 g de fromage frais
(de type St Môret®)

2 c. à s. de sucre glace
+ pour saupoudrer

le zeste râpé d'½ citron

½ c. à s. d'extrait de vanille

8 crêpes (voir p. 62, étapes 1 à 4)

1 noisette de beurre pour
la cuisson

Pour la sauce

450 g de cerises dénoyautées en bocal, coupées en quatre

60 g de sucre

2 c. à s. de jus de citron

1 c. à s. d'extrait de vanille

1 Mixer le cottage cheese en purée lisse au robot et le mettre dans un saladier. Ajouter le fromage frais, le sucre glace, le zeste de citron et l'extrait de vanille. Fouetter jusqu'à ce que le mélange soit lisse. Déposer 1 cuillerée à soupe de garniture au centre de chaque crêpe. Replier les côtés sur la garniture pour former une papillote.

2 Préchauffer le four à 150 °C. Faire fondre une noisette de beurre à feu modéré dans une poêle antiadhésive de 25 cm de diamètre. Faire cuire les blintz 2 minutes de chaque côté jusqu'à ce qu'ils soient dorés. Retirer avec une écumoire, placer sur une assiette et réserver au chaud dans le four.

3 Pour la sauce, mettre les ingrédients dans une petite casserole et porter à ébullition. Baisser le feu et faire cuire 2 à 3 minutes à couvert.

4 Monter sur feu modéré et faire réduire la sauce 3 à 5 minutes à découvert jusqu'à ce qu'elle soit sirupeuse et que les cerises soient cuites tout en conservant leur forme. Pour servir, saupoudrer les blintz de sucre glace et verser la sauce aux cerises sur le dessus.

1 h 05
+ refroidissement

Pour 8 personnes

Également bon **FROID**

GÂTEAU RENVERSÉ aux poires

Les poires fondantes caramélisées s'harmonisent parfaitement à la pâte moelleuse. Ce gâteau est délicieux à la sortie du four mais il est également bon le lendemain car les fruits continuent à imbiber la pâte de leur jus et à la parfumer.

INGRÉDIENTS

50 g de beurre
+ pour le moule

125 g de cassonade

2 poires pelées, épépinées et coupées en 16 tranches

crème liquide pour servir (facultatif)

Pour la pâte

115 g de sucre

115 g de beurre ramolli

2 œufs

1 c. à s. d'extrait de vanille

200 g de farine

1 c. à s. de levure chimique

100 ml de lait entier

MATÉRIEL

1 moule à manqué de 20 cm de diamètre

1 Préchauffer le four à 180 °C. Beurrer le moule et réserver. Faire fondre le beurre dans une petite casserole à fond épais sur feu doux. Augmenter le feu et ajouter le sucre. Faire cuire en remuant souvent jusqu'à ce que le sucre soit fondu et que le mélange épaississe.

2 Verser le caramel dans le moule et l'étaler en fine couche avec une cuillère en bois. Laisser refroidir légèrement. Poser les tranches de poire en forme de rosace sur le caramel refroidi, en les espaçant. Réserver.

3 Battre le sucre et le beurre dans un saladier jusqu'à ce qu'ils soient mousseux. Ajouter les œufs, un à un, en battant bien. Incorporer l'extrait de vanille. Tamiser la farine et la levure dans un autre saladier. Verser la farine et le lait, en les alternant, dans la pâte et bien mélanger.

4 Verser la pâte dans le moule et poser celui-ci sur une plaque. Faire cuire 40 à 45 minutes au four. Laisser refroidir 5 minutes, puis démouler. Servir chaud avec de la crème (facultatif). Le gâteau se conserve 3 jours au réfrigérateur dans un récipient hermétique.

1 h + refroidissement | Pour 4 personnes | Également bon FROID

GÂTEAU RENVERSÉ à l'ananas

Ce dessert classique prend un air plus moderne grâce à la crème parfumée au basilic qui l'accompagne.

INGRÉDIENTS

- 125 g de beurre + pour le moule
- 100 g de cassonade
- 125 g d'ananas en boîte, coupé en petits morceaux
- 100 g de sucre
- 2 œufs
- ½ c. à s. d'extrait de vanille
- 150 g de farine avec levure incorporée, tamisée
- 100 ml de crème liquide entière
- 1 c. à s. de basilic finement haché
- 1 c. à s. de citron vert

MATÉRIEL

4 ramequins de 250 ml

1 Préchauffer le four à 180 °C. Beurrer les ramequins. Faire fondre 50 g de beurre à feu modéré dans une casserole. Ajouter la cassonade et faire fondre 2 à 3 minutes en remuant. Répartir dans les ramequins.

2 Égoutter l'ananas, en réservant le jus, et le répartir dans les ramequins. Dans un saladier, fouetter le sucre et le reste de beurre jusqu'à ce que le mélange blanchisse. Au fouet, ajouter les œufs et l'extrait de vanille. Incorporer la farine.

3 Répartir la pâte dans les ramequins. Les poser sur une plaque à pâtisserie et faire cuire 25 à 30 minutes. Quand les gâteaux sont gonflés et dorés, les retirer du four et laisser refroidir un peu.

4 Pendant ce temps, faire bouillir le jus d'ananas dans une petite casserole, 5 minutes pour faire réduire de moitié. Renverser les ramequins sur les assiettes de service. Patienter 2 minutes avant de retirer les ramequins pour que le jus s'écoule.

5 Ajouter la moitié de la crème dans la casserole. Faire cuire 5 à 7 minutes pour faire réduire de moitié. Retirer du feu et incorporer le basilic, le jus de citron vert et le reste de crème. Mélanger pour faire épaissir. Servir la crème aussitôt avec les gâteaux.

1 h 25 + refroidissement | Pour 8 personnes | Également bon FROID

GÂTEAU RENVERSÉ pommes et mûres

Une crème anglaise accompagnera merveilleusement ce gâteau aux saveurs du verger.

INGRÉDIENTS

- 150 ml de sirop d'érable + pour servir
- 150 g de beurre coupé en dés + pour le moule
- 60 g de cassonade
- 2 œufs
- 200 g de farine
- 2 c. à s. de levure chimique
- ½ c. à s. de cannelle moulue
- ¼ de c. à s. de gingembre moulu
- ¼ de c. à s. de noix muscade râpée
- 30 g de cassonade
- 1 pomme pelée, épépinée et coupée en quartiers
- 100 g de mûres surgelées, coupées en deux si elles sont grosses
- crème Chantilly pour servir

MATÉRIEL

1 moule à manqué de 20 cm de diamètre

1 Préchauffer le four à 160 °C. Faire fondre le sirop d'érable, le beurre et la cassonade dans une casserole à feu modéré, en remuant. Verser dans un saladier et laisser refroidir.

2 Ajouter les œufs dans le sirop d'érable refroidi, un par un, en mélangeant bien entre chaque ajout. Tamiser la farine, la levure chimique et les épices dans un autre saladier et creuser un puits au centre. Verser la préparation précédente dans le puits et mélanger.

3 Beurrer le moule et saupoudrer la cassonade dans le fond en couche uniforme. Couper les quartiers de pomme en 3 ou 4 tranches. Les placer dans le moule en formant une rosace. Remplir les espaces avec les mûres et verser la pâte sur le dessus en couche uniforme.

4 Faire cuire 50 à 60 minutes jusqu'à ce que le gâteau soit doré et bien gonflé. Couvrir de papier d'aluminium si le dessus cuit trop vite. Laisser refroidir 5 minutes dans le moule avant de le retourner sur une assiette pour le démouler. Servir chaud ou à température ambiante avec de la crème Chantilly. Le gâteau se conserve 2 jours dans un récipient hermétique.

50 min + refroidissement | **Pour 6 personnes** | Également bon **FROID**

GÂTEAU RENVERSÉ aux myrtilles et crème anglaise

Ces gâteaux individuels servis avec une crème anglaise sont très faciles à réaliser et ont beaucoup d'allure.

INGRÉDIENTS

- 115 g de beurre ramolli + pour le moule
- 30 g de cassonade
- 100 g de myrtilles surgelées
- 115 g de sucre
- 2 œufs
- 1 c. à s. d'extrait de vanille
- 115 g de farine avec levure incorporée

Pour la crème anglaise

- 1 gousse de vanille coupée en deux dans la longueur
- 200 ml de lait entier
- 2 jaunes d'œufs
- 1 c. à s. de sucre

MATÉRIEL

6 moules à muffins

1 Préchauffer le four à 180 °C. Beurrer les moules à muffins. Saupoudrer la cassonade dans les moules et y répartir les myrtilles. Fouetter le beurre et le sucre dans un saladier jusqu'à ce que le mélange blanchisse.

2 Ajouter les œufs, un à un, en mélangeant bien. Ajouter l'extrait de vanille et la farine tamisée. Mélanger délicatement. Répartir la pâte dans les moules.

3 Faire cuire 20 minutes au four. Quand les gâteaux sont gonflés et dorés, laisser refroidir un peu. Pour la crème anglaise, faire chauffer la gousse de vanille et le lait dans une casserole, 5 minutes à feu doux, sans faire bouillir.

4 Retirer la gousse de vanille, gratter les grains et les remettre dans le lait. Dans un saladier résistant à la chaleur, fouetter les jaunes d'œufs et le sucre. Verser le lait chaud et fouetter pour dissoudre le sucre. Reverser le mélange dans la casserole.

5 Faire chauffer 2 à 3 minutes à feu doux, en remuant sans cesse, jusqu'à ce que la crème nappe le dos d'une cuillère. Retourner les moules sur un plat de service et attendre 2 minutes avant de retirer les moules. Servir aussitôt avec la crème anglaise.

Variantes simples

Il est très facile d'adapter le Gâteau renversé aux poires p. 66-67 en suivant les recettes ci-dessous. Il est préférable de caraméliser des fruits pas trop mûrs pour qu'ils ne s'écrasent pas.

Pomme et cannelle Ajouter 1 pincée de cannelle moulue dans le caramel et 1 c. à s. de cannelle moulue dans la pâte à gâteau. Remplacer les poires (voir p. 67, étape 2) par 2 pommes pelées, épépinées et coupées en tranches.

Prune et amande Ajouter des amandes effilées sur le caramel et remplacer les poires (voir p. 67, étape 2) par 6 à 8 prunes dénoyautées et coupées en quatre.

Pêche Remplacer les poires (p. 66-67) par 3 pêches mûres, pelées, dénoyautées et coupées en quartiers et 1 c. à s. de verveine finement hachée.

Cranberry et framboise Remplacer les poires par 150 g de framboises et 50 g de cranberries (voir p. 67, étape 2).

Banane Remplacer les poires par 2 bananes coupées en rondelles de 2 cm (voir p. 67, étape 2).

Chocolat et datte Ajouter 2 c. à s. bombées de cacao en poudre dans la pâte et remplacer les poires par 100 g de dattes grossièrement hachées (voir p. 67, étape 2).

Rhubarbe, gingembre et orange Parsemer le caramel avec 1 c. à s. de gingembre confit coupé en petits dés et ajouter 150 g de rhubarbe coupée en morceaux de 2,5 cm sur le dessus. Ajouter 1 c. à s. de gingembre frais râpé et le zeste d'1 orange dans la pâte (voir p. 67, étape 3).

35 min
+ refroidissement

Pour 4 personnes

SOUFFLÉS à la vanille

Les soufflés ont la réputation d'être difficiles à réaliser, mais quelques conseils permettent de les réussir : les ramequins doivent être beurrés et chemisés de sucre, et le contour essuyé. Servez-les dès la sortie du four.

INGRÉDIENTS

30 g de beurre + pour beurrer

50 g de sucre + pour saupoudrer

2 c. à s. de farine

170 ml de lait entier

3/4 de c. à s. d'extrait de vanille

1 pincée de sel

3 gros œufs, blancs et jaunes séparés

1 1/2 c. à c. de jus de citron

sucre glace pour saupoudrer

MATÉRIEL

4 ramequins de 150 ml

À L'AVANCE

Vous pouvez préparer la pâte la veille et la conserver au réfrigérateur en la couvrant.

1

Préchauffer le four à 200 °C. Beurrer les ramequins puis saupoudrer le fond et les parois de sucre. Faire fondre le beurre à feu doux dans une casserole. Ajouter la farine et faire cuire 1 minute. Retirer du feu et ajouter le lait en fouettant.

2

Porter à ébullition sur feu doux en remuant sans cesse. Baisser le feu et laisser cuire 1 à 2 minutes. Retirer du feu et ajouter l'extrait de vanille, le sel et 2 cuillerées à soupe de sucre. Mélanger jusqu'à ce que le sucre soit dissous.

3

Laisser refroidir légèrement la préparation, puis incorporer les jaunes d'œufs, un par un, en mélangeant jusqu'à ce que la pâte soit lisse. Réserver.

4

Dans un grand saladier, mettre les blancs d'œufs et le jus de citron. Fouetter au batteur électrique jusqu'à ce que des pointes moyennes se forment. Ajouter le reste de sucre et fouetter pour former des pointes souples.

5

Incorporer délicatement les blancs en neige dans la pâte. Répartir la pâte dans les ramequins jusqu'en haut. Égaliser le dessus et essuyer le bord avec le doigt.

ASTUCE Essuyez le bord du moule avec le doigt pour que le soufflé gonfle plus facilement.

6

Poser les ramequins sur une plaque à pâtisserie. Enfourner pour 10 à 12 minutes. Quand les soufflés sont bien gonflés et dorés, et qu'un cure-dent en ressort sec, saupoudrer de sucre glace et servir aussitôt.

35 à 40 min + refroidissement **Pour 4 personnes**

SOUFFLÉS au achocolat

Servis dès la sortie du four, ces soufflés sont parfaits avec une boule de glace à la vanille.

1 Préchauffer le four à 200 °C. Beurrer **6 ramequins de 150 ml** avec du **beurre ramolli** et les chemiser de **sucre**. Mettre **1 c. à s. de café soluble** et **3 c. à s. de crème liquide entière** dans un saladier résistant à la chaleur et mélanger au bain-marie.

2 Ajouter **115 g de chocolat noir finement haché** dans le saladier et faire fondre en remuant. Retirer du feu et laisser refroidir. Monter **3 blancs d'œufs** en neige avec **1 ½ c. à c. de jus de citron**. Incorporer peu à peu **50 g de sucre** tout en fouettant jusqu'à ce que des pointes souples se forment.

3 Battre **2 gros jaunes d'œufs** dans le chocolat refroidi jusqu'à ce que le mélange soit lisse. Ajouter **¼ de c. à s. d'extrait de vanille** et **1 pincée de sel**. Ajouter un peu de blanc en neige, puis incorporer délicatement le reste.

4 Répartir la pâte dans les ramequins. Égaliser le dessus et essuyer le bord avec le doigt. Poser les ramequins sur une plaque à pâtisserie. Faire cuire 12 à 15 minutes en bas du four jusqu'à ce que les soufflés soient bien gonflés et qu'un cure-dent ressorte sec. Saupoudrer de **sucre glace** et servir aussitôt.

À L'AVANCE

Vous pouvez préparer la pâte la veille et la conserver au réfrigérateur en la couvrant.

Chocolat

Pistache

30 min + refroidissement **Pour 6 personnes**

SOUFFLÉS à la pistache

Associez le doux parfum de la pistache, de l'orange et de la cardamome avec de la crème fraîche à la fleur d'oranger.

1 Préchauffer le four à 200 °C et préparer **6 ramequins de 150 ml** (voir Soufflés au chocolat, étape 1). Mixer **85 g de pistaches non salées et non pelées** avec **2 c. à s. de sucre** dans un robot, en ajoutant **1 c. à s. d'eau** si nécessaire, pour former une pâte épaisse et lisse.

2 Faire fondre **3 c. à s. de beurre** à feu doux dans une casserole. Ajouter **2 c. à s. de farine** et faire cuire 1 minute. Retirer du feu et incorporer **180 ml de lait entier** à température ambiante. Fouetter pour lisser la préparation.

3 Porter à ébullition sur feu doux. Baisser le feu à frémissement et faire cuire 1 à 2 minutes. Retirer du feu et ajouter **¼ de c. à s. de cardamome moulue**, **1 c. à s. de jus d'orange**, **2 c. à s. de sucre** et **1 pincée de sel**. Mélanger. Quand le sucre est fondu, laisser refroidir un peu.

4 Mélanger **3 c. à s. de pâte de pistache** et **2 gros jaunes d'œufs** dans un saladier puis incorporer le lait. Dans un autre saladier, fouetter **3 blancs d'œufs** et **1 ½ c. à c. de jus de citron** jusqu'à ce que des pointes moyennes se forment. Ajouter **2 c. à s. de sucre** tout en fouettant jusqu'à ce que des pointes souples se forment. Incorporer les blancs en neige.

5 Répartir la pâte dans les ramequins et les poser sur une plaque à pâtisserie (voir Soufflés au chocolat, étape 4). Faire cuire 10 à 14 minutes en bas du four. Quand les soufflés sont bien gonflés et qu'un cure-dent ressort sec, saupoudrer de **sucre glace** et servir aussitôt.

À L'AVANCE

Vous pouvez préparer la pâte la veille et la conserver au réfrigérateur en la couvrant.

30 à 35 min + refroidissement **Pour 6 personnes**

SOUFFLÉS aux framboises

Ces soufflés au chocolat blanc et aux framboises sont parfaits pour un dessert estival, avec un coulis aux framboises (voir p. 215), par exemple.

1 Préchauffer le four à 200 °C et préparer **6 ramequins de 150 ml** (voir Soufflés au chocolat, étape 1). Faire fondre **85 g de chocolat blanc finement haché, 2 c. à s. de crème liquide entière** et **1 pincée de sel** au bain-marie. Retirer du feu et laisser refroidir.

2 Mixer **200 g de framboises** et passer le coulis au tamis dans un bol. Dans un saladier, faire mousser au fouet **4 gros blancs d'œufs** et **2 c. à c. de jus de citron.** Ajouter peu à peu **50 g de sucre** tout en fouettant jusqu'à formation de pointes souples.

3 Incorporer au fouet **3 gros jaunes d'œufs** dans le chocolat fondu, un par un, en remuant bien entre chaque ajout. Ajouter **2 c. à s. de farine, ¼ de c. à s. d'extrait de vanille** et le coulis de framboise puis remuer jusqu'à ce que le mélange soit lisse. Ajouter un peu de blanc en neige, puis le reste, délicatement.

4 Répartir la pâte dans les ramequins et les poser sur une plaque à pâtisserie (voir Soufflés au chocolat, étape 4). Faire cuire 10 à 12 minutes en bas du four. Quand les soufflés sont bien gonflés et légèrement dorés et qu'un cure-dent ressort sec, saupoudrer de **sucre glace** et servir aussitôt.

À L'AVANCE

Vous pouvez préparer la pâte la veille et la conserver au réfrigérateur en la couvrant.

Framboises

Citron

30 à 35 min + refroidissement **Pour 6 personnes**

SOUFFLÉS au citron

Une saveur acidulée et douce pour ces soufflés au citron qui peuvent être servis avec de la crème fraîche.

1 Préchauffer le four à 200 °C et préparer **6 ramequins de 150 ml** (voir Soufflés au chocolat, étape 1). Faire fondre **2 c. à s. de beurre** à feu doux dans une casserole. Ajouter **2 c. à s. de farine** et faire cuire 1 minute. Retirer du feu et incorporer au fouet **180 ml de lait entier** à température ambiante, jusqu'à ce que la préparation soit lisse.

2 Porter à ébullition sur feu doux. Baisser le feu à frémissement et faire cuire 1 à 2 minutes en remuant sans cesse. Retirer du feu et ajouter **¼ de c. à s. d'extrait de vanille**, **2 c. à s. de sucre** et **1 pincée de sel**. Mélanger jusqu'à ce que le sucre soit fondu. Ajouter **le zeste et le jus d'1 citron**, puis laisser refroidir.

3 Dans un saladier, faire mousser au fouet **4 gros blancs d'œufs** et **2 c. à c. de jus de citron**. Ajouter 25 g de sucre tout en fouettant jusqu'à ce que des pointes moyennes se forment. Lorsque la préparation précédente est refroidie, incorporer au fouet 3 gros jaunes d'œufs, un par un, en remuant bien entre chaque ajout. Ajouter un peu de blanc en neige, puis incorporer délicatement le reste.

4 Répartir la pâte dans les ramequins et les poser sur une plaque à pâtisserie (voir Soufflés au chocolat, étape 4). Faire cuire 10 à 12 minutes en bas du four jusqu'à ce que les soufflés soient bien gonflés et qu'un cure-dent ressorte sec. Saupoudrer de **sucre glace** et servir aussitôt.

À L'AVANCE

Vous pouvez préparer la pâte la veille et la conserver au réfrigérateur en la couvrant.

35 min
+ repos et refroidissement

Pour 4 personnes

FONDANTS au chocolat

Il est difficile de savoir à quoi ressemble l'intérieur d'un fondant avant de le servir. Considérez-le comme un gâteau au chocolat qui serait à peine assez cuit – si vous surveillez l'heure de près, vous devriez obtenir un cœur coulant à souhait.

INGRÉDIENTS

150 g de beurre
+ pour le moule

150 g de chocolat noir
à 60 % de cacao minimum

3 gros œufs

75 g de sucre

1 c. à s. bombée de farine

cacao en poudre pour saupoudrer

crème fraîche épaisse pour servir

MATÉRIEL

4 ramequins de 200 ml

À L'AVANCE

Vous pouvez préparer la pâte 3 jours à l'avance et la conserver au réfrigérateur dans du film alimentaire, ou la garder 1 mois au congélateur. Laissez la pâte revenir à température ambiante avant de la faire cuire.

1

Préchauffer le four à 200 °C. Beurrer les ramequins et réfrigérer. Faire fondre le chocolat et le beurre dans un saladier résistant à la chaleur au-dessus d'une casserole d'eau frémissante, sans que le fond du saladier touche l'eau. Laisser refroidir.

2

Dans un autre saladier, battre les œufs et le sucre pendant 4 à 5 minutes jusqu'à ce que la préparation triple de volume, blanchisse et soit mousseuse. Ajouter le chocolat fondu et bien mélanger. Incorporer la farine tamisée.

3

Saupoudrer l'intérieur des ramequins de cacao en poudre et les secouer pour retirer l'excédent. Répartir la pâte dans les ramequins sans les remplir jusqu'en haut. Faire cuire 12 minutes au four jusqu'à ce que les fondants soient encore souples au centre sous la pression du doigt.

4

Laisser reposer 1 minute. Passer un couteau à l'intérieur des ramequins pour détacher les fondants, puis les recouvrir d'une assiette. Les retourner et retirer délicatement les ramequins. Saupoudrer de cacao en poudre et servir aussitôt avec de la crème fraîche.

2 h 05
+ réfrigération et refroidissement

Pour 4 personnes

FONDANTS à la confiture de lait

Des fondants au chocolat avec un cœur à la confiture de lait : voici un classique merveilleusement revisité.

1 Préchauffer le four à 220 °C. Pour la confiture de lait, verser **400 g de lait concentré sucré** dans un **moule de 14 cm de diamètre**. Couvrir hermétiquement avec 2 feuilles de papier d'aluminium et mettre le moule dans un plat à four rempli d'eau bouillante jusqu'à mi-hauteur du moule. Ne pas verser d'eau sur le papier d'aluminium.

2 Faire cuire au milieu du four pendant 1 h à 1 h 30 en remuant toutes les 15 minutes, jusqu'à ce que de petits trous se forment à la surface et que le lait soit doré et de couleur caramel. Vérifier le niveau de l'eau régulièrement et en ajouter si nécessaire. Verser la confiture de lait dans un plat peu profond et laisser refroidir complètement avant de placer au réfrigérateur. Baisser le four à 200 °C.

3 Beurrer **4 ramequins de 200 ml** et les réserver au réfrigérateur. Faire fondre **150 g de chocolat noir** et **150 g de beurre** dans un saladier résistant à la chaleur au-dessus d'une petite casserole d'eau frémissante, sans que le fond du saladier touche l'eau. Mélanger et laisser refroidir.

4 Fouetter **3 gros œufs** et **75 g de sucre** dans un saladier jusqu'à ce que le mélange soit mousseux et triple de volume. Verser le chocolat refroidi et bien mélanger. Incorporer **1 c. à s. bombée de farine**.

5 Saupoudrer l'intérieur des ramequins de **cacao en poudre** et retirer l'excédent. Remplir à moitié les ramequins avec la pâte et égaliser la surface. Former 4 boulettes avec 4 c. à s. de confiture de lait et les mettre dans chaque ramequin. Répartir le reste de pâte dans les ramequins en recouvrant complètement les boulettes.

6 Faire cuire les fondants 12 minutes au four jusqu'à ce que les bords soient cuits et que le centre reste souple au toucher. Laisser reposer 1 minute. Pour démouler, passer un couteau à l'intérieur du ramequin, placer une assiette sur le ramequin et retourner. Servir aussitôt avec de la crème fraîche (facultatif).

À L'AVANCE

Vous pouvez préparer la pâte jusqu'à la fin de l'étape 5, puis la couvrir de film alimentaire et la conserver 2 jours au réfrigérateur ou la congeler pendant 1 mois. Laissez la pâte revenir à température ambiante avant de la faire cuire.

Confiture de lait

25 min
+ refroidissement et réfrigération

Pour 4 personnes

FONDANTS au beurre de cacahuète

Le beurre de cacahuète fond à une température élevée, créant un contraste salé rappelant la saveur d'une barre chocolatée aux cacahuètes.

1 Beurrer **4 ramequins de 200 ml** et les réserver au réfrigérateur. Faire fondre **150 g de chocolat noir** et **150 g de beurre** dans un saladier résistant à la chaleur au-dessus d'une petite casserole d'eau frémissante (voir Fondants à la confiture de lait, étape 3). Remuer et laisser refroidir.

2 Préchauffer le four à 200 °C. Fouetter **3 gros œufs** et **75 g de sucre** dans un saladier jusqu'à ce que le mélange soit mousseux et triple de volume. Verser le chocolat refroidi et bien mélanger. Incorporer délicatement **1 c. à s. bombée de farine**.

3 Saupoudrer l'intérieur des ramequins de **cacao en poudre** et retirer l'excédent. Remplir à moitié les ramequins avec la pâte et égaliser la surface. Former 4 boulettes avec **4 c. à s. de beurre de cacahuète crémeux** réfrigéré et les mettre dans chaque ramequin. Répartir le reste de pâte dans les ramequins en recouvrant complètement les boulettes.

4 Faire cuire les fondants 12 minutes au four jusqu'à ce que les bords soient cuits et que le centre reste souple au toucher. Laisser reposer 1 minute avant de les démouler (voir Fondants à la confiture de lait, étape 6). Saupoudrer de cacao en poudre (facultatif) et servir aussitôt.

À L'AVANCE

Vous pouvez préparer la pâte du fondant jusqu'à l'étape 3, puis la couvrir de film alimentaire et la conserver 2 jours au réfrigérateur, ou la congeler pendant 1 mois. Laissez la pâte revenir à température ambiante avant de la faire cuire.

50 à 55 min
+ repos et refroidissement

Pour 4 à 6 personnes

PUDDING à la brioche

Ce dessert simple, préparé au départ avec des restes de pain et des ingrédients de base, a gagné ses lettres de noblesse et est aujourd'hui proposé dans les plus grands restaurants.

INGRÉDIENTS

- beurre pour le plat
- 250 g de brioche coupée en cubes de 2,5 cm
- 2 œufs
- 50 g de sucre
- 200 ml de lait entier
- 200 ml de crème liquide entière
- sucre glace pour saupoudrer
- glace au chocolat pour servir

MATÉRIEL

1 plat de 20 x 25 cm

1

Préchauffer le four à 180 °C. Beurrer le plat. Étaler les morceaux de brioche dans le plat en les pressant légèrement pour former une couche uniforme.

2

Mettre les œufs et le sucre dans un saladier et mélanger au fouet. Ajouter le lait et la crème, peu à peu, en fouettant sans cesse.

Verser la préparation sur la brioche en appuyant pour que celle-ci l'absorbe. Attendre 5 minutes. Mettre le plat dans un plat plus grand et verser de l'eau chaude.

3

L'eau chaude doit arriver à mi-hauteur du plat dans lequel se trouve la préparation.

4

Faire cuire 40 à 45 minute au four. Quand le dessus est bien doré, retirer le plat de l'eau et laisser tiédir un peu. Saupoudrer de sucre glace. Servir avec de la glace au chocolat (facultatif). Le pudding se conserve 2 jours au frais, couvert de film alimentaire.

35 min
+ refroidissement

Pour 4 personnes

PUDDINGS cognac et noix de pécan

Cette version de pudding pour adulte est parfumée au cognac. Les noix de pécan caramélisées ajoutent un agréable croquant.

INGRÉDIENTS

1 c. à s. de beurre + pour les ramequins
1 c. à s. de sucre
30 g de noix de pécan
150 g de brioche coupée en dés de 1 cm
30 g de raisins secs
3 œufs
225 ml de crème liquide
2 c. à s. de cognac
½ c. à s. d'extrait de vanille
2 c. à s. bombées de cassonade
crème fraîche épaisse pour servir (facultatif)

MATÉRIEL

4 ramequins de 200 ml

À L'AVANCE

Les noix de pécan caramélisées se gardent 1 semaine dans un récipient hermétique.

1 Préchauffer le four à 180 °C et beurrer les ramequins. Faire chauffer le beurre, le sucre et les noix de pécan à feu modéré dans une poêle antiadhésive. Faire cuire 5 minutes en remuant souvent jusqu'à ce que le caramel soit doré et les noix de pécan bien enrobées. Les faire refroidir sur une assiette légèrement huilée.

2 Mélanger la brioche et les raisins secs dans un saladier. Fouetter les œufs, la crème, le cognac, l'extrait de vanille et la cassonade dans un autre saladier, puis verser sur la brioche. Remuer et laisser la brioche absorber le liquide.

3 Répartir la préparation dans les ramequins en formant un dôme au centre. Verser le reste de liquide en veillant à ce que les ramequins ne soient pas trop remplis. Faire cuire 20 minutes dans la partie supérieure du four jusqu'à ce que les puddings soient dorés et bien gonflés.

4 Retirer du four et laisser refroidir 5 minutes environ. Hacher les noix de pécan et les parsemer sur le dessus. Servir chaud avec de la crème fraîche (facultatif). Couverts, les puddings se gardent 2 jours au réfrigérateur.

55 min
+ repos et refroidissement

Pour 4 à 6 personnes

PUDDING au pain au chocolat

Voilà une façon parfaite d'utiliser des pains au chocolat rassis. En ajoutant du chocolat blanc, ce dessert prend des allures de fête.

INGRÉDIENTS

beurre pour le plat
215 g de pains au chocolat coupés en morceaux
30 g de pépites de chocolat blanc
2 œufs
50 g de sucre
200 ml de lait entier
200 ml de crème entière
1 c. à s. d'extrait de vanille
glace à la vanille ou crème pour servir

MATÉRIEL

1 plat à four de 18 x 23 cm

1 Préchauffer le four à 180 °C et beurrer légèrement le plat. Y déposer les morceaux de pain au chocolat et les pépites de chocolat blanc. Mélanger et étaler en couche uniforme en tassant légèrement.

2 Fouetter les œufs et le sucre dans un saladier jusqu'à ce qu'ils blanchissent. Ajouter le lait, la crème et l'extrait de vanille. Fouetter et verser dans le plat en appuyant pour que le pain au chocolat absorbe le liquide. Attendre 5 minutes.

3 Placer le plat dans un plat plus grand et verser de l'eau chaude à mi-hauteur. Faire cuire pendant 40 à 45 minutes au four jusqu'à ce que le dessus soit bien doré. Retirer le plat de l'eau et laisser refroidir 5 minutes. Servir chaud avec de la glace à la vanille ou de la crème. Le pudding se conserve 2 jours au réfrigérateur couvert de film alimentaire.

55 min
+ repos et refroidissement

Pour 4 à 6 personnes

PUDDING panettone et marmelade

Parfumé aux agrumes, ce dessert est parfait si vous recevez de nombreux invités. Comme il cuit à basse température au four, il n'est pas nécessaire d'utiliser la cuisson habituelle au bain-marie.

INGRÉDIENTS

- beurre pour le plat
- 150 g de marmelade d'oranges
- 250 g de panettone coupé en grosses tranches
- 200 ml de lait entier
- 3 œufs légèrement battus
- 3 c. à s. de crème entière
- 50 g de cassonade
- 1 c. à s. d'extrait de vanille
- glace à la vanille ou crème pour servir

MATÉRIEL

1 plat à four de 18 x 23 cm

1 Préchauffer le four à 160 °C et beurrer légèrement le plat. Étaler la marmelade en couche uniforme sur les tranches de panettone. Disposer les tranches dans le plat en les superposant légèrement.

2 Verser le lait dans un saladier. Ajouter le reste des ingrédients. Fouetter pour mélanger et verser sur le panettone en appuyant légèrement pour qu'il absorbe le liquide. Attendre 5 minutes.

3 Poser le plat sur une plaque à pâtisserie et faire cuire 30 minutes. Quand le dessus est doré, retirer du four et laisser refroidir 5 minutes. Servir chaud ou à température ambiante. Le pudding se conserve 2 jours au réfrigérateur couvert de film alimentaire.

30 min + repos

Pour 6 à 8 personnes

Également bon **FROID**

TAPIOCA à la vanille

Pour certains, le tapioca évoque un dessert d'enfance peu engageant. Cette version pour adulte, riche et crémeuse, vous fera découvrir la délicatesse de ces petites perles.

INGRÉDIENTS

750 ml de lait entier
70 g de tapioca
2 gros jaunes d'œufs
¼ de c. à s. de sel
50 g de cassonade
50 g de beurre
1 gousse de vanille
30 mûres pour servir
crème liquide pour servir

1

Verser 200 ml de lait dans une casserole à fond épais. Ajouter le tapioca et mélanger. Laisser reposer 45 minutes environ.

2

Incorporer le reste de lait. Mélanger au fouet les jaunes d'œufs, le sel et les deux sortes de sucre dans la préparation. Fendre la gousse de vanille en deux avec un couteau pointu et la mettre dans la casserole. Remuer.

3

Porter à ébullition à feu modéré en remuant sans cesse. Baisser le feu à frémissement et faire cuire 15 minutes en remuant de temps en temps, jusqu'à ce que le tapioca soit tendre et que la crème ait épaissi légèrement.

4

Retirer du feu et enlever la gousse de vanille. Servir chaud avec des mûres et un tourbillon de crème liquide. Servir froid pour une texture plus épaisse. Ce dessert se conserve hermétiquement 2 à 3 jours au frais.

30 min + repos | Pour 6 à 8 personnes | Également bon FROID

TAPIOCA chocolat et banane

Ajoutez du chocolat noir râpé sur le tapioca encore chaud pour créer un dessert merveilleusement riche surmonté de tranches de bananes.

1 Verser **200 ml de lait entier** dans une casserole à fond épais. Ajouter **70 g de tapioca** et mélanger. Laisser reposer 45 minutes environ.

2 Incorporer **750 ml de lait entier** et **60 ml de crème entière liquide**. Ajouter **2 gros jaunes d'œufs**, **50 g de sucre** et **¼ de c. à s. de sel**. Fouetter. Porter à ébullition à feu modéré en remuant sans cesse. Baisser le feu à frémissement et faire cuire 15 minutes en remuant de temps en temps, jusqu'à ce que le tapioca soit tendre.

3 Retirer du feu. Incorporer **140 g de chocolat noir finement râpé** et mélanger jusqu'à ce qu'il soit fondu. Incorporer **½ c. à s. d'extrait de vanille** et ajouter **2 à 3 bananes coupées en fines tranches**. Servir chaud ou placer 2 heures au réfrigérateur pour une texture plus épaisse. Ce dessert se conserve 2 à 3 jours au réfrigérateur dans un récipient hermétique.

30 min + repos | Pour 6 à 8 personnes | Également bon FROID

TAPIOCA à l'orange

Le zeste et le jus de l'orange confèrent de la fraîcheur à ce dessert. Des oranges sanguines apporteront une superbe couleur.

1 Verser **200 ml de lait entier** dans une casserole à fond épais. Ajouter **70 g de tapioca** et mélanger. Laisser reposer 45 minutes environ.

2 Incorporer **475 ml de lait entier** et **120 ml de crème entière liquide**. Ajouter **2 gros jaunes d'œufs**, **¼ de c. à s. de sel**, **65 g de sucre**, **le zeste râpé d'1 orange** et **le jus d'½ orange**. Fouetter. Porter à ébullition à feu modéré en remuant sans cesse. Baisser le feu à frémissement et faire cuire 15 minutes en remuant de temps en temps, jusqu'à ce que le tapioca soit tendre.

3 Retirer du feu. Incorporer **½ c. à s. d'extrait de vanille** et décorer avec **30 g de pistaches émondées concassées**. Servir chaud ou placer 2 heures au réfrigérateur pour une texture plus épaisse. Ce dessert se conserve 2 à 3 jours au réfrigérateur dans un récipient hermétique.

30 min + repos | **Pour 6 à 8 personnes** | Également bon **FROID**

TAPIOCA à la noix de coco

Le tapioca est fabriqué à partir de manioc, lequel est souvent cultivé en Asie à proximité de cocotiers. Voilà pourquoi cette association est si répandue dans la cuisine asiatique.

1. Verser **200 ml de lait de coco** dans une casserole à fond épais. Ajouter **70 g de tapioca** et mélanger. Laisser reposer 45 minutes environ.

2. Incorporer **550 ml de lait de coco**, **1 gros jaune d'œuf**, **¼ de c. à s. de sel** et **100 g de sucre**. Fouetter. Porter à ébullition à feu modéré en remuant sans cesse. Baisser le feu à frémissement et faire cuire 15 minutes en remuant de temps en temps, jusqu'à ce que le tapioca soit tendre.

3. Retirer du feu. Incorporer **¼ de c. à s. d'extrait de vanille** et parsemer **30 g de noix de coco râpée**. Servir chaud ou placer 2 heures au réfrigérateur pour une texture plus épaisse. Ce dessert se conserve 2 à 3 jours au réfrigérateur dans un récipient hermétique.

30 à 35 min + réfrigération | **Pour 6 à 8 personnes** | Également bon **FROID**

TAPIOCA citron vert et mangue

Voici un dessert exotique rapide à préparer en mélangeant du tapioca cuit avec du coulis de mangues, du citron vert et un peu de lait concentré.

1. Faire bouillir **1,2 litre d'eau** dans une grande casserole et ajouter **100 g de tapioca**. Faire cuire 20 à 25 minutes en remuant sans cesse jusqu'à ce que le tapioca soit tendre et transparent. Retirer du feu, égoutter et rincer sous l'eau froide pour arrêter la cuisson.

2. Égoutter et mettre le tapioca dans un bol. Réduire en purée **2 mangues pelées**, **dénoyautées et grossièrement hachées** dans un robot. Verser dans un saladier et ajouter **120 ml de lait concentré**, **⅛ de c. à s. de sel** et **le jus d'½ citron vert**. Bien mélanger.

3. Ajouter le tapioca dans le saladier et mélanger avec le coulis. Décorer avec **le zeste d'½ citron vert** et **½ ananas coupé en fines tranches**. Servir chaud ou placer 2 heures au réfrigérateur pour une texture plus épaisse. Ce dessert se conserve 2 à 3 jours au réfrigérateur dans un récipient hermétique.

1 h 50 — Pour 6 à 8 personnes — Également bon **FROID**

RIZ AU LAIT

Voici une recette de riz au lait crémeux et parfumé. Certaines personnes associent le riz au lait à un dessert pour enfants, mais quand il est cuit à la perfection et parfumé d'épices, il ne peut que plaire aussi aux plus grands.

INGRÉDIENTS

45 g de beurre
100 g de riz rond
50 g de cassonade
50 g de sucre
¾ de c. à s. de cannelle moulue
¼ de c. à s. de noix muscade râpée + pour saupoudrer
¼ de c. à s. de sel
1 litre de lait entier
120 ml de crème entière
1 c. à s. d'extrait de vanille
1 feuille de laurier

MATÉRIEL

1 plat à four de 2,5 litres

1

Préchauffer le four à 150 °C. Faire fondre le beurre dans une casserole à feu modéré. Ajouter le riz et remuer pour enrober les grains.

2

Ajouter les deux sortes de sucre, la cannelle, la noix muscade, le sel et 1 à 2 cuillerées à soupe de lait. Faire cuire en remuant pour dissoudre le sucre.

3

Augmenter le feu et ajouter le reste des ingrédients. Porter à frémissement en remuant de temps en temps. Retirer du feu et enlever la feuille de laurier. Verser le riz dans le plat à four.

4

Faire cuire 30 minutes au four. Retirer du four, remuer et saupoudrer de noix muscade. Faire cuire 60 à 70 minutes de plus. Servir chaud. Le riz au lait se conserve 2 à 3 jours au réfrigérateur dans un récipient hermétique.

50 à 55 min + réfrigération | **Pour 4 personnes** | Également bon **FROID**

RIZ AU LAIT noix de coco et citron vert

Ce somptueux dessert, délicatement parfumé au citron vert et à la noix de coco, est parfait pour un repas d'inspiration asiatique.

1 Écraser délicatement **2 capsules de cardamome** et les mettre dans une grande casserole. Ajouter **1 petit bâton de cannelle coupé en deux** et chauffer à feu modéré. Faire griller 30 à 45 minutes jusqu'à ce que les parfums se développent.

2 Ajouter **400 ml de lait de coco**, **200 ml de lait entier**, **65 g de cassonade** et **1/8 de c. à s. de sel** dans la casserole. Porter le mélange à ébullition jusqu'à ce que le sucre soit dissous. Réduire le feu au minimum.

3 Ajouter **150 g de riz long cuit** et le **zeste râpé d'1/2 citron vert**. Faire cuire 40 minutes en remuant de temps en temps jusqu'à ce que la préparation épaississe. Retirer du feu puis enlever les capsules de cardamome et le bâton de cannelle.

4 Répartir le riz au lait dans **4 ramequins**. Décorer avec de la **noix de coco râpée** et du **zeste de citron vert** puis servir chaud. Sinon, placer 30 minutes au réfrigérateur et servir froid. Le riz au lait se conserve 4 à 5 jours au réfrigérateur dans un récipient hermétique, mais il devient compact.

50 à 55 min + refroidissement | **Pour 4 personnes** | Également bon **FROID**

ARROZ con leche

L'arroz con leche est un délicieux riz au lait vanillé venu d'Amérique du Sud. Les trois types de lait permettent d'obtenir cette texture crémeuse.

1 Fendre **1 gousse de vanille** en deux puis mettre les grains et la gousse dans une casserole. Ajouter **1 petit bâton de cannelle** et chauffer à feu modéré. Faire griller pendant 30 à 45 minutes jusqu'à ce que les parfums se développent.

2 Ajouter **350 ml de lait en poudre**, **240 ml de lait entier**, **180 ml de lait concentré** et **1/8 de c. à s. de sel**. Porter le mélange à ébullition en remuant souvent, puis baisser le feu à frémissement.

3 Ajouter **150 g de riz long cuit** dans la casserole. Faire cuire 40 minutes en remuant de temps en temps jusqu'à ce que la préparation épaississe. Retirer du feu puis enlever la gousse de vanille et le bâton de cannelle. Laisser refroidir quelques instants.

4 Répartir le riz au lait dans 4 ramequins, saupoudrer de **cannelle moulue** et servir chaud. Le riz au lait se conserve 4 à 5 jours au réfrigérateur dans un récipient hermétique, mais il devient compact.

30 min
+ réfrigération et refroidissement

Pour 4 à 6 personnes

Également bon **FROID**

RIZ AU LAIT suédois aux fruits rouges

Préparé à Noël en Suède, ce dessert froid est servi avec une sauce chaude aux fruits rouges qui contraste avec la saveur du riz au lait.

1 Faire bouillir **800 ml de lait entier**, **150 g de riz long** et **50 g de sucre** dans une grande casserole en remuant souvent. Baisser le feu à frémissement et faire cuire 15 minutes en remuant, jusqu'à ce que le riz soit tendre. Retirer du feu, laisser refroidir et verser dans un saladier.

2 Fouetter **280 ml de crème liquide entière froide** en chantilly et l'incorporer au riz. Ajouter **85 g d'amandes émondées, grillées et finement hachées**, **1 c. à s. de xérès** et **1 c. à s. d'extrait de vanille**. Placer 3 à 4 heures au réfrigérateur.

3 Pour la sauce, mettre **50 g de sucre**, **1 c. à s. d'eau** et **300 g d'un mélange de framboises**, **mûres et cassis** dans une grande casserole. Faire cuire 3 à 4 minutes à feu doux. Retirer du feu.

4 Mixer les fruits en purée avec un mixeur plongeant et les passer au tamis au-dessus d'un bol. Servir le riz au lait froid avec la sauce chaude sur le dessus. Le riz au lait se conserve 3 jours au réfrigérateur dans un récipient hermétique.

50 min
+ refroidissement

Pour 4 personnes

Également bon **FROID**

RIZ AU LAIT arborio

Le riz italien arborio est plus riche en amidon que le riz rond habituellement utilisé, ce qui donne une texture encore plus crémeuse.

1 Écraser délicatement **4 capsules de cardamome** et les mettre dans une grande casserole. Ajouter **1 grand bâton de cannelle coupé en deux** et **4 clous de girofle**. Faire griller 30 à 45 minutes à feu modéré jusqu'à ce que les parfums se développent.

2 Ajouter **1 litre de lait entier**, **60 ml de crème liquide entière**, **¼ de c. à s. de noix muscade râpée**, **80 g de cassonade** et **100 g de riz arborio.** Porter le mélange à ébullition jusqu'à ce que le sucre soit dissous.

3 Réduire le feu au minimum. Faire cuire 40 à 45 minutes en remuant souvent jusqu'à ce que le riz soit tendre. Retirer du feu puis enlever les capsules de cardamome et le bâton de cannelle.

4 Incorporer **½ c. à s. de pâte de vanille ou d'extrait de vanille**. Répartir le riz au lait dans 4 bols et ajouter **5 mûres** par bol. Servir aussitôt. Le riz au lait se conserve 4 à 5 jours au réfrigérateur dans un récipient hermétique, mais il devient compact.

Fruits rouges

Arborio

1 h **Pour 4 personnes** Également bon **FROID**

POMMES AU FOUR et sucre à la cannelle

De tous les fruits, les pommes sont les plus faciles à cuire au four. Elles sont préparées ici avec du sucre et des épices. Servez les pommes au four avec de la glace pour créer un contraste chaud-froid.

INGRÉDIENTS

- ½ c. à s. de cannelle moulue + pour saupoudrer
- 4 c. à s. de cassonade
- ¼ de c. à s. de quatre-épices moulu
- 4 pommes à chair ferme (Reinette, Boskoop)
- 30 g de beurre
- glace à la vanille pour servir

1

Préchauffer le four à 190 °C. Mettre la cannelle, le sucre et le quatre-épices dans un saladier et mélanger.

2

Évider les pommes en laissant 2 cm au fond. Remplir chaque pomme avec ¼ du sucre épicé.

Verser 120 ml d'eau dans un plat à four et y placer les pommes. Déposer un peu de beurre sur chaque pomme.

3

Faire cuire 40 à 50 minutes. Quand les pommes sont tendres, ajouter des boules de glace et saupoudrer de cannelle. Servir chaud. Les pommes se gardent 1 à 2 jours au réfrigérateur dans un récipient hermétique.

4

50 min + refroidissement | **Pour 6 personnes** | Également bon **FROID**

PÊCHES RÔTIES et crème à la cardamome

Choisissez des pêches mûres et juteuses car le sucre contenu dans le jus se concentre pendant la cuisson.

INGRÉDIENTS

3 grosses pêches coupées en deux et dénoyautées

3 c. à s. de cassonade

1 pincée de sel

2 c. à s. de beurre fondu

Pour la crème

240 ml de crème liquide entière froide

½ c. à s. de cardamome moulue

¼ de c. à s. d'extrait de vanille

3 c. à s. de sucre glace

MATÉRIEL

1 plat à four d'1,7 litre

À L'AVANCE

Vous pouvez préparer la crème la veille et la conserver au réfrigérateur dans un récipient hermétique.

1 Préchauffer le four à 200 °C. Retirer les éventuelles fibres dures des pêches et les mettre dans le plat, côté coupé vers le haut. Mélanger le sucre, le sel et le beurre dans un bol et répartir sur les pêches.

2 Faire rôtir les pêches 30 à 35 minutes, ou plus longtemps selon leur taille et leur maturité, jusqu'à ce qu'elles soient tendres sous les dents d'une fourchette et légèrement dorées sur le dessus. Retirer du feu et laisser refroidir légèrement.

3 Pour la crème, fouetter tous les ingrédients en chantilly dans un saladier. Placer au réfrigérateur jusqu'au moment de servir. Servir les pêches rôties chaudes avec la crème. Les pêches se conservent 1 à 2 jours au réfrigérateur dans un récipient hermétique.

25 min + refroidissement | **Pour 4 personnes** | Également bon **FROID**

BANANES CUITES à l'orange et aux noix de pécan

Ce dessert est rapide et facile à réaliser. Il se prépare en quelques minutes avec des bananes fraîches et quelques ingrédients de base.

INGRÉDIENTS

50 g de noix de pécan grossièrement hachées

60 g de beurre

4 c. à s. bombées de cassonade

le jus et le zeste râpé d'1 orange

2 grosses bananes vertes coupées en morceaux d'1 cm

60 ml de rhum brun

4 grosses tranches de brioche

4 boules de glace à la vanille

1 Faire griller les noix de pécan à sec dans une grande poêle, 3 à 4 minutes à feu modéré. Remuer de temps en temps jusqu'à ce qu'elles brunissent à certains endroits. Retirer du feu et laisser refroidir.

2 Mettre le beurre, le sucre et le jus d'orange dans une grande poêle. Réserver un peu de zeste d'orange et ajouter le reste dans la poêle. Faire cuire à feu modéré en remuant jusqu'à ce que le sucre soit dissous. Faire cuire 2 à 3 minutes de plus à feu vif jusqu'à ce que la sauce réduise légèrement et commence à être brillante.

3 Ajouter les bananes et faire cuire 2 à 3 minutes jusqu'à ce que la sauce soit réduite et les morceaux de banane juste tendres. Ajouter les noix de pécan et le rhum, puis faire cuire encore 1 minute. Enflammer l'alcool dans la casserole avec une allumette – ce qui prend environ 1 minute. Retirer du feu.

4 Faire légèrement griller les tranches de brioche et couper chacune en 2 disques de 7 cm de diamètre. Disposer 2 disques de brioche par assiette. Ajouter les bananes sur le dessus, puis 1 boule de glace. Servir aussitôt avec le zeste d'orange réservé.

20 min + refroidissement | Pour 4 personnes | Également bon FROID

ABRICOTS CARAMÉLISÉS aux amandes

Le caramel maison permet d'obtenir une sauce divine pour accompagner des abricots mûrs et sucrés.

INGRÉDIENTS

4 à 5 c. à s. d'amandes effilées
2 ½ c. à s. de beurre
1 pincée de sel
4 c. à s. de cassonade
8 abricots coupés en deux et dénoyautés

MATÉRIEL

1 poêle de 23 cm de diamètre

1 Faire griller les amandes à sec dans une poêle à feu modéré, en remuant sans cesse jusqu'à ce qu'elles soient légèrement dorées. Retirer du feu et verser sur une assiette pour les faire refroidir complètement.

2 Mettre le beurre, le sel et le sucre dans une poêle et faire cuire à feu modéré jusqu'à ce que des bulles commencent à se former. Ajouter les abricots sur le caramel, avec précaution, le côté coupé vers le bas. Augmenter le feu légèrement.

3 Faire cuire les abricots 4 à 5 minutes jusqu'à ce que le côté coupé soit caramélisé et tendre. Retirer du feu et laisser refroidir légèrement. Parsemer les amandes sur les abricots. Servir chaud avec de la crème Chantilly. Les abricots se conservent 1 à 2 jours au réfrigérateur dans un récipient hermétique.

20 à 25 min | Pour 4 personnes | Également bon FROID

FIGUES RÔTIES au thym et au vin rouge

Cette recette est parfaite pour utiliser des figues qui ne sont pas très sucrées ou à peine mûres. La cuisson au four permet de faire ressortir le sucre des fruits.

INGRÉDIENTS

3 c. à s. de vin rouge
4 c. à s. de cassonade
¼ de c. à s. d'extrait de vanille
¼ de c. à s. de jus de citron
le zeste râpé d'½ citron
2 à 3 branches de thym
8 figues fraîches, coupées en deux dans la longueur
yaourt nature pour servir

MATÉRIEL

1 plat à four d'1,7 litre

1 Préchauffer le four à 200 °C. Mélanger le vin, le sucre, l'extrait de vanille, le jus et le zeste de citron dans un saladier. Retirer les feuilles des branches de thym, les ajouter dans le saladier et remuer. Ajouter les figues et mélanger pour bien les enrober.

2 Déposer les figues, le côté coupé vers le bas, dans un plat à four et verser le vin sucré. Faire cuire au four 10 à 15 minutes ou plus, selon la taille et la maturité des figues, jusqu'à ce qu'elles soient tendres.

3 Retirer le liquide de cuisson et le badigeonner sur les figues pour les glacer. Déposer les figues dans des assiettes et verser éventuellement un peu de jus de cuisson dessus. Servir avec du yaourt nature. Les figues et le jus se gardent 2 à 3 jours au réfrigérateur dans un récipient hermétique.

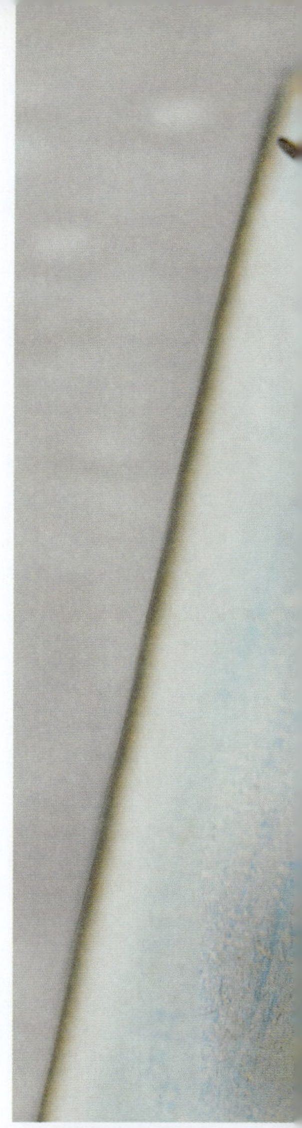

45 à 55 min
+ refroidissement et réfrigération

Pour 4 personnes

Également bon **FROID**

POIRES POCHÉES au vin rouge

Les poires pochées au vin rouge sont un dessert très classique. Elles prennent ici des parfums de cannelle, de zeste d'orange et de thym frais. Plus les poires macèrent dans le liquide, plus les arômes sont concentrés.

INGRÉDIENTS

750 ml de vin rouge
150 g de sucre
1 bâton de cannelle
le zeste d'1 orange
1 branche de thym
4 poires pas trop mûres pelées
crème Chantilly pour servir

À L'AVANCE

Vous pouvez préparer les poires 2 jours à l'avance et les conserver avec leur liquide de cuisson, couvertes au réfrigérateur.

1

Mettre le vin, le sucre, la cannelle, le zeste d'orange et le thym dans une casserole. Porter à ébullition en remuant. Quand le sucre est fondu, baisser le feu à petit frémissement.

2

Couper la base des poires pour pouvoir les poser. Les mettre dans la casserole en veillant à ce qu'elles soient recouvertes de vin. Couvrir et faire cuire 20 à 30 minutes jusqu'à ce que les poires soient juste tendres sous la pointe d'un couteau.

3

Retirer du feu et laisser refroidir. Couvrir les poires et leur liquide de film alimentaire. Réserver au réfrigérateur jusqu'au moment de servir ou toute la nuit. Ramener à température ambiante avant de servir. Retirer la cannelle, le zeste d'orange et le thym.

4

Filtrer 200 ml de liquide dans une casserole. Porter à ébullition, baisser le feu et faire légèrement réduire, pendant 15 minutes. Laisser tiédir. Dresser les poires sur des assiettes et verser un peu de sauce. Servir chaud avec de la chantilly.

30 à 35 min + infusion et refroidissement | Pour 4 personnes | Également bon FROID

PRUNES au thé et à la badiane

La saveur des prunes s'intensifie à la cuisson. Le thé Earl Grey et la badiane apportent une touche exotique.

1 Mettre **2 sachets de thé Earl Grey**, **30 g de sucre**, **2 étoiles de badiane** et **1 bâton de cannelle** dans une grande casserole à fond épais. Verser **500 ml d'eau bouillante**, couvrir et laisser infuser 10 minutes.

2 Retirer les sachets de thé et remuer pour vérifier que le sucre a fondu. Ajouter **8 grosses prunes juste mûres**, coupées en deux, le côté coupé vers le haut, et porter à ébullition. Baisser le feu et faire cuire 8 à 10 minutes à feu doux, jusqu'à ce que les prunes soient tendres sous la pointe d'un couteau.

3 Déposer les prunes, le côté coupé vers le haut, dans 4 coupelles. Laisser refroidir. Remettre la casserole sur le feu et porter le liquide à ébullition. Faire réduire 15 minutes à feu doux, jusqu'à ce que le liquide ait légèrement épaissi.

4 Retirer du feu et laisser tiédir. Enlever les épices et verser le jus sur les prunes. Ajouter **1 boule de glace à la vanille ramollie** et servir immédiatement. Les prunes et le jus se conservent 3 jours. Ramener à température ambiante avant de servir.

40 min + refroidissement | Pour 4 personnes | Également bon FROID

ABRICOTS au vin et au thym citron

Un dessert parfumé à préparer avec des abricots de saison, parfait pour terminer un repas d'été.

1 Mettre **500 ml de vin blanc sec**, **3 c. à s. de miel liquide**, **1 branche de thym citron**, **le zeste et le jus d'1 gros citron** dans une grande casserole à fond épais. Porter à ébullition en remuant pour faire fondre le miel.

2 Retirer du feu. Ajouter **8 gros abricots pas trop mûrs coupés en deux et dénoyautés** dans la casserole, le côté coupé vers le haut, et porter à ébullition. Baisser le feu et faire cuire 5 minutes à feu doux, jusqu'à ce que les abricots soient tendres sous la pointe d'un couteau.

3 Déposer les abricots, le côté coupé vers le haut, dans **4 coupelles**. Laisser refroidir. Retirer le thym et le zeste de citron, puis remettre la casserole sur le feu. Porter le liquide à ébullition, puis baisser le feu à frémissement.

4 Ajouter **1 c. à s. de sucre** et faire cuire 20 à 25 minutes pour faire réduire et épaissir le liquide. Retirer du feu et laisser tiédir. Verser le jus sur les abricots. Servir avec de la **crème fraîche**. Les abricots et le jus se conservent 3 jours. Ramener à température ambiante avant de servir.

Prunes au thé et à la badiane

25 à 30 min + refroidissement | **Pour 4 à 6 personnes** | Également bon **FROID**

COMPOTE DE FRUITS SECS
au yaourt

Même lorsque les fruits de saison se font rares, il est possible de préparer un dessert aux fruits en utilisant des fruits secs. Servez les restes de compote au petit-déjeuner.

1 Faire chauffer **500 ml d'eau**, **30 g de cassonade**, **le zeste** et **le jus d'1 grosse orange** et **1 bâton de cannelle** dans une casserole à fond épais. Remuer souvent pour dissoudre le sucre.

2 Ajouter **400 g d'un mélange de fruits secs hachés**, par exemple cerises, figues, pruneaux, abricots et cranberries. Porter à ébullition, puis baisser sur feu doux. Faire cuire 20 à 25 minutes, à couvert, jusqu'à ce que les fruits soient tendres et gonflés. Retirer du feu et enlever le bâton de cannelle.

3 Verser la compote dans 4 coupes et laisser refroidir. Pour servir, ajouter 1 c. à s. de yaourt grec dans chaque coupe et garnir avec 30 g de pistaches non salées grossièrement hachées. Les fruits et le jus se conservent 3 jours. Ramener à température ambiante avant de servir.

Abricots au vin et au thym citron

Compote de fruits secs au yaourt

FROID

Meringues et macarons ▪ Truffes ▪ Mille-feuilles et pâtes à choux ▪ Tartes ▪ Trifles et gâteaux à la crème ▪ Crèmes et mousses ▪ Salades de fruits ▪ Gâteaux ▪ Biscuits

3 h 15
+ refroidissement

Pour 30 meringues

MERINGUES et crème

Légères et croquantes, les meringues sont très polyvalentes. Pour un résultat parfait, utilisez des œufs à température ambiante ainsi qu'un saladier parfaitement propre, et faites cuire les meringues longtemps à basse température.

INGRÉDIENTS

- 4 gros blancs d'œufs à température ambiante
- 1/4 de c. à s. de sel
- 2 c. à c. de jus de citron
- 200 g de sucre
- 2 c. à s. d'extrait de vanille
- 350 ml de crème liquide entière froide
- 2 c. à s. de sucre glace + pour saupoudrer (facultatif)
- fraises et framboises pour servir (facultatif)

MATÉRIEL

1 poche avec une douille d'1 cm

À L'AVANCE

Les meringues non garnies se conservent 1 semaine dans un récipient hermétique.

1

Préchauffer le four à 110 °C et recouvrir 2 plaques à pâtisserie de papier sulfurisé. Réserver. Faire mousser les blancs en neige, le sel et le citron dans un saladier avec un batteur électrique.

2

Continuer à monter les blancs en neige jusqu'à ce que des pointes souples se forment. Ajouter le sucre, une cuillerée à la fois, et fouetter entre chaque ajout jusqu'à obtention de pointes fermes.

3

Ajouter l'extrait de vanille et l'incorporer délicatement avec une spatule pour que les blancs en neige conservent le plus d'air possible. Verser dans la poche à douille.

4

Former 30 meringues de même taille sur chaque plaque à pâtisserie. Faire cuire 3 heures jusqu'à ce qu'elles soient croustillantes. Arrêter le four et y laisser refroidir les meringues. Fouetter la crème et le sucre glace en chantilly. Garnir les meringues avec la crème Chantilly et les coller deux par deux. Servir aussitôt avec des fraises, des framboises et un peu de sucre glace (facultatif).

45 min
+ infusion et refroidissement

Pour 4 personnes

ÎLES flottantes

Ce dessert classique, appelé aussi « œufs à la neige », se compose de crème anglaise et de blancs en neige pochés.

INGRÉDIENTS

300 ml de crème liquide entière
1 gousse de vanille
175 g de sucre + 2 c. à s.
450 ml de lait entier
2 c. à s. de Maïzena
4 jaunes d'œufs
1 c. à s. d'extrait de vanille
3 blancs d'œufs
2 c. à s. de chocolat râpé pour servir

À L'AVANCE

La crème anglaise peut être préparée 2 jours à l'avance et conservée couverte au réfrigérateur.

1 Mettre la crème, la gousse de vanille, 2 cuillerées à café de sucre et la moitié du lait dans une casserole. Porter à ébullition, puis retirer du feu. Laisser infuser 30 minutes, avant de retirer la gousse de vanille.

2 Verser la Maïzena dans un bol et la délayer avec un peu de lait froid. Ajouter dans le lait et mélanger. Porter à ébullition, en remuant constamment. Baisser le feu et faire cuire 2 minutes, puis retirer du feu. Fouetter les jaunes d'œufs dans un bol jusqu'à ce qu'ils soient lisses.

3 Ajouter peu à peu les jaunes d'œufs dans la casserole tout en fouettant jusqu'à ce que la crème soit assez épaisse pour napper le dos d'une cuillère. Incorporer l'extrait de vanille. Verser la crème dans un saladier et couvrir de film alimentaire. Placer au réfrigérateur.

4 Dans un saladier, monter les blancs d'œufs en neige. Incorporer le sucre peu à peu, tout en fouettant. Faire bouillir le lait restant et 300 ml d'eau dans une sauteuse. Baisser le feu à frémissement et déposer 3 à 4 cuillerées à soupe de blancs d'œufs dans la casserole.

5 Faire pocher les blancs en neige dans le liquide chaud 1 minute, en les retournant une fois, jusqu'à ce qu'ils doublent de volume. Retirer avec une écumoire et égoutter sur une plaque à pâtisserie recouverte de papier sulfurisé. Répartir la crème anglaise dans 4 coupelles et garnir avec les blancs en neige pochés. Saupoudrer de chocolat et servir aussitôt.

1 h 50
+ refroidissement

Pour 12 pavlovas

MINI PAVLOVAS aux fruits exotiques

Creusez légèrement les meringues avant la cuisson, pour que la garniture reste en place ensuite.

INGRÉDIENTS

250 g de sucre
1 ¾ c. à s. de Maïzena
5 blancs d'œufs à température ambiante
1 pincée de sel
1 c. à s. de vinaigre de vin blanc
¼ de c. à s. d'extrait de vanille
¼ de c. à s. d'eau de fleur d'oranger

Pour la garniture

300 ml de crème liquide entière froide, fouettée
5 à 6 kiwis coupés en deux et tranchés finement
la pulpe de 3 à 4 fruits de la passion

À L'AVANCE

Les pavlovas non garnies se conservent 1 semaine.

1 Préchauffer le four à 140 °C. Tracer 12 cercles de 7,5 cm de diamètre sur une feuille de papier sulfurisé. Retourner la feuille et la placer sur une plaque à pâtisserie. Mélanger le sucre et la Maïzena dans un bol.

2 Dans un saladier, fouetter les blancs d'œufs et le sel jusqu'à ce que des pointes souples se forment. Incorporer peu à peu le sucre mélangé à la Maïzena et fouetter jusqu'à formation de pointes fermes. Ajouter le vinaigre, l'extrait de vanille et l'eau de fleur d'oranger. Mélanger délicatement.

3 Répartir le mélange dans les cercles, en dessinant des tourbillons avec une spatule. Creuser légèrement le centre. Baisser le four à 120 °C et faire cuire 1 heure, jusqu'à ce que les pavlovas soient dures et sonnent creux si on les tapote.

4 Arrêter le four et y laisser les pavlovas refroidir complètement avant de les sortir. Répartir la crème fouettée, le kiwi et la pulpe de fruits de la passion dans les pavlovas. Servir aussitôt.

1 h 50
+ refroidissement

Pour 6 à 8 personnes

PAVLOVA chocolat, pomme et poire

Légères et aériennes, les pavlovas sont souvent associées à l'été, mais les fruits d'automne fonctionnent aussi très bien avec une base de meringue au cacao. La cardamome et la cannelle viennent réchauffer la garniture à la crème.

INGRÉDIENTS

- 4 blancs d'œufs à température ambiante
- 1 pincée de sel
- 2 c. à c. de jus de citron
- 200 g de sucre
- ¼ de c. à s. d'extrait de vanille
- 2 c. à s. de cacao en poudre + pour saupoudrer

Pour la garniture

- ¼ de c. à s. de cannelle
- 1 ½ c. à s. de sucre glace
- ¼ de c. à s. de cardamome
- 85 g de pommes vertes coupées en fines tranches
- 85 g de poires coupées en fines tranches
- 240 ml de crème entière liquide fouettée

À L'AVANCE

Les pavlovas non garnies se conservent 1 semaine dans un récipient hermétique.

1 Préchauffer le four à 140 °C. Recouvrir une plaque à pâtisserie de papier sulfurisé. Faire mousser les blancs d'œufs, le sel et le citron dans un saladier. Fouetter jusqu'à ce que des pointes souples se forment. Ajouter peu à peu le sucre et fouetter jusqu'à obtenir des pointes fermes.

2 Ajouter l'extrait de vanille et le cacao en poudre, et fouetter pour incorporer. Étaler la préparation sur le papier sulfurisé en formant un cercle de 20 cm de diamètre et de 5 cm d'épaisseur, en dessinant des tourbillons avec une spatule. Creuser légèrement le centre.

3 Baisser le four à 130 °C et faire cuire 1 heure 20, jusqu'à ce que la pavlova soit dure. Arrêter le four et y laisser refroidir la pavlova.

4 Pour la garniture, mélanger la cannelle, le sucre glace et la cardamome dans un saladier. Ajouter les fruits et remuer pour les enrober. Laisser macérer 5 à 10 minutes. Étaler la crème fouettée sur la pavlova. Disposer les fruits sur le dessus, saupoudrer de cacao et servir aussitôt.

50 à 55 min
+ repos et refroidissement

Pour 20 macarons

MACARONS à la crème au beurre

Si l'humidité ou la chaleur sont trop élevées, ou si vous ne laissez pas reposer la préparation assez longtemps, vous risquez d'obtenir des résultats inattendus. Suivez donc cette recette à la lettre pour un succès garanti.

INGRÉDIENTS

100 g de sucre glace

75 g de poudre d'amandes

2 gros blancs d'œufs à température ambiante

75 g de sucre

Pour la garniture

60 g de beurre ramolli

125 g de sucre glace

½ c. à s. d'extrait de vanille

MATÉRIEL

1 poche avec une douille lisse de 3 cm

1 poche avec une douille lisse d'1 cm

À L'AVANCE

Les macarons non garnis se conservent 3 jours dans un récipient hermétique.

1

Préchauffer le four à 150 °C. Utiliser la douille de 3 cm pour dessiner 20 cercles bien espacés sur deux feuilles de papier sulfurisé. Retourner les feuilles à l'envers et les mettre sur 2 plaques à pâtisserie.

2

Mixer finement le sucre glace et la poudre d'amandes au robot. Fouetter les blancs d'œufs dans un saladier jusqu'à ce qu'ils forment des pointes souples. Ajouter peu à peu le sucre, tout en fouettant jusqu'à ce que les blancs soient fermes et brillants.

3

Incorporer peu à peu la poudre mixée dans les blancs d'œufs, délicatement pour ne pas perdre trop d'air. Ne pas trop travailler la préparation. Placer la poche équipée de la douille de 3 cm dans un verre et verser la préparation dans la poche.

La préparation est à bonne consistance lorsqu'elle forme un ruban lisse et brillant.

4

Déposer la pâte au centre de chaque cercle dessiné, en tenant la poche verticalement. Les cercles de pâte doivent être de même volume car la pâte s'étale légèrement à la cuisson. Taper légèrement la plaque sur le plan de travail. Laisser reposer au moins 30 minutes à température ambiante.

ASTUCE Tapez la plaque sur le plan de travail pour supprimer les pointes qui pourraient rester à la cuisson. Vous pouvez aussi appuyer dessus avec un doigt humide.

5

Faire cuire 20 à 25 minutes dans la partie supérieure du four, jusqu'à ce que la surface des coques durcisse. Retirer du four et laisser reposer 15 à 20 minutes sur les plaques à pâtisserie. Faire refroidir complètement sur une grille.

Pour la garniture, battre les ingrédients dans un saladier jusqu'à ce que le mélange soit souple et crémeux. Placer la seconde poche à douille dans un verre et verser la garniture. Déposer un peu de garniture sur le côté plat de 10 coques de macaron et coller 10 autres coques. Servir aussitôt. Les macarons garnis se gardent 2 à 3 jours dans une boîte hermétique.

6

50 à 55 min
+ repos et refroidissement

Pour 20 macarons

MACARONS aux framboises

Ces magnifiques macarons garnis de framboises fraîches et de mascarpone feront forte impression.

1 Préchauffer le four à 150 °C. Dessiner 20 cercles sur 2 feuilles de papier sulfurisé. Retourner les feuilles et les mettre sur 2 plaques à pâtisserie. Mixer finement **75 g de poudre d'amandes** et **100 g de sucre glace** au robot. Passer au tamis et réserver.

2 Fouetter **2 gros blancs d'œufs** avec un batteur électrique dans un saladier jusqu'à obtention de pointes souples. Ajouter peu à peu **75 g de sucre** en fouettant bien après chaque ajout jusqu'à ce que les blancs soient fermes et brillants. Ajouter **¼ de c. à s. de colorant alimentaire rouge en pâte** et fouetter pour obtenir la nuance souhaitée.

3 Avec une spatule en silicone, incorporer soigneusement la moitié des ingrédients secs dans les blancs d'œufs. Ajouter le reste et mélanger jusqu'à ce que la préparation forme un ruban lisse et brillant. Verser dans la **poche équipée d'une douille d'1 cm**.

4 Déposer la pâte au centre de chaque cercle dessiné. Taper légèrement les plaques sur le plan de travail. Laisser reposer 30 minutes à température ambiante. Faire cuire 20 à 25 minutes au four. Quand la surface des coques est ferme, laisser reposer 10 minutes sur les plaques. Faire refroidir ensuite sur une grille.

5 Battre **150 g de mascarpone**, **2 c. à s. de crème fraîche** et **2 c. à s. de sucre glace** dans un bol et verser la garniture dans une poche à douille. Couper **30 framboises** en deux. Déposer un peu de garniture sur le côté plat de 10 coques de macaron, ajouter 3 moitiés de framboise, côté coupé vers le bas, en étoile. Déposer le reste de garniture dans les autres coques et les coller sur celles déjà garnies. Servir aussitôt.

50 à 55 min
+ repos et refroidissement

Pour 20 macarons

MACARONS à la pistache

Utilisez des pistaches non salées et non grillées. Enlevez la peau en les frottant avec un torchon.

1 Préchauffer le four à 150 °C. Préparer 2 plaques à pâtisserie (voir Macarons aux framboises, étape 1). Mixer grossièrement **40 g de pistaches entières non salées et émondées** au robot. Ajouter **100 g de sucre glace** et **25 g de poudre d'amandes**, et réduire en poudre très fine. Passer au tamis et réserver.

2 Fouetter **2 gros blancs d'œufs** au batteur électrique dans un saladier. Quand ils forment des pointes, ajouter peu à peu **75 g de sucre**, en fouettant bien après chaque ajout, jusqu'à ce que les blancs soient fermes et brillants. Ajouter **¼ de c. à s. de colorant alimentaire vert en pâte**.

3 Avec une spatule en silicone, incorporer les ingrédients secs en deux fois dans les blancs d'œufs (voir Macarons aux framboises, étape 3). Verser dans une **poche équipée d'une douille lisse d'1 cm**. Déposer la pâte, faire reposer et faire cuire les coques (voir Macarons aux framboises, étape 4). Laisser reposer 10 minutes sur les plaques puis faire refroidir sur une grille.

4 Faire fondre **125 g de chocolat blanc finement haché**, **3 c. à s. de crème liquide entière** et **1 c. à s. de beurre** au bain-marie. Battre avec une cuillère en bois jusqu'à ce que le mélange soit épais et brillant. Verser la garniture dans une poche à douille. Placer au réfrigérateur pour faire refroidir mais pas durcir.

5 Pour servir, déposer une petite quantité de ganache au chocolat dans 10 coques de macaron et les coller deux par deux avec 10 autres coques. Les macarons garnis se gardent 1 journée au réfrigérateur dans un récipient hermétique.

50 à 55 min
+ repos et refroidissement

Pour 20 macarons

MACARONS au chocolat

La ganache est une recette de base parfaite pour garnir des macarons au chocolat noir.

1 Préchauffer le four à 150 °C. Préparer 2 plaques à pâtisserie (voir Macarons aux framboises, étape 1) et réserver. Mixer **50 g de poudre d'amandes**, **25 g de cacao en poudre** et **100 g de sucre glace** au robot.

2 Fouetter **2 gros blancs d'œufs** avec un batteur électrique dans un saladier jusqu'à ce qu'ils forment des pointes. Ajouter peu à peu **75 g de sucre**, en fouettant bien après chaque ajout, jusqu'à ce que les blancs soient fermes et brillants. Utiliser une spatule en silicone pour incorporer les ingrédients secs en deux fois dans les blancs d'œufs (voir Macarons aux framboises, étape 3).

3 Verser la préparation dans une **poche équipée d'une douille lisse d'1 cm**. Déposer la pâte, laisser reposer et faire cuire les coques (voir Macarons aux framboises, étape 4). Laisser reposer 10 minutes sur les plaques à pâtisserie, puis faire refroidir sur une grille.

4 Faire chauffer **90 ml de crème liquide entière** dans une casserole à fond épais, sans faire bouillir. Retirer du feu et ajouter **100 g de chocolat noir finement haché**. Faire fondre en mélangeant. Verser la garniture dans une poche à douille. Placer au réfrigérateur pour faire refroidir mais sans laisser durcir.

5 Pour servir, déposer une petite quantité de ganache au chocolat dans 10 coques de macaron et les coller deux par deux avec 10 autres coques. Les macarons garnis se gardent 1 journée au réfrigérateur dans un récipient hermétique.

Chocolat

Variantes simples

Déclinez à loisir la recette des pages 104-105. Utilisez du colorant en pâte car le colorant liquide diluerait la garniture.

Eau de rose et framboise Ajouter ¼ de c. à s. de colorant alimentaire rouge en pâte (voir p. 105, étape 3) et bien mélanger. Pour la garniture, mélanger 60 g de framboises écrasées, 125 g de mascarpone et ¼ de c. à s. d'eau de rose.

Eau de fleur d'oranger Ajouter ¼ de c. à s. de colorant orange (voir p. 105, étape 3). Ajouter 1 c. à s. de zeste d'orange finement râpé et 1 c. à s. d'eau de fleur d'oranger à la garniture (étape 6).

Café Ajouter 1 c. à s. de café soluble à la poudre d'amandes et au sucre avant de mixer (voir p. 105, étape 2). Garnir les macarons de ganache au chocolat (voir Macarons au chocolat, étapes 4-5).

Noisette Remplacer 25 g de poudre d'amandes par des noisettes finement moulues (voir p. 105, étape 2). Garnir les macarons avec la crème au beurre (étape 6) puis rouler les bords des macarons garnis dans des noisettes très finement hachées.

Citron vert et chocolat noir Ajouter ¼ de c. à s. de colorant alimentaire vert en pâte (voir p. 105, étape 3) et 1 c. à s. de zeste de citron vert finement râpé dans la ganache au chocolat (voir Macarons au chocolat, étapes 4-5).

Mandarine Ajouter 1 c. à s. de zeste de mandarine râpé à la poudre d'amandes et au sucre avant de mixer (voir p. 105, étape 2). Ajouter ¼ de c. à s. de colorant alimentaire orange en pâte (étape 3). Ajouter 1 c. à s. de zeste de mandarine râpé dans la crème au beurre (étape 6).

Lavande Ajouter ¼ de c. à s. de colorant violet (voir p. 105, étape 3). Ajouter ¼ de c. à s. de lavande comestible finement hachée dans la crème au beurre (étape 6).

Chocolat et orange Préparer les coques (voir Macarons au chocolat, étapes 1-4). Pour la garniture, ajouter 1 c. à s. de zeste d'orange finement râpé dans la crème au beurre (voir p. 105, étape 6).

45 min
+ refroidissement et réfrigération

Pour 26 à 30 truffes

TRUFFES au chocolat noir

Dans leur forme la plus simple, les truffes se composent de chocolat et de crème. Il est difficile d'obtenir une finition professionnelle mais, en les trempant dans du chocolat fondu et du cacao en poudre, le résultat est très satisfaisant.

INGRÉDIENTS

- 175 ml de crème liquide entière
- 350 g de chocolat noir finement râpé
- 2 à 3 c. à s. de cacao en poudre

MATÉRIEL

- 2 poches à douille jetables

1

Faire chauffer la crème à feu modéré dans une casserole, sans faire bouillir. Déposer 225 g de chocolat dans un saladier résistant à la chaleur, verser la crème et laisser fondre. Fouetter le mélange jusqu'à ce qu'il soit lisse et brillant. Laisser refroidir 30 minutes.

Verser la ganache dans les poches et couper les extrémités. Recouvrir une plaque à pâtisserie de papier sulfurisé. Déposer des boules de ganache de la taille d'une noix sur la plaque, en les espaçant. Placer 30 minutes au réfrigérateur pour les faire durcir.

2

3

Rouler chaque boule délicatement entre les mains pour les lisser. Les remettre sur la plaque et placer 30 minutes au réfrigérateur.

4

Faire fondre le reste de chocolat dans un saladier résistant à la chaleur, au bain-marie. Remuer à la spatule pour lisser. Mettre le cacao en poudre dans un bol.

5

Poser une truffe sur une cuillère et la tremper dans le chocolat fondu. Reverser l'excédent de chocolat dans le saladier. Rouler la truffe dans le cacao en poudre pour l'enrober puis la déposer sur une plaque à pâtisserie recouverte de papier sulfurisé.

Recommencer avec le reste des truffes. Brosser délicatement l'excédent de cacao et placer au moins 1 heure au réfrigérateur avant de servir. Les truffes se conservent 1 semaine au frais dans un récipient hermétique.

6

Chocolat, piment et cannelle

Pistache et chocolat blanc

50 min
+ refroidissement et réfrigération

Pour 26 à 30 truffes

TRUFFES chocolat, piment et cannelle

L'association de la cannelle et du piment est une idée originale et qui apporte du piquant aux truffes. Pour des truffes plus pimentées, ajoutez environ un quart de cuillerée à soupe d'épices.

1 Faire chauffer **180 ml de crème liquide entière** à feu modéré dans une casserole, sans faire bouillir. Mettre **225 g de chocolat finement râpé** dans un saladier résistant à la chaleur, verser la crème et laisser fondre. Fouetter le mélange jusqu'à ce qu'il soit lisse et brillant. Incorporer **½ c. à s. de cannelle moulue** et **½ c. à s. de piment de Cayenne moulu**. Laisser refroidir la ganache 30 minutes.

2 Recouvrir une plaque à pâtisserie de papier sulfurisé. Verser la ganache dans **2 poches à douille** et couper les extrémités. Déposer des boules de ganache de la taille d'une noix sur la plaque, en les espaçant. Laisser durcir 30 minutes au réfrigérateur. Rouler chaque boule entre les mains pour les lisser. Les reposer sur la plaque et remettre 30 minutes au frais.

3 Recouvrir une plaque de papier sulfurisé. Faire fondre **115 g de chocolat noir finement râpé** au bain-marie.

4 Poser une truffe sur une cuillère et la tremper dans le chocolat fondu. Déposer la truffe sur la plaque à pâtisserie. Reverser l'excédent de chocolat dans le saladier. Recommencer avec le reste des truffes.

5 Faire fondre **50 g de chocolat blanc finement râpé** dans un saladier résistant à la chaleur (voir étape 3), puis laisser refroidir légèrement. En décorer le dessus des truffes à l'aide d'une cuillère à café en formant des zigzags. Placer au moins 1 heure au réfrigérateur. Les truffes se gardent 1 semaine au réfrigérateur dans un récipient hermétique.

45 min
+ refroidissement et réfrigération

Pour 26 à 30 truffes

TRUFFES pistache et chocolat blanc

La pâte de pistache que l'on peut se procurer dans les magasins spécialisés permet d'obtenir une texture lisse et une saveur intense.

1 Faire chauffer **180 ml de crème liquide entière** et y faire fondre **225 g de chocolat noir finement râpé** (voir Truffes chocolat, piment et cannelle, étape 1). Fouetter le mélange jusqu'à ce qu'il soit lisse et brillant. Incorporer **2 c. à s. de pâte de pistache** et laisser refroidir 30 minutes.

2 Recouvrir une plaque à pâtisserie de papier sulfurisé. Verser la ganache dans **2 poches à douille**, déposer des boules de ganache sur la plaque et placer 30 minutes au réfrigérateur (voir Truffes chocolat, piment et cannelle, étape 2). Rouler chaque boule délicatement entre les mains pour les lisser. Les remettre sur la plaque et placer 30 minutes au réfrigérateur.

3 Faire fondre **115 g de chocolat blanc finement râpé** (voir Truffes chocolat, piment et cannelle, étape 3). Recouvrir une plaque à pâtisserie de papier sulfurisé. Enrober les truffes de chocolat fondu (voir Truffes au chocolat, piment et cannelle, étape 4), puis les déposer sur la plaque à pâtisserie. Recommencer avec le reste des truffes.

4 Parsemer 30 g de pistaches non salées finement moulues sur les truffes. Placer au moins 1 heure au réfrigérateur. Les truffes s'y garderont 1 semaine dans un récipient hermétique.

45 min
+ refroidissement et réfrigération

Pour 26 à 30 truffes

TRUFFES framboise et fleur de sel

Les framboises lyophilisées apportent une belle couleur et un parfum intense à ces truffes. Elles s'harmonisent parfaitement au chocolat noir.

1 Faire chauffer **180 ml de crème liquide entière** et y faire fondre **225 g de chocolat noir finement râpé** (voir Truffes chocolat, piment et cannelle, étape 1). Fouetter le mélange jusqu'à ce qu'il soit lisse et brillant. Incorporer **2 c. à s. de framboises lyophilisées** et **½ c. à s. d'extrait de framboise**. Laisser refroidir 30 minutes.

2 Recouvrir une plaque à pâtisserie de papier sulfurisé. Verser la ganache dans **2 poches à douille**, déposer des boules de ganache sur la plaque et placer 30 minutes au réfrigérateur (voir Truffes chocolat, piment et cannelle, étape 2). Rouler chaque boule entre les mains pour les lisser. Les reposer sur la plaque et remettre 30 minutes au frais.

3 Faire fondre **115 g de chocolat noir finement râpé** (voir Truffes chocolat, piment et cannelle, étape 3). Recouvrir une plaque à pâtisserie de papier sulfurisé. Enrober les truffes de chocolat fondu (voir Truffes au chocolat, piment et cannelle, étape 4), puis les déposer sur la plaque à pâtisserie. Recommencer avec le reste des truffes.

4 Parsemer la moitié des truffes avec **1 c. à s. de fleur de sel**, et l'autre moitié avec **1 c. à s. de framboises lyophilisées**. Placer au moins 1 heure au réfrigérateur. Les truffes s'y garderont 1 semaine dans un récipient hermétique.

Framboise et fleur de sel

1 h 20
+ refroidissement et réfrigération

Pour 4 personnes

MILLE-FEUILLES
à la vanille

Ce dessert traditionnel fait toujours sensation. Pour obtenir des couches de feuilleté fines et bien cuites, placez la pâte entre deux plaques à pâtisserie à mi-cuisson : ainsi, le feuilleté reste bien serré.

INGRÉDIENTS

250 g de farine
+ pour saupoudrer

250 g de beurre froid râpé

½ c. à s. de sel fin

1 œuf battu pour dorer

150 g de sucre glace

1 c. à s. bombée de cacao en poudre

Pour la crème pâtissière

375 ml de lait entier

45 g de Maïzena

60 g de sucre

3 gros jaunes d'œufs à température ambiante

À L'AVANCE

Vous pouvez préparer la crème pâtissière la veille et la conserver au réfrigérateur dans un récipient hermétique. Fouettez-la avant de l'utiliser.

1 Tamiser la farine dans un saladier. Incorporer le beurre avec un couteau rond puis ajouter le sel. Mélanger du bout des doigts pour obtenir une texture sableuse. Ajouter 5 à 6 cuillerées à soupe d'eau glacée et former une boule. L'envelopper dans du film alimentaire et placer 20 minutes au réfrigérateur.

2 Sur le plan de travail fariné, étaler la pâte en un rectangle de 5 mm d'épaisseur. Rabattre le tiers supérieur vers le milieu, puis le tiers inférieur sur le dessus. Recommencer trois fois en tournant d'un quart de tour. Placer 20 minutes au frais, dans du film alimentaire. Préchauffer le four à 190 °C.

3 Étaler la pâte sur le plan de travail légèrement fariné, en un mince rectangle de 30 x 42 cm environ. Découper la pâte en 12 petits rectangles de même taille. Égaliser les bords. Mettre sur 2 plaques à pâtisserie aspergées d'un peu d'eau. Badigeonner légèrement d'œuf battu.

4 Faire cuire 7 à 10 minutes en haut du four, jusqu'à ce que la pâte soit gonflée et légèrement dorée. Poser une plaque à pâtisserie sur le dessus et presser légèrement, puis faire cuire 7 à 10 minutes de plus jusqu'à ce que les feuilletés soient plats, croustillants et bien dorés. Laisser refroidir.

ASTUCE Recouvrez la crème pâtissière de papier sulfurisé humide ou de film alimentaire pour éviter qu'une peau ne se forme.

5 Faire chauffer les trois quarts du lait pendant 3 à 5 minutes. Fouetter le reste des ingrédients dans un saladier. Verser le lait chaud et fouetter. Quand le sucre est dissous, verser dans une casserole propre. Mélanger 5 minutes sur feu doux. Laisser refroidir dans un saladier, couvrir et placer au frais.

6 Mélanger le sucre glace et un peu d'eau pour former une pâte lisse. Dans un autre bol, mélanger 1 cuillerée à soupe du sucre glace dilué avec le cacao en poudre jusqu'à ce que le mélange soit lisse, en ajoutant un peu d'eau si nécessaire. Étaler ce glaçage sur 4 rectangles de feuilleté.

7 Tracer de fines lignes horizontales de glaçage au cacao sur le glaçage blanc et créer un motif marbré en passant un pique de haut en bas. Travailler rapidement pour décorer le glaçage, avant qu'il ne durcisse. Laisser sécher.

8 Étaler la crème pâtissière sur les 8 autres rectangles de feuilleté. Superposer 2 rectangles ensemble pour former 4 mille-feuilles et presser délicatement pour les maintenir en place. Poser les rectangles recouverts de glaçage sur chaque mille-feuille et servir aussitôt.

1 h 10
+ refroidissement et réfrigération

Pour 4 personnes

MILLE-FEUILLES poires et noisettes

Voici une excellente façon d'utiliser un reste de poires pochées. Si elles ont été pochées au vin rouge (voir p. 94-95), incorporez-les dans la crème à la dernière minute.

INGRÉDIENTS

120 ml de vin blanc
2 c. à s. de sucre
½ c. à s. d'extrait de vanille
2 poires pelées, épépinées et coupées en dés d'1 cm
2 pâtes feuilletées pur beurre de 20 x 30 cm
farine pour saupoudrer
1 œuf légèrement battu
50 g de noisettes émondées finement hachées
100 g de mascarpone
100 ml de crème liquide entière froide fouettée en chantilly
1 c. à s. de sucre glace + pour saupoudrer

À L'AVANCE

Vous pouvez faire cuire les poires, les égoutter et les conserver 3 jours au réfrigérateur dans un récipient hermétique.

1 Faire chauffer le vin, le sucre, l'extrait de vanille et 120 ml d'eau à feu modéré dans une casserole, jusqu'à ce que le sucre soit dissous. Porter à ébullition, baisser le feu et laisser chauffer à petit frémissement.

2 Ajouter les poires et les faire cuire 15 à 20 minutes. Quand elles sont tendres, les égoutter et les laisser refroidir dans un saladier puis les placer au réfrigérateur. Préchauffer le four à 190 °C.

3 Dérouler la pâte sur le plan de travail légèrement fariné. Couper chaque feuille en 6 bandes de 12 x 6 cm. Égaliser les bords, déposer sur des plaques à pâtisserie et badigeonner d'œuf battu.

4 Parsemer un peu de noisettes sur 4 bandes et presser doucement. Faire cuire 5 à 7 minutes en haut du four. Quand elles sont légèrement dorées et gonflées, poser une plaque à pâtisserie sur le dessus et presser un peu. Poursuivre la cuisson 7 à 10 minutes. Quand les feuilletés sont croustillants et bien dorés, laisser refroidir sur une grille.

5 Pour la garniture, battre le mascarpone dans un saladier jusqu'à ce que le mélange soit mousseux. Incorporer la chantilly, les poires, le sucre glace et le reste de noisettes.

6 Étaler 1/8 de la garniture sur chaque bande de feuilleté. Superposer 2 bandes ensemble pour former 4 mille-feuilles et presser délicatement pour les maintenir en place. Ajouter les bandes garnies de noisettes sur le dessus, saupoudrer de sucre glace et servir aussitôt.

30 min
+ refroidissement et réfrigération

Pour 4 personnes

MILHOJAS

Très populaires en Amérique latine, ces feuilletés croustillants sont garnis de confiture de lait.

INGRÉDIENTS

100 ml de confiture de lait (voir p. 76)
150 ml de crème entière
2 jaunes d'œufs
farine pour saupoudrer
2 pâtes feuilletées pur beurre de 20 x 30 cm
1 œuf légèrement battu pour dorer
sucre glace pour saupoudrer

À L'AVANCE

Vous pouvez préparer la garniture et la conserver 3 jours au réfrigérateur dans un récipient hermétique.

1 Fouetter la confiture de lait et la crème dans une petite casserole à fond épais. Faire chauffer à feu doux en remuant sans cesse pour éviter que la préparation ne brûle. Fouetter les jaunes d'œufs dans un petit saladier résistant à la chaleur.

2 Verser délicatement la crème chaude sur les jaunes d'œufs, tout en fouettant pour mélanger. Reverser la crème dans la casserole et faire épaissir à feu doux tout en remuant sans cesse. Verser dans un saladier. Laisser refroidir, couvrir de film alimentaire et placer 2 heures au réfrigérateur.

3 Préchauffer le four à 190 °C. Dérouler les feuilles de pâte sur le plan de travail légèrement fariné. Couper chaque pâte en 6 bandes, égaliser les bords et poser sur une plaque à pâtisserie (voir Mille-feuilles poires et noisettes, étape 3). Badigeonner avec l'œuf battu.

4 Inciser les bandes en lignes diagonales, en veillant à ne pas les découper complètement. Faire cuire les feuilletés (voir Mille-feuilles poires et noisettes, étape 4) jusqu'à ce qu'ils soient plats, croustillants et bien dorés. Laisser refroidir sur une grille.

5 Étaler 1/8 de la garniture sur 8 bandes de feuilleté. Superposer 2 bandes ensemble pour former 4 mille-feuilles (voir Mille-feuilles poires et noisettes, étape 6). Ajouter le reste des bandes de feuilleté sur le dessus, saupoudrer de sucre glace et servir aussitôt.

2 h 30
+ refroidissement et réfrigération

Pour 8 personnes

MILLE-FEUILLE aux fruits d'été

Ce grand mille-feuille est un dessert idéal à servir lors d'une fête. Il a beaucoup d'allure et est plus simple à réaliser que des gâteaux individuels. Choisissez des fruits rouges de saison ou, pour une solution plus rapide, des fruits en conserve de qualité.

INGRÉDIENTS

- 2 x 375 g de pâte feuilletée prête à l'emploi
- 400 g de fruits rouges variés, comme des myrtilles, des framboises et des fraises équeutées et coupées en dés
- sucre glace pour saupoudrer

Pour la garniture à la crème

- 375 ml de lait entier
- 4 jaunes d'œufs
- 60 g de sucre glace
- 4 c. à s. de farine tamisée + pour saupoudrer
- 250 ml de crème liquide entière froide

1 Pour la garniture, porter le lait à ébullition à feu modéré dans une grande casserole. Laisser refroidir. Fouetter les jaunes d'œufs et le sucre 2 à 3 minutes dans un saladier, jusqu'à épaississement. Incorporer la farine, puis verser le lait peu à peu, en fouettant jusqu'à ce que le mélange soit bien lisse.

2 Porter à ébullition dans une casserole propre, en fouettant jusqu'à ce que la préparation épaississe. Baisser le feu et fouetter encore 2 minutes. Retirer du feu et fouetter de nouveau si la crème n'est pas assez lisse. Transférer dans un saladier et laisser refroidir. Couvrir de film alimentaire et placer 1 heure au frais.

3 Préchauffer le four à 200 °C. Asperger 2 plaques à pâtisserie d'un peu d'eau. Sur le plan de travail fariné, étaler la pâte sur 3 mm, en 2 rectangles légèrement plus larges que les plaques à pâtisserie. Les déposer sur les plaques, presser et placer 15 minutes au réfrigérateur.

4 Piquer les 2 pâtes avec une fourchette et faire cuire 15 à 20 minutes au four. Quand elles commencent à dorer, poser 2 plaques sur les pâtes, presser légèrement et faire cuire 10 minutes de plus jusqu'à ce qu'elles soient bien dorées.

5 Égaliser les bords des pâtes feuilletées encore chaudes, et les couper chacune en 3 rectangles de 5 x 25 cm. Laisser refroidir. Fouetter la crème en chantilly et l'incorporer à la garniture. Étaler la moitié de la crème sur deux des rectangles. Ajouter la moitié des fruits rouges sur le dessus.

6 Ajouter une autre couche de feuilleté, de garniture et de fruits. Poser la dernière couche de feuilleté et presser légèrement. Saupoudrer généreusement de sucre glace et servir. Le millefeuille se conserve 6 heures au réfrigérateur.

32 min
+ refroidissement

Pour 4 personnes

PROFITEROLES

Ces belles profiteroles sont dorées, légères, garnies d'une crème épaisse et nappées de chocolat noir. N'oubliez pas de percer les choux après la cuisson pour que la vapeur puisse s'échapper et qu'ils restent bien croustillants.

INGRÉDIENTS

- 60 g de farine
- 50 g de beurre
- 2 œufs battus

Pour la garniture et le nappage

- 400 ml de crème entière liquide
- 200 g de chocolat noir coupé en morceaux
- 2 c. à s. de golden syrup
- 25 g de beurre

MATÉRIEL

- 1 poche avec une douille lisse d'1 cm
- 1 poche avec une douille étoilée de 5 mm

À L'AVANCE

Les choux non garnis se gardent 2 jours dans un récipient hermétique ou 12 semaines au congélateur.

1

Préchauffer le four à 220 °C. Recouvrir 2 plaques à pâtisserie de papier sulfurisé. Tamiser la farine dans un saladier en tenant la passoire assez haut pour bien aérer la farine.

2

Dans une casserole, faire fondre le beurre à feu doux avec 150 ml d'eau. Porter à ébullition puis retirer du feu. Ajouter la farine et battre la pâte jusqu'à ce qu'elle soit lisse et forme une boule. Laisser refroidir 10 minutes.

3

Ajouter les œufs, en battant bien entre chaque ajout, pour obtenir une pâte ferme, lisse et brillante. Mettre la pâte dans la poche équipée de la douille lisse.

4

Percez chaque chou avec un couteau pour que la vapeur s'échappe.

Former 16 tas de pâte de la taille d'une noix sur les plaques à pâtisserie. Faire cuire 20 minutes. Quand les choux sont gonflés et dorés, les retirer du four et percer un trou sur le côté de chaque chou. Remettre 2 minutes au four pour les rendre croustillants. Faire refroidir sur une grille.

5

Dans un saladier, fouetter 300 ml de crème en chantilly. Faire fondre le chocolat, le golden syrup, le beurre et le reste de crème dans une casserole, en remuant.

6

Verser la chantilly dans la poche munie d'une douille étoilée et en remplir les choux. Les disposer sur une assiette, verser la sauce au chocolat sur le dessus et servir aussitôt.

2 h 40
+ réfrigération et refroidissement

Pour 8 personnes

PARIS-BREST

Ce dessert composé de crème pralinée et de pâte à choux est complexe mais mérite de trôner sur la table un jour de fête.

INGRÉDIENTS

- 3 gros jaunes d'œufs
- 270 ml de lait entier
- 2 c. à s. de Maïzena
- 1/8 de c. à c. de sel
- 150 g de sucre
- 15 g de beurre
- 1 ½ c. à c. d'extrait de vanille
- 125 g de noisettes décortiquées
- 1 c. à c. de gélatine en poudre
- 230 ml de crème épaisse fouettée jusqu'à ce qu'elle soit ferme
- sucre glace pour saupoudrer

Pour la pâte à choux

- 125 g de farine
- 1/4 de c. à c. de sel
- 4 c. à s. de lait demi-écrémé
- 115 g de beurre
- 4 gros œufs légèrement battus + 1 autre pour le glaçage
- 30 g d'amandes effilées

MATÉRIEL

1 poche à douille munie d'un embout lisse de 2 cm

À L'AVANCE

Préparez la crème et la couronne la veille et gardez-les dans des récipients hermétiques. Conservez la crème au réfrigérateur. Vous pouvez rendre le chou un peu plus croustillant en le passant 5 minutes à four moyen avant de le garnir.

1 Fouetter les jaunes d'œufs avec la moitié du lait. Ajouter la Maïzena et fouetter jusqu'à ce que le mélange soit lisse. Mélanger le reste de lait avec le sel et 60 g de sucre dans une casserole, puis porter à ébullition. Retirer du feu et incorporer dans les jaunes d'œufs. Verser le tout dans une casserole propre et porter à ébullition à feu modéré. Remuer jusqu'à épaississement. Faire cuire 30 secondes, puis verser dans un saladier. Ajouter le beurre et l'extrait de vanille. Couvrir de film alimentaire et réfrigérer 1 heure.

2 Dans une autre casserole, faire bouillir le reste de sucre à feu doux avec 2 cuillerées à soupe d'eau. Faire chauffer 7 minutes jusqu'à obtention d'un caramel doré. Éparpiller les noisettes sur une plaque de four chemisée, verser le caramel dessus et laisser refroidir. Réduire en poudre les noisettes caramélisées, puis les ajouter à la crème pâtissière. Fouetter la gélatine avec 1 cuillerée à soupe d'eau dans une casserole et laisser épaissir 3 à 4 minutes. Faire chauffer 20 à 30 secondes à feu doux, puis incorporer dans la crème pâtissière avec la crème fouettée. Réfrigérer 1 heure.

3 Préchauffer le four à 220 °C. Tracer un cercle de 20 cm sur du papier sulfurisé, puis le retourner et le poser sur une plaque de four. Pour la pâte à choux, mélanger la farine et le sel dans un saladier. Dans une casserole, faire bouillir à feu doux le lait, le beurre et 230 ml d'eau. Retirer du feu, ajouter la farine et fouetter jusqu'à obtention d'une pâte lisse. Fouetter encore 1 à 2 minutes jusqu'à ce qu'elle soit brillante, lisse et se décolle des parois. Ajouter la moitié des œufs battus en remuant, puis le reste des œufs. Bien mélanger.

4 Mettre un tiers de la pâte dans la poche à douille et déposer un gros anneau de 2, 5 cm à l'intérieur du cercle. Introduire un autre tiers de pâte dans la poche à douille et déposer un autre anneau au contact du premier. Avec le reste de pâte, former un troisième anneau sur les deux premiers, à l'endroit où ils se touchent. Badigeonner d'œuf battu et parsemer d'amandes. Enfourner pour 15 minutes.

5 Baisser le four à 190 °C et poursuivre la cuisson 25 minutes. Retirer du four et éteindre celui-ci. Faire quelques entailles sur la couronne et la remettre au four pour 20 minutes, en laissant la porte ouverte. Retirer et laisser refroidir sur une grille. Fendre la couronne horizontalement et garnir de crème la moitié inférieure avec la poche à douille. Reposer l'autre moitié, saupoudrer de sucre glace et servir aussitôt ou de préférence le jour même.

55 min à 1 h
+ refroidissement

Pour 4 personnes

ÉCLAIRS au chocolat

Ces ravissants gâteaux sont à base de pâte à choux. Pour les fourrer de crème pâtissière, voir p. 112-115.

INGRÉDIENTS

- 50 g de beurre
- 80 g de farine tamisée
- 2 œufs légèrement battus
- 250 ml de crème épaisse
- 100 g de chocolat noir en morceaux.

À L'AVANCE

Vous pouvez préparer les choux 2 jours à l'avance et les garder dans un récipient hermétique. Ils se conserveront 12 semaines au congélateur.

MATÉRIEL

1 poche munie d'une douille lisse d'1,5 cm

1 Préchauffer le four à 200 °C. Faire fondre le beurre dans une casserole avec 150 ml d'eau froide. Porter à ébullition puis retirer du feu et ajouter la farine, en remuant. Battre avec une cuillère en bois pour mélanger intimement.

2 Ajouter les œufs progressivement, sans cesser de fouetter, jusqu'à obtention d'une pâte brillante et lisse (voir Paris-brest, étape 3). Introduire celle-ci dans la poche à douille.

3 Tapisser 2 plaques de four de papier sulfurisé. Former 8 bâtonnets de pâte d'environ 12 cm de long, en utilisant un couteau humide pour couper la pâte. Enfourner pour 20 à 25 minutes jusqu'à ce que les éclairs soient dorés. Retirer du four et faire une entaille horizontale sur un côté.

4 Remettre au four pour 5 minutes de plus, puis retirer et laisser complètement refroidir. Fouetter la crème avec un batteur jusqu'à ce que des pics légers se forment. Avec une cuillère, fourrer les choux.

5 Faire fondre le chocolat au bain-marie. Napper chaque éclair de ce chocolat chaud et laisser prendre. Servir aussitôt ou de préférence le jour même.

1 h 25 à 1 h 30
+ refroidissement

Pour 4 personnes

PROFITEROLES au caramel salé

Cette recette allie le salé et le sucré, une texture croustillante et une texture crémeuse. Placez les choux au centre de la table et nappez-les de sauce au chocolat.

INGRÉDIENTS

- 12 à 15 choux non fourrés (voir p. 119, étapes 1-4)

Pour le caramel

- 100 g de sucre
- 350 ml de crème épaisse
- 1 c. à s. de beurre
- 3/4 de c. à c. d'extrait de vanille
- 1/4 de c. à c. de sel

Pour la sauce au chocolat

- 100 ml de crème épaisse
- 200 g de chocolat noir brisé en morceaux
- 25 g de beurre
- 2 c. à s. de golden syrup
- 1 pincée de sel

MATÉRIEL

1 poche munie d'une douille lisse de 5 mm

1 Pour préparer le caramel, verser le sucre et 2 cuillerées à soupe d'eau dans une casserole. Porter à ébullition sur feu modéré à vif. Pendant la cuisson, plonger un pinceau à pâtisserie dans un peu d'eau et le passer sur les parois de la casserole pour empêcher la cristallisation du sucre.

2 Faire cuire le sucre environ 5 minutes, jusqu'à ce qu'il se colore par endroits. Incliner la casserole pour une cuisson uniforme. Retirer du feu dès que le caramel prend une teinte moyennement ambrée. Ajouter peu à peu 120 ml de crème, le beurre, l'extrait de vanille et le sel. Mélanger avec une cuillère en bois.

3 Remettre la casserole sur feu modéré à doux pour faire fondre le caramel qui a durci, puis transvaser dans un bol et laisser refroidir. Dans un autre bol, battre le reste de crème pour qu'elle soit légère, puis ajouter le caramel et continuer de battre jusqu'à ce qu'elle soit ferme. L'introduire dans la poche à douille et en garnir les profiteroles.

4 Faire fondre tous les ingrédients de la sauce au chocolat au bain-marie. Retirer du feu et laisser refroidir 1 à 2 minutes. Napper les profiteroles de cette sauce et servir aussitôt, ou de préférence le jour même.

1 h 30
+ réfrigération et refroidissement

Pour 8 personnes

Également bon **CHAUD**

TARTE au citron

Il existe deux sortes de tartes au citron : celle que l'on garnit d'une crème déjà cuite et celle dont la crème au citron cuit avec le fond de tarte. Cette dernière est légère, délicate et très citronnée.

INGRÉDIENTS

200 g de farine
+ pour saupoudrer

30 g de sucre

100 g de beurre froid, coupé en dés

1 œuf battu

crème liquide pour servir

framboises pour servir

Pour la garniture

200 ml de crème épaisse

200 g de sucre

le jus et le zeste de 2 citrons

4 œufs + 1 jaune d'œuf

MATÉRIEL

1 moule à tarte à bords cannelés et à fond amovible de 23 cm de diamètre

haricots secs

À L'AVANCE

Le fond de tarte cuit à blanc se gardera 3 jours dans un récipient hermétique.

Mélanger la farine et le sucre dans un saladier, puis incorporer le beurre en sablant du bout des doigts. Ajouter l'œuf et amalgamer pour former une pâte. Ajouter un peu d'eau glacée si elle est sèche. Pétrir brièvement sur une surface farinée, envelopper dans du film alimentaire et réfrigérer.

1

2

Préchauffer le four à 180 °C. Sur une surface farinée, étaler la pâte en un grand disque de 3 mm d'épaisseur. Foncer le moule, en laissant dépasser 2 cm de pâte sur les côtés. Pétrir rapidement la pâte à nouveau si elle s'effrite. Piquer le fond de tarte, le recouvrir de papier sulfurisé et le remplir de haricots secs.

3

Placer le fond de tarte sur une plaque de four et enfourner pour 20 à 25 minutes. Retirer les haricots et le papier, et faire dorer encore 5 minutes. Couper l'excédent de pâte. Fouetter les ingrédients de la garniture dans un bol.

ASTUCE Coupez la pâte qui dépasse sur les côtés quand elle est encore chaude, car elle durcit en refroidissant.

4

Placer le fond de tarte sur une plaque de four, étaler la garniture, puis enfourner pour 40 à 45 minutes jusqu'à ce que la crème prenne. Retirer du four et démouler, puis laisser refroidir. Servir avec de la crème liquide et des framboises. Couverte, cette tarte se gardera 2 jours au réfrigérateur.

1 h 10 + réfrigération et refroidissement | Pour 8 personnes | Également bon CHAUD

TARTE citron vert et noix de coco

Le lait de coco et le citron vert apportent une touche originale à la classique tarte au citron.

INGRÉDIENTS

175 g de farine
+ pour saupoudrer

25 g de sucre

100 g de beurre ramolli

1 jaune d'œuf battu avec 2 c. à s. d'eau

sucre glace pour saupoudrer

Pour la garniture

200 ml de lait de coco épais ou de crème de coco

225 g de sucre

5 œufs

le zeste râpé de 2 citrons verts

le jus de 4 citrons verts

MATÉRIEL

1 moule à tarte à bords cannelés et à fond amovible de 23 cm de diamètre

haricots secs

À L'AVANCE

Le fond de tarte cuit à blanc se gardera 3 jours dans un récipient hermétique.

1 Mélanger la farine et le sucre dans un saladier. Incorporer le beurre jusqu'à obtention d'une fine pâte sableuse. Ajouter le jaune d'œuf battu et former une pâte molle, en ajoutant un peu d'eau si nécessaire. Envelopper dans du film alimentaire et réfrigérer 30 minutes.

2 Préchauffer le four à 180 °C. Sur une surface farinée, abaisser la pâte en un grand disque de 5 mm d'épaisseur. Foncer le moule, en laissant dépasser 1 cm de pâte sur les côtés. Piquer le fond de tarte, le recouvrir de papier sulfurisé et le remplir de haricots secs.

3 Placer le moule sur une plaque de four et faire cuire à blanc 20 minutes. Retirer les haricots et le papier, et poursuivre la cuisson 5 minutes si la pâte paraît crue au centre. Couper la pâte qui dépasse sur les côtés quand elle est encore chaude, puis réserver.

4 Pour la garniture, fouetter les ingrédients dans un saladier. Verser dans un pichet et laisser reposer 5 minutes. Placer le fond de tarte sur une plaque posée sur une grille du four. Verser la garniture sur le fond de tarte.

5 Glisser la grille dans le four et faire cuire 20 à 25 minutes. Quand la garniture est prise, retirer du four et laisser refroidir avant de démouler. Saupoudrer de sucre glace et servir froid. Couverte, la tarte se garde 2 jours au réfrigérateur.

1 h 30 + réfrigération et refroidissement · **Pour 6 personnes** · Également bon **CHAUD**

TARTE à la cassonade

Cette tarte est très répandue en Amérique du Nord. C'est souvent un dessert que l'on prépare à la dernière minute car il ne demande que peu d'ingrédients. La garniture moelleuse offre un goût prononcé de caramel au beurre.

INGRÉDIENTS

200 g de farine + pour saupoudrer

30 g de sucre

115 g de beurre froid, coupé en dés

1 jaune d'œuf battu avec 2 c. à s. d'eau glacée

crème fouettée pour servir

Pour la garniture

125 g de cassonade + pour servir

2 c. à s. de farine

400 ml de crème épaisse

1 c. à c. d'extrait de vanille

1 pincée de sel

MATÉRIEL

1 moule à tarte à bords cannelés et à fond amovible de 23 cm de diamètre

haricots secs

À L'AVANCE

Le fond de tarte cuit à blanc se gardera 3 jours dans un récipient hermétique.

1 Mélanger la farine et le sucre dans un saladier. Incorporer le beurre du bout des doigts, puis le jaune d'œuf, et former une pâte (voir Tarte citron vert et noix de coco, étape 1). La pétrir rapidement sur une surface farinée. Quand elle est lisse et homogène, l'envelopper dans du film alimentaire et la réfrigérer 1 heure.

2 Préchauffer le four à 180 °C. Sur une surface farinée, abaisser la pâte sur 2 mm d'épaisseur. Foncer le moule, en laissant dépasser 1 cm. S'il y a des trous, pincer la pâte avec les doigts. Piquer le fond de tarte avec une fourchette, le recouvrir de papier sulfurisé et le remplir de haricots secs.

3 Faire cuire à blanc 20 à 25 minutes (voir Tarte citron vert et noix de coco, étape 3). Couper la pâte qui dépasse et placer le fond de tarte sur une plaque. Pour la garniture, mêler la cassonade et la farine dans un saladier. Ajouter la crème, l'extrait de vanille et le sel, en fouettant.

4 Placer la plaque sur une grille du four. Verser la garniture sur le fond de tarte et glisser la grille dans le four. Faire cuire 40 minutes. Quand la garniture est juste prise, retirer du four, laisser refroidir, puis démouler. Saupoudrer de cassonade et servir avec la crème fouettée. Couverte, la tarte se gardera 2 jours au réfrigérateur.

1 h
+ réfrigération

Pour 4 tartelettes

TARTELETTES framboises et crème pâtissière

Ces tartelettes qui semblent sortir d'une pâtisserie sont extrêmement simples à confectionner. Il est facile de préparer la crème et les fonds de tarte à l'avance, puis d'assembler à la dernière minute.

INGRÉDIENTS

175 g de farine + pour saupoudrer

30 g de sucre

100 g de beurre froid, coupé en dés

1 œuf battu avec 1 c. à s. d'eau glacée

crème liquide pour servir (facultatif)

Pour la crème pâtissière

250 ml de lait entier

2 jaunes d'œufs

50 g de sucre

15 g de Maïzena

1 c. à c. d'extrait de vanille

Pour la garniture

3 c. à s. de confiture d'abricots filtrée

250 g de framboises

MATÉRIEL

4 moules à tartelettes à bords cannelés

haricots secs

À L'AVANCE

La crème pâtissière se garde 2 jours au réfrigérateur dans un récipient hermétique. Enveloppés, les fonds de tarte cuits à blanc s'y garderont 3 jours.

Préchauffer le four à 180 °C. Mélanger la farine et le sucre dans un saladier. Incorporer le beurre en sablant avec les doigts. Ajouter l'œuf battu. Amalgamer pour former une pâte, en ajoutant de l'eau glacée si besoin. Pétrir brièvement, envelopper dans du film alimentaire et réfrigérer 30 minutes.

1

Diviser la pâte en 4 pâtons de même taille. Sur une surface farinée, abaisser chacun d'eux sur 3 mm d'épaisseur et foncer les moules, en laissant une bordure d'environ 1 cm dépasser.

2

Coupez l'excédent de pâte une fois les moules foncés.

Piquer les fonds de tarte, les tapisser de papier sulfurisé et les garnir de haricots secs. Enfourner pour 15 minutes, puis retirer les haricots et le papier. Poursuivre la cuisson 5 à 10 minutes. Quand la pâte est croustillante, retirer du four et couper l'excédent de pâte. Laisser refroidir avant de démouler.

3

Pour la crème pâtissière, faire chauffer le lait dans une petite casserole à fond épais, sans laisser bouillir. Dans un bol résistant à la chaleur, fouetter les jaunes d'œufs avec le sucre, la Maïzena et l'extrait de vanille, puis verser peu à peu dans le lait chaud.

Fouettez constamment le mélange jusqu'à la dissolution complète du sucre.

4

5

Verser cette crème dans une casserole propre. La faire épaissir 2 à 3 minutes à feu modéré, en remuant. Baisser le feu et poursuivre la cuisson 2 à 3 minutes, sans cesser de fouetter. Transvaser dans un bol, couvrir et faire refroidir au réfrigérateur.

Faire chauffer la confiture avec 1 cuillerée à soupe d'eau dans une casserole, en remuant. Quand elle est lisse, retirer du feu et laisser refroidir. Répartir la crème pâtissière sur les fonds de tartelettes, en la battant délicatement si elle est trop épaisse. Garnir de framboises et ajouter un peu de glaçage à l'abricot. Réfrigérer 1 heure. Servir avec de la crème, si vous aimez, de préférence le jour même.

6

1 h 20
+ réfrigération et refroidissement

Pour 6 tartelettes

TARTELETTES au moka

Cette garniture très chocolatée est parfaite en petites portions.

1 Mélanger dans un saladier **125 g de farine**, **30 g de sucre** et **30 g de cacao**. Incorporer **100 g de beurre froid coupé en dés** et sabler avec les doigts.

2 Ajouter **3 c. à s. de café noir fort refroidi**. Former une pâte. Ajouter un peu d'eau froide si besoin. Pétrir brièvement la pâte jusqu'à ce qu'elle soit lisse, puis l'envelopper dans du film alimentaire et la réfrigérer 30 minutes. Préchauffer le four à 180 °C.

3 Sur une surface farinée, abaisser la pâte pour former 6 disques de 3 mm d'épaisseur. Foncer **6 moules à tartelette de 10 cm**, en laissant dépasser une bordure d'1 cm. Piquer les fonds de tartelettes.

4 Recouvrir de papier sulfurisé et garnir de haricots secs, puis poser sur une plaque de four et enfourner pour 15 minutes. Retirer le papier et les haricots, et poursuivre la cuisson 5 minutes si besoin. Retirer du four, couper l'excédent de pâte et laisser refroidir. Baisser le four à 160 °C.

5 Faire chauffer **300 ml de crème épaisse** dans une casserole à fond épais jusqu'à ce qu'elle fume. Retirer du feu, ajouter **250 g de chocolat noir haché** et remuer jusqu'à ce qu'il fonde. Quand la garniture est lisse, la laisser refroidir dans un saladier. Ajouter peu à peu, en fouettant, **2 œufs** et **1 c. à c. d'extrait de vanille**.

6 Verser sur les fonds de tartelettes. Enfourner pour 20 minutes. Quand le mélange a juste pris, laisser refroidir dans les moules, puis démouler et servir aussitôt ou de préférence le jour même.

À L'AVANCE

Les fonds de tarte cuits à blanc se garderont 3 mois au congélateur dans un récipient hermétique.

35 à 45 min
+ infusion et refroidissement

Pour 6 tartelettes

TARTELETTES à la crème

Vous pouvez congeler de la pâte filo pour confectionner les fonds de tarte.

1 Préchauffer le four à 190 °C. Faire chauffer **225 ml de lait entier** avec **150 ml de crème épaisse** et **6 capsules de cardamome écrasées** dans une casserole à fond épais jusqu'à ce qu'ils fument. Retirer du feu et laisser infuser. Faire fondre **25 g de beurre** à feu modéré dans une casserole.

2 Aplatir au rouleau **3 feuilles de pâte filo** et les recouvrir d'un torchon. Étaler une feuille de pâte sur une surface farinée et la badigeonner d'un peu de **beurre fondu**. Recouvrir avec une autre feuille, badigeonner aussi celle-ci de beurre et poser sur le dessus la dernière feuille de pâte. Découper la pâte obtenue en 6 morceaux de taille égale.

3 Graisser **un moule à muffins à 6 alvéoles de 6 cm**. Foncer les alvéoles avec la pâte, en tassant contre les parois. Badigeonner les bords du reste de beurre et recouvrir le moule d'un torchon humide.

4 Réchauffer le mélange à base de lait à feu doux, sans le laisser bouillir. Fouetter **2 œufs** avec **30 g de sucre** dans un grand saladier. Y filtrer le mélange à base de lait et jeter la cardamome. Fouetter la crème obtenue. Quand elle est lisse, la verser dans un pichet et la répartir dans les fonds de tartelettes.

5 Enfourner pour 15 à 20 minutes. Quand la pâte est croustillante et la crème prise au centre, laisser tiédir 10 minutes, puis démouler et laisser refroidir complètement. Servir aussitôt, ou de préférence le jour même.

Crème

Moka

55 min
+ réfrigération et refroidissement

Pour 6 tartelettes

TARTELETTES banane et Nutella®

Avec de la crème ou de la glace à la vanille,
ces tartelettes raviront autant les enfants que les adultes.

1 Mélanger **175 g de farine** avec **25 g de sucre** dans un saladier. Incorporer **100 g de beurre ramolli** en sablant avec les doigts. Battre **1 jaune d'œuf** avec **2 c. à s. d'eau** dans un bol, puis ajouter à la farine sucrée pour obtenir une pâte. L'envelopper dans du film alimentaire et la réfrigérer 30 minutes (voir Tartelettes au moka, étape 2).

2 Préchauffer le four à 180 °C. Sur une surface légèrement farinée, abaisser la pâte pour obtenir 6 disques de 3 mm d'épaisseur. Foncer **6 moules à tartelette de 10 cm de diamètre**, en laissant dépasser une bordure d'1 cm. Piquer le fond des tartelettes.

3 Les recouvrir de papier sulfurisé, puis les garnir de haricots secs. Les faire cuire à blanc (voir Tartelettes au moka, étapes 3 et 4). Retirer les tartelettes du four, couper l'excédent de pâte et laisser refroidir. Baisser le four à 200 °C.

4 Mélanger **10 g de noix de coco râpée**, **25 g de farine** et **25 g de cassonade** dans un bol. Ajouter **25 g de beurre ramolli** et sabler avec les doigts.

5 Garnir les tartelettes avec **2 à 3 bananes coupées en rondelles d'1 cm d'épaisseur.** Étaler **1 c. à s. de Nutella®** dessus, puis parsemer du mélange à la noix de coco. Enfourner pour 15 minutes. Quand le dessus est légèrement doré, laisser refroidir, puis démouler et servir.

À L'AVANCE

Les fonds de tartelettes cuits à blanc se garderont 3 mois au congélateur dans un récipient hermétique.

Banane et Nutella®

Variantes simples

Les framboises et la crème pâtissière constituent une garniture idéale pour les tartelettes estivales (voir p. 126-127), mais de nombreuses variantes sont possibles.

Fruits rouges Suivre la recette des tartelettes classiques et les garnir de framboises, de myrtilles et de fraises équeutées et coupées en dés.

Fraises Remplacer les framboises par 250 g de fraises coupées en gros morceaux ou en deux si elles sont petites.

Chocolat et kiwi Ajouter 15 g de cacao en poudre à la crème pâtissière (voir p. 127, étape 4). Remplacer les framboises par 4 kiwis finement tranchés.

Pêche Remplacer les framboises par 3 pêches coupées en fines tranches et disposées en cercles.

Abricots caramélisés Remplacer les framboises par 4 abricots mûrs coupés en deux, dénoyautés et coupés en fines tranches. Caraméliser le glaçage au chalumeau quelques secondes avant de servir.

Myrtilles Une couche de myrtilles pourra remplacer les framboises. En prévoir 250 g et utiliser une confiture à la framboise ou à la myrtille pour le glaçage.

Noix de coco et mangue Suivre la recette des tartelettes aux framboises, mais ajouter 2 c. à c. de noix de coco râpée à la crème pâtissière (voir p. 127, étape 4). Remplacer les framboises par 2 mangues détaillées en fines tranches.

1 h 25
+ réfrigération et refroidissement

Pour 8 personnes

Également bon **CHAUD**

LINZERTORTE amandes et framboises

Cette spécialité viennoise sera appréciée de tous. Elle se compose d'une pâte friable aux amandes garnie d'une compote de framboises à la fois acidulée et sucrée et recouverte de croisillons de pâte très décoratifs.

INGRÉDIENTS

- 125 g de farine + pour saupoudrer
- 1 pincée de clous de girofle
- ½ c. à c. de cannelle moulue
- 175 g d'amandes moulues
- 125 g de beurre ramolli et coupé en dés + pour le moule
- 1 jaune d'œuf
- 100 g de sucre
- ¼ de c. à c. de sel
- le zeste finement râpé d'1 citron
- le jus d'½ citron
- 1 à 2 c. à s. de sucre glace pour saupoudrer

Pour la garniture

- 125 g de sucre
- 375 g de framboises

MATÉRIEL

- 1 moule à tarte à fond amovible de 23 cm
- 1 roulette à pâtisserie cannelée

À L'AVANCE

Préparez la pâte 2 jours à l'avance et gardez-la au réfrigérateur, dans du film alimentaire. Amenez-la à température ambiante avant de l'abaisser au rouleau.

1 Tamiser la farine dans un saladier. Ajouter les clous de girofle, la cannelle et les amandes. Bien mélanger, puis creuser un puits au centre. Dans un autre saladier, mélanger le beurre avec le jaune d'œuf, le sucre, le sel, le zeste et le jus de citron.

2 Verser cette préparation dans le puits creusé dans la farine. Remuer avec une cuillère en bois, puis amalgamer pour former une pâte.

3 Sur une surface légèrement farinée, façonner une boule avec la pâte et la pétrir 1 à 2 minutes, jusqu'à ce qu'elle soit homogène et lisse. L'envelopper dans du film alimentaire et la mettre pour 1 à 2 heures au réfrigérateur.

4 Préchauffer le four à 190 °C et beurrer le moule. Faire cuire les framboises 10 à 12 minutes avec le sucre à feu modéré dans une grande casserole, jusqu'à épaississement. Retirer et laisser refroidir.

5 Filtrer la moitié de la compote de framboises dans un bol, en la pressant avec le dos d'une cuillère en bois. Verser le reste dans le bol et bien remuer.

6 Sur une surface légèrement farinée, abaisser les deux tiers de la pâte en un disque de 28 cm. Foncer le moule, puis couper l'excédent de pâte et réserver les chutes. Étaler la garniture à la framboise uniformément sur le fond de tarte.

7 Abaisser le reste de pâte en un rectangle de 15 x 30 cm. Avec une roulette cannelée, découper des bandes de 12 x 1 cm. Les disposer sur la garniture en les croisant. Couper ce qui dépasse des bords. Placer 15 minutes au réfrigérateur.

8 Enfourner pour 15 minutes, puis baisser la température à 180 °C et poursuivre la cuisson 25 à 30 minutes. Laisser tiédir 5 à 10 minutes, puis démouler et laisser refroidir 30 minutes. Saupoudrer de sucre glace et servir. La tarte se gardera 2 jours dans un récipient hermétique.

1 h 20
+ réfrigération et refroidissement

Pour 8 personnes

Également bon **CHAUD**

CROSTATA di marmellata

Cette tarte italienne est décorée de superbes croisillons de pâte. Remplacez la confiture d'abricots par celle de votre choix.

INGRÉDIENTS

175 g de farine
+ pour saupoudrer

100 g de beurre froid, coupé en dés

50 g de sucre

1 jaune d'œuf

2 c. à s. de lait entier
+ si nécessaire

½ c. à c. d'extrait de vanille

450 g de confiture d'abricots ou de cerises

1 œuf battu

MATÉRIEL

1 moule à tarte à fond amovible de 23 cm de diamètre

haricots secs

À L'AVANCE

Le fond de tarte cuit à blanc se gardera 1 mois au congélateur dans un récipient hermétique.

1 Verser la farine dans un saladier et incorporer le beurre à la main jusqu'à l'obtention d'une pâte sableuse. Ajouter le sucre. Dans un autre saladier, battre le jaune d'œuf, le lait et l'extrait de vanille, puis verser dans les ingrédients secs. Amalgamer pour obtenir une pâte. Ajouter du lait si elle est sèche. Envelopper dans du film alimentaire et réfrigérer 1 heure.

2 Préchauffer le four à 180 °C. Sur une surface farinée, abaisser la pâte en un disque de 3 mm d'épaisseur. Si la pâte s'effrite, la pétrir et l'abaisser de nouveau. Foncer le moule, en laissant 2 cm de pâte dépasser sur les côtés. Abaisser les chutes de pâte et les réserver au frais dans du film alimentaire.

3 Piquer le fond de tarte, puis le recouvrir de papier sulfurisé et remplir de haricots secs. Placer le fond de tarte sur une plaque de four et enfourner pour 20 minutes. Retirer les haricots et le papier, et poursuivre la cuisson 5 minutes si besoin. Retirer du feu et couper le rebord de la tarte. Augmenter le four à 200 °C.

4 Recouvrir le fond de tarte d'1 à 2 cm de confiture. Abaisser la pâte réservée en un carré de 3 mm d'épaisseur, juste un peu plus grand que la tarte. Y découper des bandes de 12 x 1 cm et les disposer sur la confiture en les croisant.

5 Badigeonner d'œuf battu le dessus et les bords de la tarte. Enfourner pour 20 à 25 minutes. Quand la pâte est dorée, retirer du four et laisser tiédir 10 minutes, puis démouler et laisser complètement refroidir. La tarte se gardera 2 jours au réfrigérateur dans un récipient hermétique.

2 h 10
+ réfrigération

Pour 8 personnes

Également bon **CHAUD**

JALOUSIE aux pommes

La jalousie est un volet à lames orientables : elle fait référence aux entailles décoratives qui recouvrent cette tarte.

INGRÉDIENTS

250 g de farine
+ pour saupoudrer

1 c. à c. de sel

250 g de beurre froid grossièrement râpé

1 c. à c. de jus de citron

Pour la garniture

15 g de beurre

1 kg de pommes acides pelées, évidées et coupées en dés

2,5 cm de gingembre frais finement haché

100 g de sucre

1 blanc d'œuf battu

1 Tamiser la farine et le sel dans un saladier. Incorporer le beurre et sabler avec les doigts. Ajouter le jus de citron et 90 à 100 ml d'eau. Former une pâte puis la pétrir sur une surface farinée, l'aplatir un peu et la réfrigérer 20 minutes dans un sac en plastique.

2 Sur une surface farinée, abaisser la pâte en un rectangle dont les bords les plus courts feront 25 cm. Replier le tiers du rectangle, puis l'autre tiers sur le premier. Retourner la pâte et l'abaisser en un rectangle de même taille que le premier. Répéter l'opération précédente, puis réfrigérer la pâte 20 minutes.

3 Abaisser, replier et retourner encore deux fois la pâte, puis réfrigérer 20 minutes. Faire fondre le beurre à feu doux dans une casserole. Ajouter les pommes, le gingembre et le sucre, en réservant 2 cuillerées à soupe de celui-ci. Faire sauter les pommes 15 à 20 minutes. Quand elles sont tendres et caramélisées, laisser refroidir.

4 Abaisser la pâte en un rectangle de 28 x 33 cm. Le couper en deux dans la longueur. Plier en deux une des moitiés et faites des entailles de 5 mm sur la partie pliée sans inciser le bord. Placer l'autre moitié sur une plaque antiadhésive et y étaler la garniture. Déplier le morceau de pâte entaillé et le poser sur la garniture.

5 Réfrigérer 15 minutes. Préchauffer le four à 220 °C. Enfourner pour 20 à 25 minutes, puis badigeonner d'œuf battu et saupoudrer du reste de sucre. Remettre dans le four 10 à 15 minutes. Laisser refroidir complètement avant de servir, de préférence le jour même.

50 min
+ réfrigération et refroidissement

Pour 12 tartelettes

Également bon **CHAUD**

TARTELETTES ANGLAISES
pommes, fruits secs et épices

Ces tartelettes de Noël sont encore plus jolies recouvertes de croisillons de pâte. Servez-les avec de la crème anglaise si vous le souhaitez.

INGRÉDIENTS

- 200 g de farine + pour saupoudrer
- 30 g de sucre
- 100 g de beurre froid coupé en dés
- le zeste râpé d'1 orange
- 1 œuf battu + 1 œuf supplémentaire

Pour la garniture

- 300 g de mincemeat (hachis de pommes, de fruits secs et d'épices) de bonne qualité
- 1 c. à s. de cognac
- le zeste d'1 orange
- 1 petite pomme à couteau pelée et grossièrement râpée
- 30 g d'amandes grossièrement hachées

MATÉRIEL

- 1 moule à buns peu profond de 12 alvéoles
- 1 emporte-pièce cannelé de 7 cm

À L'AVANCE

Préparez les tartelettes 1 à 2 jours à l'avance et gardez-les, crues, au réfrigérateur. Faites-les cuire 5 à 10 minutes de plus que le temps prévu.

1 Mélanger tous les ingrédients de la garniture dans un récipient hermétique. Couvrir et réfrigérer 12 heures ou, mieux, toute une nuit.

2 Verser la farine et le sucre dans un saladier. Incorporer le beurre et sabler avec les doigts. Ajouter le zeste d'orange et l'œuf, puis former une pâte homogène. La réfrigérer 30 minutes dans du film alimentaire.

3 Préchauffer le four à 180 °C. Sur une surface farinée, abaisser la pâte en un grand disque de 3 mm d'épaisseur. Y découper 12 disques à l'emporte-pièce. Foncer les alvéoles du moule. Répartir la garniture sur les fonds de tartelettes, en la tassant légèrement.

4 Abaisser les chutes de pâte et découper 36 bandes, d'au moins 12 x 1 cm, puis le recouper en deux. Badigeonner le bord des tartelettes avec l'œuf battu et entrecroiser les bandes sur chaque tartelette.

5 Badigeonner le dessus d'un peu d'œuf battu et enfourner pour 20 minutes. Quand les tartelettes sont bien dorées, les laisser tiédir 5 minutes, puis les démouler. Laisser refroidir sur une grille avant de servir. Elles se garderont 3 jours dans un récipient hermétique.

1 h 20
+ réfrigération et refroidissement

Pour 8 personnes

TARTE MERINGUÉE au citron

La meringue de cette tarte au citron est plus molle et plus délicate qu'une meringue traditionnelle, offrant un contraste avec la pâte feuilletée. Pour obtenir une pâte plus croustillante, laissez la tarte 15 minutes de plus au four, en surveillant.

INGRÉDIENTS

- 110 g de beurre froid râpé + pour le moule
- 150 g de farine + pour saupoudrer
- 1 c. à s. de sucre
- ½ c. à c. de sel
- 1 c. à s. de vinaigre de cidre battu avec 4 c. à s. d'eau froide

Pour la garniture

- ¼ de c. à c. de sel
- 30 g de Maïzena
- 3 c. à s. de farine
- 200 g de sucre
- 5 gros jaunes d'œufs battus
- 15 g de beurre
- le zeste râpé de 2 citrons
- 120 ml de jus de citron

Pour la meringue

- 4 blancs d'œufs
- ⅛ de c. à c. de sel
- ¼ de c. à c. de crème de tartre
- 100 g de sucre
- 1 c. à s. de Maïzena

MATÉRIEL

- 1 moule à tarte aux bords cannelés de 23 cm de diamètre et d'environ 5 cm de profondeur
- haricots secs

À L'AVANCE

Le fond de tarte cuit à blanc se gardera 2 à 3 jours dans un récipient hermétique.

1

Beurrer le moule. Mélanger la farine, le sucre, le sel et le beurre dans un grand saladier. Asperger du vinaigre dilué et remuer à la fourchette pour obtenir une pâte grumeleuse. Ajouter un peu d'eau froide si besoin. Pétrir puis réfrigérer 30 minutes dans du film alimentaire.

Pétrissez la pâte délicatement et pas trop longtemps.

2

Préchauffer le four à 190 °C. Abaisser la pâte sur une surface farinée, sur 3 mm d'épaisseur. Foncer le moule en laissant dépasser 1 cm de pâte. Piquer le fond et réfrigérer 30 minutes, puis recouvrir de papier sulfurisé et remplir de haricots secs. Enfourner pour 25 minutes. Retirer les haricots et le papier, et remettre le fond de tarte au four jusqu'à ce qu'il soit doré. Laisser refroidir. Baisser le four à 180 °C.

Retirez les haricots et le papier, puis laissaez dorer encore 6 à 10 minutes au four.

3

Mélanger les ingrédients secs de la garniture dans une casserole. Ajouter 300 ml d'eau, en fouettant. Faire épaissir 5 à 6 minutes à feu modéré, en remuant. Porter à ébullition, baisser le feu et faire cuire encore 1 minute. En verser un peu dans les jaunes d'œufs.

Le mélange va peu à peu devenir plus homogène.

4

Incorporer un peu plus du mélange chaud dans les jaunes d'œufs, puis reverser dans la casserole. Porter à ébullition sur feu modéré à doux en remuant souvent. Baisser le feu et faire cuire 1 minute. Retirer du feu. Incorporer le reste des ingrédients de la garniture. Couvrir et garder au chaud.

5

Pour la meringue, fouetter les blancs d'œufs avec du sel jusqu'à ce qu'ils soient mousseux, puis les monter en neige légère avec la crème de tartre. Dans un bol, mélanger le sucre et la Maïzena, et les incorporer peu à peu dans les blancs, en fouettant jusqu'à ce qu'ils soient fermes et brillants.

6

Verser la garniture sur le fond de tarte. Déposer la meringue sur le pourtour, puis au centre. Enfourner pour 15 minutes. Quand la meringue est légèrement dorée, laisser refroidir la tarte sur une grille et servir de préférence le jour même.

1 h 40 + réfrigération, refroidissement et prise

Pour 8 personnes

TARTE MERINGUÉE au chocolat

Le mélange de chocolat au lait et de chocolat noir donne à cette tarte une saveur très subtile.

INGRÉDIENTS

- 3 gros jaunes d'œufs
- 75 ml de lait concentré
- 500 ml de lait entier
- 30 g de Maïzena
- ¼ de c. à c. de sel
- ¾ de c. à c. d'extrait de vanille
- 15 g de beurre coupé en dés
- 125 g de chocolat noir finement haché
- 85 g de chocolat au lait finement haché
- 1 pâte brisée sucrée (voir p. 137, étapes 1-2)

Pour la meringue

- 100 g de sucre
- 1 c. à s. de Maïzena
- 4 blancs d'œufs
- ⅛ de c. à c. de sel
- ¼ de c. à c. de crème de tartre

MATÉRIEL

1 moule à tarte à bords cannelés de 23 cm de diamètre et de 5 cm de profondeur

1 Préchauffer le four à 180 °C. Fouetter les jaunes d'œufs avec le lait concentré et 250 ml de lait entier dans un saladier. Dans une casserole, fouetter la Maïzena, le sel et le reste de lait jusqu'à obtention d'un mélange lisse. Faire cuire 4 à 5 minutes à feu modéré. Quand il fume, retirer du feu et en incorporer un peu dans les jaunes d'œufs.

2 En incorporer un peu plus, puis reverser le tout dans la casserole. Faire épaissir sur feu modéré à doux, sans cesser de remuer. Porter à ébullition, puis baisser le feu et faire cuire 30 secondes. Retirer du feu et incorporer l'extrait de vanille, le beurre et les deux chocolats. Couvrir et garder au chaud.

3 Pour la meringue, mélanger le sucre et la Maïzena dans un bol. Dans un saladier, fouetter les blancs d'œufs avec le sel jusqu'à ce qu'ils soient mousseux. Ajouter la crème de tartre et les monter en neige légère. Ajouter peu à peu le mélange de sucre, en fouettant après chaque addition, jusqu'à ce que les blancs soient fermes et brillants.

4 Verser la garniture sur le fond de tarte. Déposer la meringue sur le pourtour, puis au centre. Enfourner pour 15 minutes. Quand la tarte est légèrement dorée, la laisser refroidir sur une grille, puis laisser prendre 5 heures au frais. Servir de préférence le jour même.

1 h 40 + refroidissement

Pour 8 personnes

TARTE MERINGUÉE au pamplemousse

L'agréable note acidulée du pamplemousse contrebalance la saveur sucrée de la meringue. Choisissez du pamplemousse rose si vous ne voulez pas que la garniture soit trop acide.

INGRÉDIENTS

- 5 gros jaunes d'œufs
- ¼ de c. à c. de sel
- 30 g de Maïzena
- 3 c. à s. de farine
- 150 g de sucre
- 15 g de beurre
- ½ c. à c. de zeste de citron
- 1 c. à s. de zeste de pamplemousse râpé
- 1 c. à s. de jus de citron
- 120 ml de jus de pamplemousse
- 1 fond de tarte de pâte brisée sucrée (voir p. 137, étapes 1-2)

Pour la meringue

- 4 blancs d'œufs
- ⅛ de c. à c. de sel
- ¼ de c. à c. de crème de tartre
- 1 c. à s. de Maïzena
- 100 g de sucre

MATÉRIEL

1 moule à tarte à bords cannelés de 23 cm de diamètre et d'environ 5 cm de profondeur

1 Préchauffer le four à 180 °C. Fouetter les jaunes d'œufs dans un bol résistant à la chaleur. Mélanger le sel, la Maïzena, la farine et le sucre dans une casserole.

2 Recouvrir de 50 ml d'eau et fouetter jusqu'à obtention d'un mélange lisse. Ajouter, en remuant, 250 ml d'eau dans la casserole. Porter à ébullition à feu modéré, en remuant jusqu'à épaississement.

3 Baisser le feu et faire cuire 1 minute sur feu modéré à doux. Retirer du feu et verser un peu du mélange chaud dans les jaunes d'œufs. Fouetter vigoureusement, puis ajouter, en remuant, un peu plus du mélange. Verser la préparation aux œufs dans la casserole.

4 Porter à ébullition sur feu modéré à doux, en remuant souvent. Baisser le feu et faire cuire 1 minute. Retirer du feu et incorporer le beurre et les 2 zestes.

5 Ajouter les deux jus. Couvrir et garder au chaud. Préparer la meringue (voir Tarte meringuée au chocolat, étape 3).

6 Verser la garniture au pamplemousse sur le fond de tarte. Recouvrir de meringue (voir Tarte meringuée au chocolat, étape 4). Enfourner pour 10 minutes. Quand la tarte est légèrement dorée, la laisser refroidir sur une grille avant de servir, de préférence le jour même.

1 h 30
+ réfrigération et refroidissement

Pour 8 personnes

TARTE à la banane

La banane et la crème anglaise se marient à la perfection avec une pâte au beurre croustillante. Recouvrez cette tarte de crème fouettée : voilà un dessert encore plus fondant.

INGRÉDIENTS

150 g de farine
+ pour saupoudrer

1 c. à s. de sucre

½ c. à c. de sel

115 g de beurre froid coupé en dés

1 c. à c. de vinaigre de cidre

2 à 4 bananes coupées en rondelles
+ pour décorer

Pour la garniture

100 g de sucre

½ c. à c. de sel

3 c. à s. de Maïzena

500 ml de lait entier

3 gros jaunes d'œufs

15 g de beurre

1 c. à c. d'extrait de vanille

Pour la crème

180 ml de crème épaisse

2 c. à c. de sucre glace

MATÉRIEL

1 moule rond de 23 cm de diamètre et d'environ 5 cm de profondeur

haricots secs

À L'AVANCE

Préparez la pâte 2 jours à l'avance et gardez-la, couverte, au réfrigérateur. Le fond de tarte cuit à blanc se conservera 2 jours dans un récipient hermétique.

1 Verser la farine, le sucre et le sel dans un saladier, puis mélanger. Incorporer le beurre du bout des doigts, jusqu'à ce que la préparation soit sableuse. Verser le vinaigre dans un bol à part et ajouter 120 ml d'eau froide. Bien mélanger.

2 Verser progressivement 4 cuillerées à soupe d'eau vinaigrée, en utilisant 2 fourchettes pour aérer et remuer le mélange jusqu'à ce que des grumeaux se forment. Ajouter un peu d'eau vinaigrée si nécessaire, en veillant à ne pas en mettre trop car la pâte risquerait de durcir.

3 Transférer la pâte sur une surface légèrement farinée et la pétrir délicatement 3 à 6 minutes. La recouvrir de film alimentaire et la laisser environ 30 minutes au réfrigérateur ou, mieux, toute une nuit.

4 Abaisser la pâte sur une surface farinée en un disque de 30 à 33 cm de diamètre, d'environ 3 mm d'épaisseur. Foncer le moule en laissant dépasser une bordure d'1 cm. Pincer les bords de la tarte et mettre celle-ci au réfrigérateur pour 30 minutes. Préchauffer le four à 190 °C.

5 Piquer le fond de tarte, puis le tapisser de papier sulfurisé et le remplir de haricots secs. Enfourner pour 25 minutes. Quand le bord est légèrement doré, retirer le papier et les haricots, et poursuivre la cuisson 6 à 10 minutes. Quand la pâte est bien dorée, retirer du four et laisser refroidir.

6 Pour la garniture, mélanger le sucre, le sel et la Maïzena dans une casserole. Ajouter le lait peu à peu, en fouettant. Quand le mélange est lisse, faire chauffer sur feu modéré à vif jusqu'à ce qu'il fume. Retirer du feu et fouetter 2 cuillerées de ce mélange avec les jaunes d'œufs dans un saladier.

7 Verser le mélange œufs-lait dans la casserole et porter à ébullition sur feu modéré. Bien remuer, puis retirer du feu. Ajouter, en fouettant, le beurre et l'extrait de vanille. Transvaser dans un grand saladier, couvrir de film alimentaire et mettre au réfrigérateur pour 30 minutes.

8 Disposer des rondelles de bananes sur le fond de tarte. Étaler la garniture. Réfrigérer 2 heures recouvert de film alimentaire. Battre la crème avec le sucre. Quand elle est ferme, recouvrir la tarte avec le reste de bananes, puis avec la crème et servir. Couverte, la tarte se garde 3 jours au frais.

Décorations à la crème

Pour décorer un gâteau comme un pâtissier, dressez la crème à l'aide d'une grande poche et de différentes douilles.

Rosettes en cercles
Décorer la Tarte à la banane (p. 140-143) de rosettes de crème de taille moyenne déposées en cercle sur le pourtour, puis de petites rosettes, toujours en cercle, au milieu. Insérer une rondelle de banane entre chaque rosette et servir aussitôt.

Étoiles Avec une douille moyenne en étoile, dresser de petites étoiles de crème sur la tarte. Pour un plus bel effet, les déposer en cercles concentriques du bord vers l'intérieur. Servir immédiatement.

Coquilles Pour décorer la Tarte mascarpone et fruits rouges (voir à droite), fouetter 200 ml de crème épaisse avec 1 c. à c. de sucre glace et déposer, avec une poche munie d'une douille en étoile, de grosses volutes de crème. Laisser la crème s'étaler et déposer de nouvelles volutes. Garnir de baies.

Roses Dresser de grosses roses avec une douille en forme de fleur. Commencer par le centre et exercer toujours la même pression sur la poche. Déposer un cercle de roses sur le pourtour, puis au centre. Parsemer la Tarte à la crème de coco (voir ci-contre) de copeaux de noix de coco.

1 h 30
+ réfrigération et prise

Pour 8 personnes

TARTE à la crème de coco

Cette tarte emploie trois sortes de noix de coco. Le lait de coco qui entre dans la composition de la crème anglaise intensifie la saveur de la garniture.

INGRÉDIENTS

- 115 g de beurre froid coupé en dés + pour le moule
- 150 g de farine + pour saupoudrer
- 1 c. à s. de sucre
- ½ c. à c. de sel
- 1 c. à c. de vinaigre de cidre

Pour la garniture

- 3 gros jaunes d'œufs
- 150 g de sucre
- ½ c. à c. de sel
- 30 g de Maïzena
- 500 ml de lait de coco
- 120 ml de lait entier
- 1 c. à s. de beurre
- ¼ de c. à c. d'extrait de vanille
- 85 g de noix de coco séchée

Pour la décoration

- 4 c. à s. de noix de coco séchée
- 200 ml de crème épaisse
- 1 c. à c. de sucre

MATÉRIEL

- 1 moule rond de 23 cm et de 5 cm de profondeur
- haricots secs

À L'AVANCE

Le fond de tarte cuit à blanc se garde 3 jours dans un récipient hermétique.

1 Beurrer le moule. Dans un saladier, mélanger la farine, le sucre et le sel. Incorporer le beurre à la main jusqu'à obtention d'une pâte sableuse. Mélanger le vinaigre avec 120 ml d'eau froide dans un saladier à part et en ajouter peu à peu 4 cuillerées dans la pâte.

2 Avec 2 fourchettes, aérer la pâte pour qu'elle soit grumeleuse. Ajouter de l'eau si elle est sèche. Pétrir sur une surface farinée jusqu'à ce qu'elle soit lisse. Réfrigérer 30 minutes dans du film alimentaire.

3 Abaisser la pâte sur une surface farinée en un disque de 28 cm, d'au moins 3 mm d'épaisseur. Foncer le moule en laissant 2 cm dépasser. Pincer les bords et réfrigérer 30 minutes. Préchauffer le four à 190 °C.

4 Piquer le fond de tarte, le tapisser de papier sulfurisé et le remplir de haricots secs. Enfourner pour 25 minutes. Quand les bords sont un peu dorés, retirer les haricots et le papier, et laisser bien dorer encore 6 à 10 minutes. Retirer et laisser refroidir.

5 Pour la garniture, verser les jaunes d'œufs dans un bol résistant à la chaleur. Mélanger le sucre avec le sel et la Maïzena dans une grande casserole. Ajouter lentement les 2 laits, en fouettant jusqu'à obtention d'un mélange lisse et homogène. Faire chauffer à feu modéré jusqu'à ce qu'il fume, puis retirer du feu.

6 Verser un peu de ce mélange dans les jaunes d'œufs, en fouettant. Reverser le tout dans la casserole, sans cesser de fouetter. Faire épaissir à feu modéré. Porter à ébullition, bien remuer, puis retirer du feu.

7 Ajouter le beurre, l'extrait de vanille et la noix de coco séchée. Bien mélanger et verser sur le fond de tarte. Couvrir et laisser prendre 2 à 3 heures au frais.

8 Pour la décoration, faire légèrement dorer la noix de coco à feu modéré dans une poêle. Battre la crème avec le sucre jusqu'à ce qu'elle soit ferme. En recouvrir la tarte et parsemer de copeaux de noix de coco grillée. Couverte, cette tarte se garde 1 à 2 jours au réfrigérateur.

30 min
+ réfrigération

Pour 8 personnes

TARTE À LA CRÈME chocolat et cannelle

La cannelle dans la garniture au chocolat donne à cette tarte une saveur épicée qui contraste avec le dessus crémeux.

INGRÉDIENTS

- 15 g de beurre + pour le moule
- 270 g de pâte sucrée (voir Tarte à la crème de coco, étapes 1-2)
- 3 gros jaunes d'œufs
- 100 g de cassonade
- ½ c. à c. de sel
- 30 g de Maïzena
- 620 ml de lait entier
- 1 c. à c. de cannelle moulue + pour saupoudrer
- ½ c. à c. d'extrait de vanille
- ¼ de c. à c. d'essence d'amande
- 140 g de chocolat noir finement haché
- 85 g de chocolat au lait finement haché

Pour le dessus

- 200 ml de crème épaisse
- 2 c. à c. de sucre glace

MATÉRIEL

- 1 moule rond de 23 cm de diamètre
- haricots secs

1 Préchauffer le four à 190 °C. Beurrer le moule. Abaisser la pâte et foncer le moule. Faire cuire le fond de tarte à blanc (voir Tarte à la crème de coco, étapes 3-4). Battre les jaunes d'œufs et réserver.

2 Mélanger la cassonade, le sel et la Maïzena dans une casserole. Ajouter le lait peu à peu, en fouettant. Quand le mélange est lisse, faire chauffer à feu modéré jusqu'à ce qu'il soit fumant. Retirer du feu et en verser un peu dans les jaunes d'œufs, en fouettant.

3 Verser la préparation aux œufs dans la casserole. Faire épaissir à feu modéré, sans cesser de fouetter. Porter à ébullition, bien remuer et retirer du feu.

4 Ajouter le beurre, la cannelle, l'extrait de vanille, l'essence d'amande et les deux chocolats. Bien mélanger et verser sur le fond de tarte. Couvrir de film alimentaire et laisser prendre 6 heures au frais.

5 Battre la crème épaisse avec le sucre glace jusqu'à ce que des pics fermes se forment. En recouvrir la garniture. Saupoudrer de cannelle et servir. Couverte, la tarte se garde 2 à 3 jours au réfrigérateur.

30 min
+ réfrigération et prise

Pour 8 personnes

TARTE mascarpone et fruits rouges

Si vous utilisez de la pâte prête à l'emploi, vous confectionnerez cette tarte en quelques minutes. Il suffit de mélanger du mascarpone avec de la crème parfumée aux agrumes.

INGRÉDIENTS

- 270 g de pâte sucrée (voir Tarte à la crème de coco, étapes 1-2)
- 350 g de mascarpone
- 200 ml de crème à fouetter
- 80 g de sucre + 2 c. à s.
- ¼ de c. à c. de sel
- ¾ de c. à c. d'extrait de vanille
- le zeste râpé de 2 citrons
- 125 g de myrtilles
- 125 g de mûres

MATÉRIEL

- 1 moule à tarte rond de 23 cm de diamètre
- haricots secs

1 Préchauffer le four à 190 °C. Abaisser la pâte, foncer le moule et faire cuire à blanc le fond de tarte (voir Tarte à la crème de coco, étapes 3-4). Déposer le mascarpone dans un saladier et le remuer délicatement pour le ramollir. Dans un autre saladier, fouetter la crème avec le sucre, le sel et l'extrait de vanille, jusqu'à ce qu'elle soit ferme.

2 En incorporer un peu dans le mascarpone et bien mélanger, puis ajouter le reste, en remuant. Incorporer le zeste de citron.

3 Garnir le fond de tarte de cette préparation. Recouvrir de myrtilles et de mûres. Envelopper dans du film alimentaire et laisser la crème prendre au moins 1 heure au réfrigérateur. Servir la tarte froide. Couverte, elle se gardera 2 jours au réfrigérateur.

45 à 50 min
+ réfrigération et refroidissement

Pour 10 personnes

TARTE FONDANTE au chocolat

Très appréciée des amateurs de chocolat, cette tarte américaine est parfaite quand il y a du monde, notamment des enfants. Servez de petites parts car elle est très riche et consistante.

INGRÉDIENTS

85 g de beurre, fondu + pour le moule

300 g de biscuits Oreo® émiettés

Pour la garniture

115 g de beurre

30 g de chocolat noir à très forte teneur en cacao

85 g de chocolat noir

3 c. à s. de farine

1 c. à c. de café soluble

1 pincée de sel

150 g de cassonade brune

50 g de sucre

½ c. à c. d'extrait de vanille

3 gros œufs

Pour la décoration

200 ml de crème épaisse

1 ½ c. à c. de sucre glace

4 c. à s. de noix de pécan hachées

MATÉRIEL

1 moule à pie de 23 cm de diamètre et d'environ 5 cm de profondeur.

À L'AVANCE

Vous pouvez préparer le fond de tarte 1 semaine à l'avance et le garder, non garni, au réfrigérateur dans une boîte hermétique.

Beurrer le moule. Déposer le beurre et les miettes de biscuits dans un grand saladier. Bien mélanger.

1

2

Étaler le mélange en couche uniforme dans le moule, en le tassant contre le fond et les parois. Laisser raffermir 45 minutes au réfrigérateur.

3

Préchauffer le four à 190 °C. Pour préparer la garniture, faire fondre le beurre et les 2 chocolats dans une casserole sur feu modéré à doux. Retirer du feu, ajouter la farine, le café, le sel, la cassonade et le sucre. Fouetter pour bien mélanger.

4

Ajouter peu à peu l'extrait de vanille et les œufs, en fouettant. Quand la préparation est lisse et homogène, la verser sur la base du gâteau.

5

Enfourner pour 30 à 35 minutes jusqu'à ce que la garniture soit juste prise. Retirer du four et laisser refroidir 1 à 2 heures jusqu'à ce que le centre s'affaisse un peu.

Battre la crème épaisse avec le sucre glace dans un bol jusqu'à ce qu'elle soit aérienne. En garnir la tarte, puis parsemer de noix de pécan et servir. Couverte, cette tarte se gardera 2 jours au réfrigérateur.

6

15 à 20 min + réfrigération   **Pour 10 personnes**

TARTE FONDANTE
au beurre de cacahuètes

Le chocolat noir, le beurre de cacahuètes et la crème fouettée composent ce dessert riche et sucré. À défaut de beurre de cacahuètes, hachez une poignée de cacahuètes salées.

1 Graisser **un moule à pie de 23 cm de diamètre et d'environ 5 cm de profondeur**. Dans un saladier, mélanger **300 g de biscuits Oreo® émiettés** avec **85 g de beurre fondu**. Étaler cette pâte dans le moule, en la tassant contre le fond et les parois. Laisser raffermir 45 minutes au réfrigérateur.

2 Dans un saladier, battre **225 g de fromage frais (de type St Môret®)** avec **300 g de beurre de cacahuètes crémeux** et **100 g de sucre glace**. Ajouter **4 c. à s. de crème épaisse** en remuant jusqu'à ce que le mélange soit ferme. Fouetter **120 ml de crème épaisse** jusqu'à ce que des pics se forment.

3 Incorporer progressivement cette crème dans le mélange à base de beurre de cacahuètes. Répartir cette garniture sur le fond de tarte. Dans un saladier, battre **200 ml de crème épaisse** avec **½ c. à c. d'extrait de vanille**, **2 c. à c. de sucre** et **1 pincée de sel** jusqu'à ce qu'elle soit ferme.

4 Étaler cette crème sur la garniture. Garnir de cacahuètes écrasées, puis de film alimentaire. Réfrigérer au moins 1 heure jusqu'à ce que le dessus de la tarte soit ferme. Couverte, cette tarte se gardera 3 à 4 jours au réfrigérateur.

À L'AVANCE

Le fond de tarte non garni se gardera 2 à 3 jours au réfrigérateur dans un récipient hermétique.

Beurre de cacahuètes

35 min
+ refroidissement et réfrigération

Pour 10 personnes

TARTE FONDANTE au moka

L'association du chocolat et du café est classique. Cette recette allie ces deux ingrédients. Il est possible de substituer à l'expresso en poudre du café instantané, mais il faudra alors doubler la quantité.

1 Beurrer **un moule à pie de 23 cm et d'environ 5 cm de profondeur**. Dans un saladier, mélanger **300 g de biscuits Oreo® émiettés** avec **85 g de beurre fondu**. Étaler dans le moule et réfrigérer 45 minutes (voir à gauche, étape 1).

2 Faire fondre **175 g de chocolat noir finement haché** avec **60 g de beurre**, **3 c. à s. d'eau** et **1 c. à s. d'expresso instantané** au bain-marie.

3 Battre **240 ml de crème à fouetter** avec **½ c. à c. d'extrait de vanille**, **1/8 de c. à c. de sel** et **2 c. à s. de sucre** dans un bol jusqu'à ce que des pics fermes se forment. Réserver au frais. Fouetter **3 gros jaunes d'œufs** avec **2 c. à s. de sucre** dans un bol résistant à la chaleur.

4 Mettre ce bol dans un bain-marie et fouetter 3 minutes. Quand le mélange est pâle et a presque triplé de volume, retirer du feu et laisser refroidir 1 à 2 minutes, puis ajouter au chocolat fondu et bien mélanger.

5 Incorporer la préparation à la crème dans celle au chocolat jusqu'à ce qu'il n'y ait plus de stries. Répartir sur le fond de tarte, puis recouvrir de film alimentaire. Laisser prendre 2 à 3 heures au réfrigérateur.

6 Dans un grand saladier, battre **230 ml de crème épaisse** avec **1 c. à s. de sucre** jusqu'à ce qu'elle soit ferme. L'étaler sur la tarte et parsemer de **chocolat râpé** avant de servir. Couverte, cette tarte se gardera 2 jours au réfrigérateur.

À L'AVANCE

Préparez le fond de tarte 2 à 3 jours à l'avance et gardez-le au réfrigérateur dans un récipient hermétique.

Moka

40 à 45 min
+ refroidissement

Pour 8 personnes

TARTE au citron vert

Cette tarte américaine est traditionnellement réalisée avec de petits citrons verts des îles Keys en Floride, dont elle est originaire. La pâte sablée peut être remplacée par des biscuits émiettés.

INGRÉDIENTS

175 g de sablés émiettés

75 g de beurre fondu

Pour la garniture

1 gros œuf + 1 jaune

1 c. à s. de zeste râpé de citron vert + pour décorer

400 g de lait concentré

230 ml de jus de citron vert

1 pincée de sel

Pour la décoration

200 ml de crème épaisse

2 c. à c. de sucre glace

MATÉRIEL

1 moule à pie de 23 cm de diamètre, d'environ 5 cm de profondeur

À L'AVANCE

Le fond de tarte cuit à blanc se gardera 1 journée au réfrigérateur.

1

Préchauffer le four à 180 °C. Réduire les biscuits en une fine poudre au robot, puis verser celle-ci dans un saladier. Ajouter le beurre et mélanger intimement.

2

Étaler dans le moule en pressant contre le fond et les parois. Enfourner pour 8 à 10 minutes jusqu'à ce que le fond de tarte soit doré. Laisser refroidir.

3

Fouetter le jaune d'œuf et le zeste de citron vert, puis incorporer le lait, le jus de citron vert et le sel. Étaler sur le fond de tarte, puis enfourner pour 25 à 30 minutes, jusqu'à ce que cette garniture prenne.

Retirer du four et laisser refroidir. Réfrigérer 1 à 2 heures. Battre la crème avec le sucre jusqu'à ce qu'elle soit ferme. En recouvrir la garniture et décorer avec le zeste de citron vert réservé. Couverte, cette tarte se gardera 2 jours au réfrigérateur.

4

30 à 35 min
+ refroidissement et réfrigération

Pour 8 personnes

TARTE à l'orange

Le jus et le zeste d'orange confèrent une note de fraîcheur à cette tarte. Choisissez des oranges sanguines pour que la couleur soit plus vive et la saveur encore plus intense.

INGRÉDIENTS

175 g de sablés émiettés

75 g de beurre fondu

Pour la garniture

1 gros œuf + 1 jaune

le zeste râpé d'1 orange + pour décorer

400 g de lait concentré

200 ml de jus d'orange

4 c. à s. de jus de citron

1 pincée de sel

Pour la crème fouettée

180 ml de crème épaisse

2 c. à c. de sucre glace

MATÉRIEL

1 moule à pie de 23 cm de diamètre et de 5 cm de profondeur

À L'AVANCE

Préparez le fond de tarte la veille et gardez-le au réfrigérateur dans un récipient hermétique.

1 Préchauffer le four à 180 °C. Mélanger les biscuits avec le beurre dans un saladier. Étaler ce mélange dans le moule en le pressant contre le fond et les parois puis lisser. Enfourner pour 8 à 10 minutes jusqu'à ce qu'il soit doré. Laisser refroidir.

2 Battre l'œuf, le jaune et le zeste d'orange 2 minutes dans un saladier. Au fouet, incorporer le lait concentré, puis le jus d'orange, le jus de citron et le sel, jusqu'à obtention d'une préparation lisse.

3 Répartir celle-ci sur le fond de tarte. Enfourner pour 15 à 20 minutes jusqu'à ce que le centre prenne. Retirer du four et laisser refroidir à température ambiante, puis placer 1 à 2 heures au réfrigérateur.

4 Battre énergiquement la crème avec le sucre jusqu'à ce qu'elle soit ferme. La déposer au centre de la tarte et décorer de zeste d'orange. Cette tarte se gardera 1 journée au réfrigérateur dans un récipient hermétique.

50 à 55 min
+ refroidissement

Pour 8 personnes

TARTE aux pêches et à la crème aigre

L'emploi de crème aigre confère à cette tarte une saveur acidulée qui se marie très bien avec celle des pêches.

INGRÉDIENTS

175 g de sablés émiettés

75 g de beurre fondu

Pour la garniture

350 g de pêches dénoyautées et coupées en tranches

115 g de sucre

225 g de crème aigre

½ c. à c. d'extrait de vanille

¼ de c. à c. de sel

le zeste râpé d'1 citron

1 gros œuf

1 c. à s. de farine

MATÉRIEL

1 moule à pie de 23 cm de diamètre et d'environ 5 cm de profondeur

À L'AVANCE

Le fond de tarte cuit à blanc se gardera 1 journée au réfrigérateur dans un récipient hermétique.

1 Préchauffer le four à 180 °C. Mélanger les biscuits avec le beurre dans un saladier. Étaler ce mélange dans le moule en le pressant contre le fond et les parois, puis enfourner (voir Tarte à l'orange, étape 1). Laisser refroidir.

2 Mélanger les pêches avec 1 cuillerée à soupe de sucre dans un saladier. Laisser macérer. Verser dans un autre saladier la crème aigre, l'extrait de vanille, le sel, le zeste de citron et le reste de sucre. Bien fouetter jusqu'à dissolution de ce dernier.

3 Incorporer l'œuf, puis la farine. Les fouetter énergiquement pour mélanger. Avec une écumoire, plonger les pêches dans la préparation à la crème aigre. Mélanger.

4 Étaler cette garniture sur le fond de tarte. Enfourner pour 30 à 35 minutes jusqu'à ce que la garniture prenne. Retirer du four et laisser refroidir à température ambiante avant de servir. Cette tarte se gardera 1 journée au réfrigérateur dans un récipient hermétique.

20 min + réfrigération

Pour 8 à 10 personnes

TARTE banane et caramel

Cette tarte moderne pourtant classique est riche et sucrée comme il se doit. Elle est idéale pour une fête car elle est très consistante. Ramenez le fond de tarte à température ambiante avant de le garnir pour qu'il se ramollisse.

INGRÉDIENTS

250 g de sablés émiettés

100 g de beurre fondu refroidi

Pour le caramel

50 g de beurre

400 g de lait concentré

Pour le dessus

2 grosses bananes mûres coupées en rondelles de 5 mm

250 ml de crème épaisse fouettée

30 g de chocolat noir de bonne qualité pour décorer

MATÉRIEL

1 moule à charnière rond de 23 cm de diamètre

À L'AVANCE

Le fond de tarte cuit à blanc se gardera 1 journée au réfrigérateur dans un récipient hermétique.

1 Tapisser le moule de papier sulfurisé. Mélanger les biscuits avec le beurre dans un grand saladier, puis étaler dans le moule, en tassant. Couvrir et réfrigérer.

2 Faire fondre le beurre avec le sucre à feu modéré dans une petite casserole à fond épais. Ajouter le lait, en remuant. Porter à ébullition, puis baisser le feu et laisser chauffer doucement 2 à 3 minutes, sans cesser de remuer, jusqu'à obtention d'un mélange épais et doré.

3 Garnir le fond de tarte de ce mélange. Laisser la garniture prendre 30 minutes au réfrigérateur. Placer la tarte sur un grand plat de service 30 minutes avant de servir. Recouvrir le caramel de rondelles de bananes, puis de crème fouettée.

4 Tailler la moitié du chocolat en petits copeaux. Râper le reste et parsemer l'ensemble sur la tarte. Servir aussitôt. La tarte se garde 2 jours au réfrigérateur dans un récipient hermétique.

35 min
+ réfrigération et refroidissement

Pour 6 personnes

TRIFLE aux fruits d'été

Ce trifle aux fruits d'été est un merveilleux dessert crémeux aux saveurs subtiles. Mieux vaut utiliser des fruits rouges surgelés car ils sont plus mous que les fruits rouges frais et se marient donc mieux avec la texture onctueuse du trifle.

INGRÉDIENTS

- 1 c. à s. de beurre fondu
- 20 g de farine + à saupoudrer
- 2 œufs, blancs et jaunes séparés
- 60 g de sucre
- 200 g de mélange de fruits rouges surgelés (décongelés)
- 150 ml de crème épaisse fouettée jusqu'à ce que des pics mous se forment
- 1 c. à s. bombée de pistaches non salées, décortiquées et finement hachées

Pour la crème anglaise

- 250 ml de crème liquide
- 250 ml de lait entier
- 4 jaunes d'œufs
- 50 g de sucre
- 1 c. à c. d'extrait de vanille
- 1 c. à s. de Maïzena

MATÉRIEL

- 1 moule à roulé de 20 x 30 cm de côté
- 1 saladier en verre profond de 23 cm

À L'AVANCE

La crème peut être préparée 2 jours à l'avance. Couvrez-la et gardez-la au réfrigérateur.

1

Préchauffer le four à 220 °C. Chemiser le moule de papier sulfurisé, le beurrer légèrement, puis le mettre 5 minutes au réfrigérateur. Saupoudrer d'un peu de farine et retourner pour ôter l'excédent.

2

Au fouet, blanchir les jaunes avec 40 g de sucre dans un bol jusqu'à obtention d'un mélange mousseux. Monter les blancs en neige ferme dans un saladier, puis ajouter le reste de sucre, sans cesser de fouetter, jusqu'à ce qu'ils soient brillants. Incorporer le mélange à base de jaunes d'œufs et la farine.

3

Verser dans le moule, en couche fine et uniforme. Enfourner pour 7 à 10 minutes, jusqu'à ce que la pâte gonfle. Quand la lame d'un couteau en ressort sèche, faire refroidir 2 minutes dans le moule avant de démouler. Laisser refroidir sur une grille. Découper en petits morceaux.

4

Chauffer la crème et le lait dans une casserole à fond épais, sans laisser bouillir. Fouetter le reste des ingrédients dans un saladier résistant à la chaleur. Incorporer peu à peu dans le mélange crème-lait, en fouettant pour dissoudre le sucre.

5

Verser dans une casserole à fond épais et porter à ébullition sur feu modéré, sans cesser de remuer. Baisser le feu et laisser frémir 3 à 4 minutes, en remuant, jusqu'à ce que le mélange nappe le dos d'une cuillère. Verser dans un plat et recouvrir de film alimentaire. Placer 1 heure au réfrigérateur.

6

Étalez les fruits en une couche régulière.

Tapisser le saladier de morceaux de biscuit. Garnir de fruits et les arroser de leur jus. Napper de crème anglaise, puis de crème fouettée. Éparpiller les pistaches sur le dessus. Réfrigérer 4 heures avant de servir. Ce dessert se garde 1 journée au réfrigérateur.

10 min + réfrigération

Pour 4 personnes

TRIFLES INDIVIDUELS pêche, citron et amarettis

Idéale si vous devez préparer un dessert à la dernière minute, cette recette rapide et facile n'exige que des ingrédients courants et n'importe quel type de petits pots en verre.

INGRÉDIENTS

150 g de crème au citron de bonne qualité

250 g de crème anglaise de bonne qualité

150 g d'amarettis + pour décorer

400 g de pêches avec leur jus, égouttées et coupées en gros morceaux

100 ml de crème épaisse fouettée jusqu'à ce que des pics mous se forment

MATÉRIEL

4 pots en verre évasés d'une contenance de 320 ml

1 Fouetter la crème au citron avec 1 cuillerée à soupe de crème anglaise dans un saladier pour les mélanger. Puis, incorporer le reste de crème anglaise jusqu'à ce que le mélange soit homogène.

2 Tapisser le fond des pots d'amarettis. Les briser, si nécessaire, pour combler les espaces. Recouvrir avec une fine couche de pêches.

3 Napper les pêches de mélange de crèmes. Répéter l'opération de façon à obtenir une autre couche de biscuits, de pêches et de crème.

4 Garnir chaque trifle de crème fouettée et laisser au moins 4 heures au réfrigérateur. Parsemer d'amarettis émiettés et servir immédiatement ou le jour même de préférence.

20 min + refroidissement et réfrigération

Pour 6 à 8 personnes

TRIFLE au xérès et aux framboises

Des framboises acidulées, des amandes effilées et une crème anglaise maison donnent à ce trifle une note moderne.

INGRÉDIENTS

115 g de biscuits à la cuillère

4 c. à s. de xérès

175 g de framboises

150 ml de crème épaisse fouettée jusqu'à ce que des pics mous se forment

1 grosse c. à s. d'amandes effilées grillées

Pour la crème anglaise

4 jaunes d'œufs

30 g de sucre

1 c. à c. d'extrait de vanille

1 c. à s. de Maïzena

250 ml de lait entier

250 ml de crème liquide

MATÉRIEL

Saladier en verre profond de 23 cm

À L'AVANCE

Vous pouvez préparer la crème anglaise 2 jours à l'avance. Couvrez-la et gardez-la au réfrigérateur.

1 Préparer la crème anglaise en fouettant les jaunes d'œufs avec le sucre, l'extrait de vanille et la Maïzena dans un saladier jusqu'à obtention d'un mélange lisse. Faire chauffer le lait et la crème dans une casserole à fond épais, sans laisser bouillir.

2 Verser peu à peu, en fouettant, le mélange lait-crème sur la préparation aux jaunes d'œufs. Transvaser dans une casserole propre. Porter à ébullition sur feu modéré, sans cesser de remuer.

3 Laisser frémir 3 à 4 minutes à feu doux, sans cesser de remuer, jusqu'à ce que la crème nappe le dos d'une cuillère. Retirer du feu et verser dans un plat peu profond. Recouvrir de film alimentaire et laisser refroidir complètement, puis placer 1 heure au réfrigérateur

4 Couper en deux un tiers des biscuits à la cuillère. En tapisser les parois du saladier, côté bombé vers l'extérieur. Recouvrir le fond du saladier avec le reste des biscuits, en les cassant si nécessaire.

5 Arroser le fond de xérès et éparpiller les framboises. Battre la crème anglaise jusqu'à ce qu'elle soit lisse et l'étaler régulièrement sur les framboises. Recouvrir de crème fouettée, puis parsemer d'amandes effilées. Placer 4 heures au réfrigérateur avant de servir. Ce dessert se garde 1 journée au réfrigérateur.

35 min
+ refroidissement et réfrigération

Pour 6 à 8 personnes

TRIFLE forêt-noire

L'association bien connue des cerises et du chocolat se marie très bien avec la génoise et la crème au chocolat, pour un résultat encore plus riche.

INGRÉDIENTS

- 1 c. à s. de beurre fondu
- 35 g de cacao en poudre + à saupoudrer
- 5 œufs, jaunes et blancs séparés
- 150 g de sucre + 1 c. à s.
- 1 c. à s. de farine
- 300 g de cerises noires surgelées
- 4 c. à s. de kirsch
- 200 ml de crème épaisse fouettée jusqu'à obtention de pics mous
- chocolat noir râpé ou en copeaux pour décorer

Pour la crème anglaise

- 4 jaunes d'œufs
- 30 g de sucre
- 2 c. à s. de cacao en poudre
- 1 c. à s. de Maïzena
- 250 ml de lait entier
- 250 ml de crème liquide

MATÉRIEL

- 1 moule à roulé de 30 x 37 cm de côté
- 1 saladier profond en verre de 23 cm

À L'AVANCE

Vous pouvez préparer cette crème 2 jours à l'avance. Gardez-la couverte au réfrigérateur.

1 Préchauffer le four à 220 °C. Chemiser le moule de papier sulfurisé. Beurrer et placer 5 minutes au réfrigérateur. Saupoudrer d'1 cuillerée à café de cacao.

2 Fouetter les jaunes d'œufs et 100 g de sucre dans un saladier jusqu'à obtention d'un mélange léger et mousseux. Dans un autre saladier, monter les blancs en neige ferme, puis incorporer au fouet le reste de sucre jusqu'à ce qu'ils soient brillants.

3 Tamiser le cacao et la farine dans un saladier. Incorporer délicatement ce mélange et les blancs en neige, en plusieurs fois, dans la première préparation. Verser en couche régulière dans le moule.

4 Faire cuire 7 à 10 minutes. Quand la génoise a gonflé et que la pointe d'un couteau en ressort sèche, faire refroidir 2 minutes dans le moule, puis laisser refroidir complètement sur une grille.

5 Pour préparer la crème au chocolat, fouetter les jaunes d'œufs, le sucre, le cacao et la Maïzena dans un grand saladier. Chauffer le lait et la crème dans une casserole à fond épais et verser peu à peu sur la préparation aux jaunes d'œufs (voir les étapes 1-2 de la recette précédente).

6 Verser cette crème dans une casserole propre et porter à ébullition. Baisser le feu et faire épaissir 3 à 4 minutes, en remuant (voir les étapes 2 et 3 de la recette précédente). Transvaser dans un saladier, couvrir, laisser refroidir et mettre au réfrigérateur (voir les étapes 2 et 3 de la recette précédente).

7 Mélanger les cerises avec 1 cuillerée à soupe de sucre dans un bol. Quand elles sont décongelées, les couper en morceaux et réserver le jus. Couper la génoise en morceaux et en disposer la moitié au fond du saladier. Arroser avec la moitié du kirsch. Recouvrir de cerises.

8 Verser ensuite la moitié de la crème au chocolat froide et la moitié de la crème fouettée. Répéter l'opération : génoise, kirsch, cerises, crème au chocolat et crème fouettée. Parsemer de chocolat râpé et laisser au moins 4 heures au frais. Ce dessert se garde 1 journée au réfrigérateur.

1 h 05
+ refroidissement et réfrigération

Pour 6 verrines

VERRINES aux myrtilles

Ces verrines sont amusantes à confectionner, belles et succulentes. Elles sont constituées de plusieurs couches de génoise légère, de glaçage aérien et de compote de myrtilles. Utilisez de préférence des verrines évasées d'une contenance de 160 ml.

INGRÉDIENTS

- 115 g de farine avec levure incorporée
- 1 ½ c. à c. de levure chimique
- 3 œufs
- 175 g de beurre doux ramolli
- 175 g de sucre
- 4 c. à s. de lait entier
- 60 g de cacao en poudre
- 1 c. à s. de colorant rouge en pâte
- 1 c. à c. d'extrait de vanille

Pour le glaçage

- 60 g de fromage frais (de type St Môret®) à température ambiante
- 60 g de beurre doux à température ambiante
- 240 g de sucre glace
- 1 c. à s. de lait entier
- 1 c. à c. d'extrait de vanille

Pour la compote

- 200 g de myrtilles
- 2 c. à s. de sucre

Pour la décoration

- 40 myrtilles
- 2 c. à s. de violettes cristallisées
- 2 c. à s. de framboises congelées
- 2 c. à s. de pistaches non salées décortiquées et finement hachées

MATÉRIEL

- 1 moule à roulé de 23 x 33 cm
- 1 emporte-pièce rond de 5 cm
- 6 verrines de 5 x 7,5 cm et d'une contenance de 160 ml
- 1 poche à douille jetable

À L'AVANCE

Vous pouvez préparer la génoise 2 jours à l'avance, et 3 jours pour la compote. Conservez-les au réfrigérateur dans des récipients hermétiques.

1

Préchauffer le four à 180 °C. Chemiser le moule de papier sulfurisé. Tamiser la farine et la levure dans un saladier puis ajouter les œufs, le beurre, le sucre et le lait.

2

Fouetter jusqu'à l'obtention d'un mélange onctueux. Incorporer le cacao, le colorant et l'extrait de vanille.

Remuez jusqu'à ce que la crème ne soit plus marbrée.

3

Verser la préparation dans le moule et enfourner pour 20 minutes. Retirer du four et laisser refroidir dans le moule. Avec l'emporte-pièce, découper 18 disques. En placer un dans chaque verrine.

4

Préparer le glaçage en battant tous les ingrédients jusqu'à l'obtention d'une crème légère. La verser dans la poche à douille dont vous couperez le bout.

Une poche à douille permet plus de précision.

5

Préparer la compote en versant les myrtilles, le sucre et 1 cuillerée à soupe d'eau dans une casserole à fond épais. Couvrir et faire cuire 5 minutes à feu doux. Poursuivre la cuisson à découvert 5 minutes jusqu'à épaississement. Laisser refroidir complètement. Presser la poche pour déposer un peu de glaçage sur chaque disque.

Égalisez le dessus du glaçage.

6

Recouvrir de 2 cuillerées à café de compote. Répéter l'opération jusqu'à poser sur le dessus une troisième couche de génoise. Garnir de glaçage, couvrir et placer 3 à 4 heures au réfrigérateur. Pour servir, décorer de myrtilles, de violettes et de pistaches.

1 h 25
+ refroidissement

Pour 6 verrines

VERRINES de fruits meringuées

Vous pouvez réaliser ces mini pavlovas déconstruites avec des meringues du commerce.

1 Préchauffer le four à 150 °C. Chemiser une plaque de four de papier sulfurisé. Monter **1 blanc d'œuf** en neige dans un bol. Ajouter peu à peu, sans cesser de battre, **75 g de sucre** jusqu'à obtention d'une meringue épaisse, ferme et brillante.

2 L'étaler sur 1 cm d'épaisseur sur la plaque. Enfourner pour 1 heure jusqu'à ce qu'elle durcisse. Retirer du four et laisser refroidir, puis briser en petits morceaux.

3 Fouetter **100 ml de crème épaisse** dans un bol jusqu'à ce qu'elle soit lisse. Incorporer **100 ml de yaourt grec** puis réserver. Couper en dés **3 kiwis mûrs** et en fines tranches **200 g de pêches égouttées**. Réserver 1 tiers de chaque fruit.

4 Déposer 1 couche de meringue dans **6 verrines de 160 ml**. Recouvrir de kiwi, de crème et enfin de pêche. Déposer une autre couche de meringue sur le dessus, garnir de crème et décorer avec les fruits réservés. Servir aussitôt.

À L'AVANCE

Préparez et faites cuire la meringue 5 jours à l'avance et gardez-la dans un récipient hermétique.

40 à 50 min
+ refroidissement et réfrigération

Pour 6 verrines

VERRINES citron et figues

Ces jolies verrines aux fruits frais sont idéales pour clore un repas méditerranéen.

1 Préchauffer le four à 180 °C. Chemiser **1 moule à gâteau de 23 x 33 cm** de papier sulfurisé. Tamiser **175 g de farine avec levure incorporée** et **1 ½ c. à c. de levure chimique** dans un saladier. Ajouter **175 g de beurre doux ramolli**, **175 g de sucre**, **3 œufs** et **4 c. à s. de lait entier**. Fouetter 2 minutes

2 Ajouter, en remuant, **le jus et le zeste d'1 citron** et **1 c. à s. de graines de pavot**. Verser dans le moule et égaliser la surface. Enfourner pour 20 minutes. Retirer du four et laisser refroidir dans le moule. Avec un **emporte-pièce de 5 cm**, découper 18 disques. En placer un dans chacune des **6 verrines de 160 ml**.

3 Verser **200 ml de crème épaisse fouettée** dans un bol et incorporer **1 c. à c. d'eau de rose**. Recouvrir chaque disque avec 1 c. à s. de ce mélange. Lisser la surface. Couper en fines tranches **5 grosses figues mûres** et les poser sur la crème. Répéter l'opération jusqu'à obtenir une troisième couche de génoise. Garnir de crème et placer 1 à 4 heures au réfrigérateur. Décorer avec des **graines de grenade** et servir aussitôt.

À L'AVANCE

Vous pouvez garder la génoise 5 jours dans un récipient hermétique.

Fruits meringués

Citron et figues

10 min **Pour 6 verrines**

VERRINES rapides au muesli

Ce dessert facile à préparer et gorgé de nutriments plaira aux adeptes d'une alimentation saine.

1 Fouetter **300 g de yaourt à la grecque** dans un grand bol jusqu'à ce qu'il soit lisse puis réserver. Répartir **2 c. à c. de muesli** dans chacune des **6 verrines de 160 ml**. Égaliser la surface.

2 Recouvrir avec **2 c. à c. de yaourt fouetté**, étalé en couche fine et uniforme. Couper en deux verticalement **150 g de framboises** et les déposer sur le yaourt.

3 Répéter l'opération de façon à ajouter 2 autres couches de muesli, de yaourt et de framboises. Terminer par une dernière couche de muesli, puis décorer avec **1 c. à c. d'un mélange de fruits secs**, comme des raisins et des abricots. Servir immédiatement.

1 h 10 + refroidissement et réfrigération **Pour 6 verrines**

VERRINES forêt-noire

Associant cerises, génoise au chocolat et mascarpone, ces verrines sont des forêts-noires miniatures.

1 Préchauffer le four à 180 °C. Chemiser de papier sulfurisé **1 moule à gâteau de 23 x 33 cm**. Tamiser 115 g de farine avec levure incorporée, **60 g de cacao en poudre** et **1 ½ c. à c. de levure chimique** dans un saladier.

2 Ajouter **175 g de beurre doux ramolli**, **175 g de sucre**, **3 œufs** et **4 c. à s. de lait entier**. Fouetter jusqu'à obtention d'une pâte lisse. La répartir dans le moule. Enfourner pour 15 à 20 minutes. Retirer du four et laisser refroidir dans le moule. Découper 18 disques dans la pâte à l'aide d'un **emporte-pièce de 5 cm**.

3 Verser **3 c. à s. de liqueur de framboises** dans un bol et y faire macérer **150 g de cerises hachées**. Fouetter **150 g de mascarpone** dans un autre bol. Quand il est mousseux, incorporer **150 ml de crème épaisse**.

4 Placer 1 disque de génoise dans chacune des **6 verrines de 160 ml**. Recouvrir avec 2 c. à c. de mascarpone et 1 couche de cerises. Répéter l'opération jusqu'à poser une troisième couche de génoise. Garnir de crème et placer 1 à 4 heures au réfrigérateur. Parsemer de **chocolat noir râpé** et de cerises hachées avant de servir.

À L'AVANCE

La génoise se garde 2 jours dans une boîte hermétique.

35 min + refroidissement

Pour 12 personnes

ICEBOX CAKE framboise et chocolat blanc

Il s'agit d'un gâteau américain facile à réaliser, constitué de plusieurs couches de «Graham crakers», de fruits et de crème. Bien que ces biscuits à la farine complète soient disponibles partout, vous pouvez les remplacer par des sablés. Vous pouvez aussi confectionner ce dessert avec du chocolat et des amandes (voir p. 164).

INGRÉDIENTS

- 900 ml de crème épaisse
- 85 g de sucre glace
- le jus d'½ citron
- le zeste râpé de 2 citrons
- 24 Graham crackers
- 85 g de chocolat blanc finement râpé
- 675 g de framboises équeutées

Fouetter la crème, le sucre, le jus et le zeste de citron dans un grand bol jusqu'à ce que des pics fermes se forment.

Placer 6 crackers sur un grand plat de service. Étaler dessus un quart de la crème en égalisant la surface.

3

Éparpiller un quart de chocolat râpé sur la crème. Couper en deux 500 g de framboises. Recouvrir la crème avec un tiers d'entre elles.

4

Ajouter 3 couches de chaque ingrédient. Poser les framboises réservées sur le dessus. Couvrir de film alimentaire et placer 3 à 4 heures au réfrigérateur jusqu'à ce que les biscuits soient ramollis. Servir ce gâteau glacé. Couvert, il se gardera 1 à 2 jours au réfrigérateur.

20 min + réfrigération **Pour 12 personnes**

ICEBOX CAKE chocolat et amandes

Variante simple et rapide du cheesecake glacé, ce dessert nourrissant rassasiera un grand nombre de convives. Au réfrigérateur, les sablés se ramollissent au contact de la mousse au chocolat, ce qui rend le gâteau plus facile à couper.

INGRÉDIENTS

900 ml de crème épaisse

30 g de cacao en poudre

1 pincée de sel

120 ml de golden syrup

28 biscuits « Digestive » ou sablés

50 g d'amandes effilées

60 g de chocolat noir de bonne qualité finement haché

115 g de fraises équeutées et coupées en deux pour servir

MATÉRIEL

1 moule à charnière de 23 cm

1 Fouetter la crème dans un saladier afin de l'épaissir un peu. Verser dessus le cacao en poudre et le sel tamisés, puis incorporer le golden syrup. Fouetter jusqu'à ce que des pics fermes se forment. Tapisser le fond du moule avec 7 biscuits.

2 Étaler un quart du mélange crémeux sur les biscuits et éparpiller sur le dessus en une couche uniforme un quart des amandes effilées. Répéter l'opération jusqu'à obtenir 3 couches de biscuits, de crème et d'amandes. Couvrir de film alimentaire et placer 3 à 4 heures au réfrigérateur pour ramollir les biscuits.

3 Faites fondre le chocolat au bain-marie, à feu doux, dans un bol résistant à la chaleur placé au-dessus d'une casserole d'eau frémissante. Remuer jusqu'à ce qu'il soit lisse, puis le retirer du feu. Laisser refroidir.

4 Placer le moule sur un plat de service et ôter délicatement les côtés. Verser le chocolat en filet sur le gâteau, puis décorer avec les fraises. Recouvert de film alimentaire, ce gâteau se garde 1 à 2 jours au réfrigérateur.

1 h 05
+ repos, refroidissement et réfrigération

Pour 8 à 10 personnes

CHARLOTTE aux fraises

Cette charlotte alliant une garniture ferme aux fraises et un biscuit léger a été inventée dans les années 1800 par le grand pâtissier Marie-Antoine Carême, qui l'a nommée ainsi en l'honneur de la princesse Charlotte.

INGRÉDIENTS

900 g de fraises équeutées et coupées en deux + pour servir

50 g de sucre

7 g de gélatine en poudre (1 c. à c. bombée)

400 ml de crème épaisse

250 g de mascarpone à température ambiante

1 ½ c. à c. d'extrait de vanille

¼ de c. à c. de sel

60 g de sucre glace tamisé (facultatif)

300 g de biscuits à la cuillère

MATÉRIEL

1 moule à charnière de 23 cm

1 Dans une casserole, faire chauffer les fraises avec le sucre 10 à 12 minutes à feu doux, jusqu'à ce qu'elles soient molles et qu'elles aient rendu leur jus. Retirer du feu et réduire en une purée lisse avec un mixeur plongeant.

2 Transvaser cette purée dans un grand bol posé sur un plat rempli de glaçons. Remuer jusqu'à ce qu'elle soit refroidie. Dans une petite casserole, mélanger 90 g de cette purée avec la gélatine et laisser reposer 3 à 4 minutes jusqu'à épaississement. Faire chauffer à feu doux le mélange pour le liquéfier.

3 Incorporer ce mélange gélatineux dans le reste de purée refroidie. Bien mélanger. Fouetter en neige ferme la crème, le mascarpone, l'extrait de vanille et le sel dans un saladier. Incorporer peu à peu, en remuant, cette crème dans la purée de fruits additionnée de gélatine. Ajouter, sans cesser de remuer, le sucre glace à votre convenance.

4 Couper 28 biscuits à la cuillère à 2,5 cm d'une de leurs extrémités. Tapisser le fond du moule de biscuits entiers. Placer les biscuits plus courts contre les parois, côté coupé vers le bas. Verser un peu de la préparation crémeuse dessus pour les coller.

5 Verser le reste de préparation, puis recouvrir de film alimentaire et mettre au réfrigérateur pour toute une nuit. Placer le moule sur un plat de service, retirer délicatement les bords, puis décorer avec les fraises et servir. Couverte de film alimentaire, cette charlotte se garde 2 jours au réfrigérateur.

30 min
+ refroidissement et réfrigération

Pour 8 personnes

TIRAMISU

Ce dessert italien très apprécié est une invention assez récente qui date des années 1960. Léger, il est composé de plusieurs couches de biscuits à la cuillère imprégnés de café et de mascarpone. Il est d'usage d'ajouter de la liqueur de café et du marsala.

INGRÉDIENTS

2 c. à s. de café instantané
2 c. à c. de sucre
120 ml de marsala

Pour la garniture
6 gros jaunes d'œufs
135 g de sucre glace tamisé
85 ml de marsala
2 c. à c. d'extrait de vanille
450 g de mascarpone à température ambiante
500 ml de crème épaisse rafraîchie
400 g de biscuits à la cuillère
cacao en poudre non sucré pour décorer

MATÉRIEL

1 moule ou plat de 33 x 23 x 5 cm

1

Faire bouillir 500 ml d'eau dans une bouilloire et laisser tiédir 5 minutes, puis mélanger cette eau dans un saladier avec le café, le sucre et le marsala. Laisser infuser. Pour préparer la crème, blanchir les jaunes d'œufs avec le sucre glace dans un saladier résistant au feu en les fouettant 2 à 3 minutes.

2

Placer le saladier au-dessus d'une casserole d'eau frémissante en veillant à ce que le fond ne touche pas l'eau. Verser le marsala en filet continu, sans cesser de fouetter. Fouetter 5 minutes jusqu'à ce que le mélange épaississe et fasse le ruban. Retirer du feu, couvrir et laisser refroidir. Ajouter, en remuant, l'extrait de vanille.

3

Verser le mascarpone dans un saladier et remuer avec une spatule pour le ramollir. Ajouter la préparation refroidie au marsala. Fouetter délicatement jusqu'à obtenir un mélange lisse.

4

Dans un autre saladier, fouetter la crème épaisse jusqu'à ce que des pics fermes se forment. En incorporer un peu dans la préparation au mascarpone et bien mélanger. Ajouter délicatement le reste de crème fouettée et bien mélanger.

5

Tremper rapidement la moitié des biscuits à la cuillère dans le café au marsala, d'un côté, puis de l'autre, puis en tapisser le fond du plat de service. Recouvrir de crème au mascarpone, puis saupoudrer de cacao tamisé.

6

Ajouter une autre couche de biscuits à la cuillère. Généreusement saupoudrer de cacao, puis couvrir de film alimentaire et laisser 4 à 6 heures au réfrigérateur. Retirer le tiramisu seulement 15 minutes avant de le servir. Couvert, il se gardera 1 à 2 jours au réfrigérateur.

Bière

Moka et cerises

30 min + réfrigération — **Pour 6 personnes**

TIRAMISU à la bière

Donnez à ce dessert italien classique une petite note moderne, en le parfumant avec une bière brune comme de la Guinness®.

1 Mélanger **2 c. à s. de sucre** et **240 ml de bière brune** dans un bol, puis réserver. Fouettez **250 ml de crème fouettée**, **1 c. à c. de café instantané** et **1 pincée de sel** dans un saladier jusqu'à formation de pointes fermes.

2 Avec une spatule, mélanger **450 g de mascarpone**, **2 ½ c. à c. d'extrait de vanille** et **115 g de sucre glace tamisé** dans un saladier. Incorporer peu à peu la crème au café jusqu'à ce que tout soit bien mélangé.

3 Tremper **200 g de biscuits à la cuillère** dans le bol de bière sucrée, en imbibant les 2 côtés. En tapisser le fond d'un **plat de 18 x 23 cm**. Recouvrir avec la moitié de la crème au café et saupoudrer de **cacao non sucré.**

4 Déposer une seconde couche de biscuits à la cuillère et de crème. Saupoudrer généreusement de cacao supplémentaire. Recouvrir de film alimentaire et réfrigérer au moins 4 à 6 heures. Retirer du réfrigérateur 15 minutes avant de servir. Couvert, ce dessert se garde 2 jours au réfrigérateur.

30 min + réfrigération — **Pour 6 personnes**

TIRAMISU moka et cerises

Le chocolat noir et les cerises sont souvent associés dans les desserts. Les cerises offrent un contraste acidulé agréable avec la crème au café.

1 Faire bouillir **500 ml d'eau** et laisser tiédir 5 minutes. Mélanger avec **2 c. à s. de café instantané**, **4 c. à c. de sucre** et **1 ½ c. à s. de cacao non sucré** dans un saladier. Laisser refroidir. Dans un autre saladier, fouettez **500 ml de crème fouettée**, **1 c. à c. de café instantané** et **1 pincée de sel** jusqu'à formation de pointes fermes.

2 Dans un autre saladier, mélanger **450 g de mascarpone**, **2 c. à c. d'extrait de vanille**, **3 c. à s. de cacao en poudre** et **115 g de sucre glace tamisé**. Incorporer peu à peu la crème au café.

3 Tremper **200 g de biscuits à la cuillère** dans le café délayé, en imbibant les 2 côtés. En tapisser le fond d'un **plat de 18 x 23 cm**. Garnir avec la moitié de la crème au mascarpone et éparpiller sur le dessus **175 g de cerises noires dénoyautées et coupées en quatre**.

4 Saupoudrer d'un peu de **cacao tamisé** et garnir d'une autre couche de biscuits, de crème au mascarpone et au café, et de cerises. Saupoudrer à nouveau de cacao, couvrir de film alimentaire et réfrigérer (voir Tiramisu à la bière, étape 4). Retirer du réfrigérateur 15 minutes avant de servir. Couvert, ce dessert se garde 2 jours au réfrigérateur.

30 min + réfrigération — **Pour 6 personnes**

TIRAMISU à l'amaretto

L'amaretto est une liqueur à base d'amandes que l'on trouve souvent dans les desserts italiens. Dans cette recette, il rehausse l'arôme du café.

Amaretto

1 Faire bouillir **500 ml d'eau** dans une bouilloire et laisser refroidir 5 minutes. Dans un saladier, mélanger avec **2 c. à s. de café instantané**, **2 c. à c. de sucre** et **120 ml d'amaretto**. Laisser refroidir. Fouetter **6 jaunes d'œufs** avec **135 g de sucre** dans un saladier résistant à la chaleur jusqu'à ce qu'ils soient épais et jaune pâle.

2 Placer le saladier au-dessus d'une casserole d'eau frémissante, en veillant à ce que le fond ne touche pas l'eau. Ajouter **2 c. à s. d'amaretto** et fouetter vigoureusement 5 à 6 minutes jusqu'à ce que le mélange épaississe et fasse le ruban quand on soulève le fouet. Retirer du feu, couvrir et laisser refroidir à température ambiante. Puis ajouter, en remuant, **1 c. à c. d'extrait de vanille**.

3 Dans un saladier, fouetter **240 ml de crème à fouetter rafraîchie** jusqu'à ce que des pics fermes se forment, puis réserver au frais. Dans un saladier séparé, avec une spatule, remuer **450 g de mascarpone** pour le ramollir. Ajouter les jaunes d'œufs blanchis et fouetter pour mélanger. Verser progressivement la crème fouettée. Bien fouetter pour mélanger.

4 Tremper **200 g de biscuits à la cuillère** dans le café délayé, en imbibant chaque côté. En tapisser le fond d'un **plat de 18 x 23 cm**. Couvrir avec la moitié de la crème au mascarpone et saupoudrer d'un peu de **cacao non sucré tamisé**.

5 Ajouter une autre couche de biscuits et de crème au mascarpone. Saupoudrer de cacao en poudre et réfrigérer (voir Tiramisu à la bière, étape 4). Sortir du réfrigérateur 15 minutes avant de servir. Couvert, ce tiramisu se garde 2 jours au réfrigérateur.

1 h
\+ refroidissement, réfrigération et repos

Pour 6 personnes

CRÈME BRÛLÉE

Tout cuisinier qui se respecte doit savoir faire une crème brûlée parfaite. Pour obtenir un contraste de textures et de saveurs, servez ces crèmes caramélisées avec des biscuits très fins, par exemple des sablés aux noix de pécan (voir p. 262).

INGRÉDIENTS

5 jaunes d'œufs
75 g de sucre + 3 c. à s.
1 c. à c. d'extrait de vanille
500 ml de crème double (ou de crème épaisse)
des sablés pour servir (facultatif)

MATÉRIEL

6 ramequins de 150 ml
1 petit chalumeau de cuisine

À L'AVANCE

Non caramélisée, cette crème se garde 3 jours au réfrigérateur.

1 Préchauffer le four à 160 °C. Mélanger, au fouet, les jaunes d'œufs, le sucre et l'extrait de vanille dans un saladier. Faire chauffer la crème à feu doux dans une petite casserole, sans la laisser bouillir.

2 Retirer la crème du feu et la verser dans le mélange aux jaunes d'œufs. Fouetter jusqu'à ce que le sucre soit dissous. Placer les ramequins dans un plat allant au four et y répartir la crème.

3

Verser délicatement de l'eau chaude dans le plat, jusqu'à mi-hauteur des ramequins. Enfourner pour 30 à 40 minutes jusqu'à ce que les crèmes prennent sans être trop fermes. Retirer du four et laisser refroidir à température ambiante. Recouvrir de film alimentaire et placer 2 heures au réfrigérateur.

Saupoudrer chaque crème d'½ cuillerée à soupe de sucre. L'étaler délicatement avec le dos d'une cuillère. Dorer au chalumeau en passant la flamme au-dessus. Laisser reposer 5 minutes avant de servir avec des sablés, si vous le souhaitez.

4

Lavande

1 h + refroidissement, réfrigération et repos — **Pour 6 personnes**

CRÈME BRÛLÉE
au chocolat blanc

Le chocolat blanc onctueux confère une saveur subtile à ces crèmes. Prenez-en un de bonne qualité, qui ne soit pas trop sucré.

1 Préchauffer le four à 160 °C. Fouetter **4 jaunes d'œufs**, **60 g de sucre** et **1 c. à c. d'extrait de vanille** dans un saladier. Faire chauffer à feu doux **400 ml de crème épaisse** dans une grande casserole, sans la laisser bouillir.

2 Hors du feu, ajouter **100 g de chocolat blanc finement haché**. Remuer jusqu'à ce qu'il fonde, puis verser le tout dans la préparation aux jaunes d'œufs, en fouettant bien pour mélanger. Placez **6 ramequins de 150 ml** dans un plat allant au four.

3 Répartir la crème dans les ramequins, puis verser délicatement de l'eau chaude dans le plat, à mi-hauteur des ramequins. Enfourner pour 30 à 40 minutes jusqu'à ce qu'elles prennent. Faire refroidir 5 minutes, puis recouvrir de film alimentaire et réfrigérer 2 heures.

4 Saupoudrer d'**½ c. à s. de sucre** et l'étaler délicatement avec le dos d'une cuillère. Caraméliser avec un **chalumeau de cuisine**. Laisser reposer 5 minutes avant de servir.

À L'AVANCE

Non caramélisée, cette crème se garde 3 jours au réfrigérateur.

Chocolat blanc

1 h 10 + refroidissement, réfrigération et repos — **Pour 6 personnes**

CRÈME BRÛLÉE
à la lavande

Faites infuser la lavande dans la crème pour imprégner ce dessert de son délicat parfum.

1 Préchauffer le four à 160 °C. Faire chauffer à feu doux **500 ml de crème épaisse** et **1 c. à s. de lavande comestible séchée** dans une grande casserole, sans laisser bouillir. Retirer du feu, couvrir et laisser infuser 15 minutes.

2 Fouetter **5 jaunes d'œufs** et **75 g de sucre** dans un saladier jusqu'à ce qu'ils soient bien mélangés. Filtrer la crème infusée au-dessus et bien fouetter pour mélanger. Jeter la lavande. Placer **6 ramequins de 150 ml** dans un plat allant au four.

3 Répartir la crème dans les ramequins et verser délicatement de l'eau chaude dans le plat (voir Crème brûlée au chocolat blanc, étape 3). Enfourner pour 30 à 40 minutes jusqu'à ce qu'elles prennent. Laisser refroidir, couvrir et réfrigérer 2 heures (voir Crème brûlée au chocolat blanc, étape 3).

4 Parsemer **½ c. à s. de sucre** sur chaque crème et caraméliser au chalumeau (voir Crème brûlée au chocolat blanc, étape 4). Laisser refroidir 5 minutes avant de servir.

À L'AVANCE

Préparez cette crème 3 jours à l'avance, sans la caraméliser, et gardez-la au réfrigérateur.

1 h 10 + refroidissement, réfrigération et repos

Pour 6 personnes

CRÈME BRÛLÉE à l'Earl Grey

La saveur du thé Earl Grey se marie très bien avec les arômes subtils de la crème, lui conférant ses notes florales et acidulées caractéristiques.

1 Préchauffer le four à 160 °C. Faire chauffer **500 ml de crème épaisse** à feu doux dans une grande casserole, sans la laisser bouillir. Retirer du feu, ajouter **4 sachets de thé Earl Grey**, couvrir et laisser infuser 10 minutes.

2 Fouetter **5 jaunes d'œufs** et **75 g de sucre** dans un saladier. Filtrer la crème infusée au-dessus des jaunes d'œufs sucrés, en pressant bien les sachets. Jeter ces derniers. Fouetter pour bien mélanger. Placer **6 ramequins d'une contenance de 150 ml** dans un plat allant au four.

3 Répartir la crème dans les ramequins, puis verser délicatement de l'eau dans le plat, à mi-hauteur de ces derniers (voir Crème brûlée au chocolat blanc, étape 3). Enfourner pour 30 à 40 minutes jusqu'à ce que les crèmes prennent. Laisser refroidir, couvrir et mettre au réfrigérateur pour 2 heures (voir Crème brûlée au chocolat blanc, étape 3).

4 Saupoudrer chaque crème d'**½ c. à s. de cassonade** et étaler celle-ci avec le dos d'une cuillère. Caraméliser au chalumeau (voir Crème brûlée au chocolat blanc, étape 4). Laisser reposer 5 minutes avant de servir.

À L'AVANCE

Préparez cette crème 3 jours à l'avance, sans la caraméliser, et gardez-la au réfrigérateur.

Earl Grey

Crème catalane

40 min + infusion, refroidissement et réfrigération

Pour 6 crèmes

CRÈME CATALANE

Cette recette est originaire de Catalogne en Espagne. Incroyablement simple, elle ne requiert pas de cuisson au four ni au bain-marie

1 Couper le **zeste d'1 petit citron** en rubans. Les déposer dans une casserole à fond épais avec **500 ml de lait entier** et **1 bâton de cannelle**. Faire chauffer à feu doux, sans laisser bouillir. Retirer du feu, couvrir et laisser infuser 15 minutes.

2 Fouetter **4 jaunes d'œufs**, **75 g de sucre** et **1 ½ c. à s. de Maïzena** dans un saladier. Filtrer le lait infusé au-dessus des œufs et fouetter jusqu'à ce que le sucre soit fondu. Jeter le bâton de cannelle et le zeste de citron. Reverser la crème dans la casserole.

3 Faire cuire à feu modéré, en remuant, jusqu'à ce qu'elle commence à épaissir, puis baisser le feu et laisser cuire à feu doux 2 minutes, sans cesser de fouetter. Répartir la crème dans **6 ramequins d'une contenance de 150 ml**. Laisser refroidir complètement, puis couvrir avec du film alimentaire et mettre au réfrigérateur pour au moins 3 heures.

4 Saupoudrer chaque crème d'**½ c. à s. de sucre** et caraméliser celui-ci au **chalumeau** (voir Crème brûlée au chocolat blanc, étape 4). Placer la crème environ 10 minutes au réfrigérateur avant de servir.

À L'AVANCE

Préparez cette crème 3 jours à l'avance, sans la caraméliser, et gardez-la au réfrigérateur.

20 min
+ réfrigération

Pour 4 personnes

CRÈME VANILLE aux framboises

Cette crème à la vanille lisse et onctueuse se déguste froide. Servez-la avec des framboises afin d'obtenir un contraste de saveurs douces et acidulées. Vous pouvez la préparer et la réfrigérer dans des verrines ou intercaler des couches de fruits de saison au milieu.

INGRÉDIENTS

- 100 g de sucre
- 3 c. à s. de Maïzena
- 3 gros jaunes d'œufs
- ½ c. à c. de sel
- 500 ml de lait entier
- 15 g de beurre doux
- 3 c. à c. d'extrait de vanille
- 30 à 40 framboises pour servir

1

Déposer le sucre, la Maïzena, les jaunes d'œufs et le sel dans un saladier. Verser dessus la moitié du lait et fouetter jusqu'à obtention d'un mélange lisse.

2

Dans une casserole, faire chauffer le reste du lait sur feu modéré à doux, jusqu'à ce qu'il fume. En verser la moitié en filet continu sur la préparation aux œufs, en fouettant vigoureusement. Reverser le tout dans la casserole et remuer pour bien mélanger.

3

Passer sur feu modéré et porter à ébullition, sans cesser de remuer. Baisser le feu et laisser frémir 1 minute, en remuant, jusqu'à épaississement. Retirer du feu et filtrer à travers une fine passoire au-dessus d'un saladier.

4

Ajouter le beurre et l'extrait de vanille, en fouettant pour bien les mélanger au reste. Couvrir de film alimentaire, en le posant au contact de la crème. Mettre au réfrigérateur pour au moins 3 à 4 heures. Servir la crème avec des framboises. Elle se garde 2 à 3 jours au réfrigérateur, dans un récipient hermétique.

Le film alimentaire posé au contact de la crème empêche la formation d'une peau à la surface.

20 min
+ refroidissement

Pour 8 à 10 personnes

CRÈME VANILLE à la banane

Cette crème à la banane, très semblable à un trifle britannique, est un dessert classique du sud des États-Unis, bien qu'on en trouve partout dans le pays. Très facile à préparer, elle impressionnera sans nul doute vos invités.

INGRÉDIENTS

6 gros jaunes d'œufs
60 g de Maïzena
1 c. à c. de sel
175 g de sucre
1 litre de lait entier
20 g de beurre
½ c. à c. d'extrait de vanille
2 ½ c. à c. d'extrait de banane

Pour la garniture

250 ml de crème fouettée
150 g de biscuits à la cuillère
4 bananes coupées en fines rondelles

1 Fouetter les jaunes d'œufs, la Maïzena, le sel, le sucre et 250 ml de lait dans un saladier jusqu'à obtention d'un mélange lisse. Faire chauffer le reste de lait sur feu modéré à doux dans une casserole jusqu'à ce qu'il fume. Verser la moitié de ce lait sur les jaunes d'œufs en filet continu, en fouettant.

2 Verser ce mélange dans la casserole. Passer sur feu modéré et porter à ébullition, sans cesser de remuer, pour empêcher la crème d'adhérer à la casserole. Baisser le feu et poursuivre la cuisson 1 minute, sans cesser de remuer, jusqu'à épaississement.

3 Retirer du feu et filtrer la crème à travers une fine passoire au-dessus d'un saladier. Ajouter le beurre, les extraits de vanille et de banane, et fouetter jusqu'à ce que le mélange soit lisse. Couvrir de film alimentaire au contact de la crème pour éviter qu'une peau se forme à la surface. Mettre au réfrigérateur pour 3 à 4 heures.

4 Pour préparer la garniture, verser la crème dans un grand bol et la battre jusqu'à ce que des pics fermes se forment. Tapisser le fond d'un saladier de service avec la moitié des biscuits à la cuillère. Recouvrir avec la moitié de la crème, puis une couche de rondelles de bananes.

5 Ajouter une autre couche de biscuits et de crème. Disposer dessus le reste de morceaux de bananes, puis garnir de crème fouettée. Couvrir de film alimentaire et laisser au moins 1 heure au réfrigérateur avant de servir. Ce dessert se garde 1 à 2 jours au réfrigérateur.

15 min **Pour 4 personnes** Également bon **CHAUD**

CRÈME VANILLE façon sabayon

Fouettez ce dessert italien au marsala jusqu'à ce qu'il soit léger et mousseux. Faire chauffer les jaunes d'œufs au bain-marie sans cesser de les battre leur donne en effet une texture soyeuse une fois cuits.

INGRÉDIENTS

3 gros jaunes d'œufs

3 c. à s. de sucre

60 ml de marsala

¼ de c. à c. d'extrait de vanille

fruits rouges ou autres fruits mous pour servir

1 Avec un batteur électrique, fouetter les jaunes d'œufs et le sucre pendant 3 minutes dans un saladier résistant à la chaleur jusqu'à obtention d'un mélange jaune pâle. Placer le saladier dans un bain-marie frémissant.

2 Y verser, en filet continu, le marsala et l'extrait de vanille, sans cesser de fouetter pour bien incorporer le tout. Fouetter le mélange 8 à 10 minutes de plus, jusqu'à ce qu'il devienne pâle, triple de volume et fasse le ruban quand on soulève le fouet.

3 Retirer du feu. Servir le sabayon aussitôt ou à température ambiante en le versant sur des fruits rouges ou d'autres fruits. Déguster le jour même car il risque de tourner si vous le gardez au frais.

40 min
+ réfrigération

Pour 6 personnes

CRÈME CARAMEL

Réaliser une crème caramel est moins compliqué qu'il n'y paraît. Pour la réussir, il est très important de la faire cuire doucement au bain-marie dans le four. Ainsi, elle prendra sans se casser.

INGRÉDIENTS

225 g de sucre
2 œufs + 2 jaunes
1 c. à c. d'extrait de vanille
500 ml de lait entier

MATÉRIEL

6 ramequins d'une contenance de 150 ml

Préchauffer le four à 180 °C. Verser 150 g de sucre et 2 cuillerées à soupe d'eau dans une petite casserole à fond épais. Faire cuire à feu doux, sans remuer, jusqu'à ce que le sucre soit dissous et couleur caramel. De temps à autre, incliner la casserole pour que le caramel soit uniforme.

1

2

Retirer du feu et répartir le caramel dans les ramequins, en les inclinant pour napper leur fond et le bas des parois.

3

Dans un saladier résistant à la chaleur, fouetter les œufs et les jaunes, l'extrait de vanille et le reste de sucre.

4

Chauffer le lait à feu doux dans une casserole, sans laisser bouillir. Verser sur la préparation aux œufs et bien fouetter. Placer cette crème 30 minutes au réfrigérateur.

5

Disposer les ramequins dans un grand plat allant au four et y répartir la crème. Verser de l'eau bouillante dans le plat jusqu'à la moitié de la hauteur des ramequins. Enfourner pour 25 à 30 minutes, jusqu'à ce que les crèmes prennent.

Transférer les ramequins sur une plaque de four. Les faire refroidir, puis les placer 2 heures au frais. Pour servir, passer un couteau le long des parois des ramequins et les retourner sur des assiettes, en raclant le caramel pour en napper les crèmes. Couvertes de film alimentaire, elles se gardent 2 jours au frais.

6

55 min
+ refroidissement et réfrigération

Pour 4 personnes

CRÈME CARAMEL à la fleur d'oranger

L'eau de fleur d'oranger possède un arôme très parfumé, fort et entêtant. Mieux vaut donc en mettre à bon escient.

INGRÉDIENTS

225 g de sucre
2 œufs entiers + 2 jaunes
2 c. à c. d'eau de fleur d'oranger
500 ml de lait entier

MATÉRIEL

4 ramequins allant au four d'une contenance de 200 ml

1 Préchauffer le four à 180 °C. Faire cuire 150 g de sucre à feu modéré dans une casserole à fond épais jusqu'à ce qu'il soit couleur caramel. De temps à autre, incliner la casserole pour qu'il cuise uniformément.

2 Répartir le caramel dans les ramequins. Les incliner pour napper le fond et le bas des parois. Dans un saladier, fouetter les œufs, les jaunes d'œufs, l'eau de fleur d'oranger et le reste de sucre.

3 Dans une casserole, chauffer le lait à feu doux, sans le laisser bouillir. Quand il est chaud, l'incorporer, en fouettant, dans la préparation aux œufs. Placer la crème 30 minutes au réfrigérateur, puis la répartir dans les ramequins.

4 Disposer ceux-ci dans un plat allant au four. Verser de l'eau bouillante à mi-hauteur des ramequins. Enfourner pour 35 à 40 minutes, jusqu'à ce que les crèmes prennent. Les sortir du four.

5 Laisser refroidir avant de placer 6 heures au réfrigérateur, ou toute une nuit. Pour servir, passer la lame d'un couteau à l'intérieur des ramequins le long des bords, puis les retourner sur des assiettes. Avec une cuillère, napper les crèmes de caramel.

1 h 15
+ refroidissement et réfrigération

Pour 6 personnes

FLAN à la vanille

Il existe des variantes espagnoles, mexicaines et sud-américaines de ce dessert. Cette version crémeuse est parfaite quand vous avez un grand nombre de convives.

INGRÉDIENTS

beurre doux pour le moule
200 g de sucre
3 œufs
340 ml de lait concentré non sucré
160 ml de crème épaisse
1 c. à c. d'extrait de vanille

MATÉRIEL

1 moule à gâteau profond de 20 cm

1 Préchauffer le four à 180 °C. Beurrer le moule et réserver. Faire cuire 150 g de sucre à feu modéré dans une casserole à fond épais jusqu'à ce qu'il soit dissous et prenne la couleur du caramel. De temps en temps, incliner doucement la casserole pour que le caramel soit uniforme.

2 Retirer la casserole du feu et verser le caramel dans le moule, en inclinant ce dernier pour en napper le fond et une partie des bords. Dans un saladier, fouetter les œufs et le reste du sucre.

3 Ajouter le lait concentré, la crème et l'extrait de vanille à la préparation aux œufs et fouetter pour les incorporer. Verser cette crème dans le moule en une couche uniforme. Recouvrir d'une feuille de papier d'aluminium et placer le moule dans un plat allant au four.

4 Verser de l'eau bouillante dans le plat jusqu'à mi-hauteur du moule. Enfourner pour 1 heure jusqu'à ce que le flan prenne. Retirer du four.

5 Le laisser refroidir à température ambiante avant de le mettre au réfrigérateur pour 6 heures ou toute la nuit. Pour servir, passer la lame d'un couteau le long des parois du moule, puis retourner celui-ci sur un plat de service. Napper le flan de caramel avec une cuillère.

50 min
+ refroidissement et réfrigération

Pour 4 personnes

CRÈME CARAMEL
à la noix de coco

Ce dessert délicatement parfumé est idéal pour clore un repas asiatique. Facile à préparer à l'avance, il est délicieux garni de fruits exotiques.

INGRÉDIENTS

225 g de sucre
2 œufs entiers + 2 jaunes
400 ml de lait de coco
100 ml de lait entier

MATÉRIEL

4 ramequins allant au four d'une contenance de 200 ml

1 Préchauffer le four à 180 °C. Faire cuire 150 g de sucre à feu modéré dans une casserole à fond épais jusqu'à ce que le sucre soit dissous et prenne la couleur du caramel. De temps en temps, incliner doucement la casserole pour obtenir un caramel uniforme.

2 Retirer du feu et répartir le caramel dans les ramequins (voir Crème caramel à la fleur d'oranger, étape 2). Dans un saladier, fouetter les œufs, les jaunes et le reste de sucre jusqu'à ce qu'ils soient bien mélangés.

3 Faire chauffer le lait de coco et le lait entier à feu doux dans une casserole, sans les laisser bouillir. Les verser dans la préparation aux œufs et fouetter pour mélanger. Placer la crème obtenue 30 minutes au réfrigérateur.

4 Répartir la crème dans les ramequins et les placer dans un plat allant au four. Verser de l'eau bouillante dans le plat jusqu'à ce qu'elle arrive à la moitié de la hauteur des ramequins (voir Crème caramel à la fleur d'oranger, étape 4). Enfourner pour 30 à 40 minutes jusqu'à ce que les crèmes aient pris. Les sortir du four.

5 Laisser refroidir les crèmes à température ambiante avant de les placer pour 6 heures ou toute une nuit au réfrigérateur. Pour servir, passer la lame d'un couteau le long des parois des ramequins et retourner ces derniers sur des assiettes. Avec une cuillère, napper les crèmes de caramel.

40 min
+ réfrigération et refroidissement

Pour 6 personnes

MOUSSE au chocolat

Cette mousse aérienne et légère est très simple à préparer et permet d'infinies variantes. Selon vos goûts, vous pouvez la réaliser avec du chocolat noir ou au lait, voire la parfumer avec un soupçon de votre liqueur préférée.

INGRÉDIENTS

- 120 ml de crème à fouetter
- 1 c. à c. de café instantané
- 175 g de chocolat noir haché
- 60 g de beurre doux
- 3 gros œufs, jaunes et blancs séparés
- 50 g de sucre
- 1 pincée de sel
- ¼ de c. à c. de crème de tartre
- des copeaux de chocolat pour décorer

MATÉRIEL

6 coupes d'une contenance de 200 ml

1

Fouetter la crème jusqu'à ce qu'elle soit ferme, puis la réfrigérer. Dans un bol, délayer le café dans 2 cuillerées à soupe d'eau bouillante. Déposer le chocolat et le beurre dans un saladier résistant à la chaleur. Ajouter le café délayé et mélanger.

Remuez jusqu'à ce que le chocolat soit fondu et lisse.

Faire fondre la préparation au chocolat au bain-marie. Bien remuer, puis retirer du feu et laisser refroidir.

2

3

Au batteur électrique, fouetter les jaunes d'œufs et 2 cuillerées à soupe de sucre pour obtenir un mélange lisse. Puis, fouetter 2 à 3 minutes au-dessus d'une casserole d'eau frémissante. Quand le mélange blanchit, laisser reposer 2 minutes. Mêler à la préparation au chocolat.

Fouetter les blancs d'œufs avec le sel. Quand ils sont mousseux, ajouter la crème de tartre et fouetter jusqu'à ce que des pics légers se forment. Monter peu à peu en neige ferme en ajoutant le reste de sucre.

4

Ajouter, en remuant, un peu des blancs montés en neige dans la préparation au chocolat afin d'alléger sa texture, puis incorporer la crème fouettée rafraîchie et le reste des blancs.

5

Incorporez délicatement jusqu'à ce que les marbrures disparaissent.

6

Répartir la mousse dans les coupes et placer 2 à 3 heures au réfrigérateur, jusqu'à ce qu'elle prenne. Couverte, elle se garde 2 jours au réfrigérateur. La sortir 10 à 15 minutes avant de servir et la parsemer de copeaux de chocolat.

30 min
+ réfrigération et prise

Pour 6 personnes

MOUSSE au Kahlua

Il s'agit d'une merveilleuse association de mousse au chocolat et de café. Vous pouvez remplacer le Kahlua par la liqueur au café de votre choix.

1 Faire fondre **60 g de beurre doux**, **175 g de chocolat noir de bonne qualité** et **2 ½ c. à s. de liqueur Kahlua** au bain-marie. Bien remuer, puis retirer du feu et laisser refroidir. Dans un bol, monter en crème fouettée **120 g de crème fraîche** et réserver au réfrigérateur.

2 Fouetter **3 gros jaunes d'œufs** et **25 g de sucre** dans un saladier jusqu'à ce que le mélange soit lisse. Placer le saladier au-dessus d'une casserole d'eau frémissante et fouetter vigoureusement, en ajoutant **60 ml de café fort** en filet continu. Fouetter 3 minutes jusqu'à ce que le mélange blanchisse et triple de volume.

3 Retirer du feu, laisser reposer 1 minute, puis mélanger avec la préparation au chocolat. Fouetter **3 gros blancs d'œufs** et **1 pincée de sel** dans un bol jusqu'à ce que le mélange soit mousseux. Ajouter **¼ de c. à c. de crème de tartre** et fouetter jusqu'à ce que des pics mous se forment. Ajouter **25 g de sucre** et monter en neige ferme.

4 Incorporer peu à peu les blancs en neige et la crème fouettée dans la préparation au chocolat, jusqu'à ce que la mousse ne soit plus marbrée. La répartir dans **6 verrines de 175 ml** et faire prendre 2 à 3 heures au réfrigérateur. Couverte, elle se garde 2 à 3 jours au réfrigérateur. La sortir 10 à 15 minutes avant de servir. Décorer avec de la crème fouettée et du **chocolat noir râpé**.

35 min
+ réfrigération et prise

Pour 6 personnes

MOUSSE au caramel au beurre

Cette mousse riche et onctueuse est élaborée sans blancs d'œufs. Ce sont la crème et le caramel au beurre qui lui donnent sa texture aérienne.

1 Faire fondre **175 g de morceaux de caramel au beurre**, **60 g de beurre doux** et **2 c. à s. de crème épaisse** au bain-marie. Bien remuer, retirer du feu et laisser refroidir.

2 Fouetter **350 ml de crème épaisse** jusqu'à ce que des pics fermes se forment. Réserver au frais. Dans un saladier résistant à la chaleur, fouetter **3 gros jaunes d'œufs** et **2 c. à s. de sucre**. Placer dans un bain-marie. Fouetter vigoureusement 3 minutes jusqu'à ce que le mélange blanchisse et triple de volume.

3 Incorporer peu à peu ce mélange et la crème fouettée dans la préparation au caramel, jusqu'à ce que la mousse soit homogène. La répartir dans **6 verrines de 120 ml** et faire prendre 2 à 3 heures au réfrigérateur. Dans une casserole à fond épais, faire cuire **150 g de sucre** 5 minutes à feu modéré.

4 Remuer délicatement le sucre pour obtenir un caramel blond. Le verser sur une plaque de four chemisée de papier sulfurisé. Laisser refroidir complètement avant de briser le caramel en morceaux. Couvertes, les mousses se gardent 2 à 3 jours au réfrigérateur. Les sortir 10 à 15 minutes avant de servir et garnir de brisures de caramel.

25 min
+ réfrigération, prise et séchage

Pour 6 personnes

MOUSSE au chocolat et à la menthe

Cette mousse rappelle les digestifs à la menthe. Des feuilles de menthe givrées apportent une décoration et une saveur supplémentaires.

1 Faire fondre **175 g de chocolat noir finement haché**, **3 c. à s. de crème à fouetter** et **1 pincée de sel** au bain-marie. Bien remuer, retirer du feu et laisser refroidir. Fouetter **200 ml de crème épaisse** et réserver au frais.

2 Dans un autre saladier, fouetter **2 blancs d'œufs** avec **1 pincée de sel** jusqu'à ce que de petits pics se forment. Ajouter **2 c. à s. de sucre**, une cuillerée à la fois, et monter en neige ferme. Puis ajouter, en remuant, **½ c. à c. d'extrait de menthe** et mélanger.

3 Incorporer un peu des blancs d'œufs dans la préparation au chocolat pour la rendre plus aérienne. Ajouter, en remuant, le reste des blancs et la crème fouettée jusqu'à obtention d'une mousse lisse et sans marbrures. La répartir dans **6 verrines de 200 ml** et laisser prendre 2 à 3 heures au réfrigérateur.

4 Badigeonner **9 feuilles de menthe** avec **1 blanc d'œuf légèrement battu**. Les tremper dans du sucre et les laisser sécher 1 heure sur du papier sulfurisé. Couvertes, les mousses se gardent 2 à 3 jours au réfrigérateur. Les sortir 10 à 15 minutes avant de servir. Décorer avec les feuilles de menthe cristallisées.

Chocolat et menthe

40 min
+ réfrigération et prise

Pour 6 personnes

MOUSSE à la fraise et au citron

La saveur du jus de citron apporte une note acidulée à cette mousse.

1 Déposer **350 g de fraises équeutées et coupées en quatre**, **75 ml de jus de citron frais**, **100 g de sucre** et **1 pincée de sel** dans une casserole. Laisser mijoter 8 à 10 minutes à feu doux. Quand les fraises sont ramollies, les retirer du feu et les réduire en une purée lisse avec un mixeur plongeant.

2 Filtrer cette purée et la reverser dans la casserole. Laisser frémir 5 minutes sur feu doux. Transvaser dans un saladier résistant à la chaleur posé dans un bac de glaçons et remuer jusqu'à ce qu'elle soit froide. En verser 60 g dans une petite casserole et incorporer **1 c. à c. de gélatine en poudre**. Laisser épaissir 3 à 4 minutes.

3 Au fouet, battre **240 ml de crème épaisse** avec **1 c. à c. d'extrait de vanille** jusqu'à ce que des pics fermes se forment. À feu doux, faire chauffer la gélatine délayée, jusqu'à ce qu'elle soit liquide. L'ajouter à la purée de fruits réservée et mélanger. Incorporer peu à peu la crème fouettée jusqu'à ce que plus aucune marbrure ne soit visible.

4 Répartir la mousse dans **6 verrines de 175 ml** et laisser prendre 2 à 3 heures au frais. Couvertes, les mousses s'y gardent 2 à 3 jours. Les sortir 10 à 15 minutes avant de les servir, garnies de **demi-fraises** et de **zestes de citron**.

Fraise et citron

20 min + infusion, refroidissement, prise et réfrigération

Pour 4 panna cotta

PANNA COTTA
à la vanille et coulis de framboises

Ce dessert très fin est obtenu en faisant chauffer de la crème et du lait sucrés, puis en les laissant prendre avec de la gélatine. Nappée d'un coulis à la framboise, la panna cotta, ou « crème cuite » en italien, est délicieuse.

INGRÉDIENTS

375 ml de crème épaisse

250 ml de lait entier

1 gousse de vanille fendue dans la longueur

7 g de gélatine en poudre (1 c. à c. bombée)

100 g de sucre

1 c. à s. d'huile de tournesol

Pour le coulis

200 g de framboises surgelées

45 g de sucre

MATÉRIEL

4 moules à dariole ou ramequins de 150 ml

1

Dans une casserole à fond épais, faire chauffer la crème à feu doux avec 200 ml de lait et la gousse de vanille, jusqu'à ce qu'elle fume. Dans un petit bol, fouetter la gélatine avec le reste de lait. Laisser reposer 5 minutes.

2

Retirer du feu, ôter la gousse de vanille et gratter les graines pour les mettre dans le mélange crème-lait. Verser le sucre dans un saladier résistant à la chaleur, incorporer la préparation au fouet, puis le lait avec la gélatine.

3

Reverser le tout dans la casserole et remuer 2 à 3 minutes à feu doux pour faire fondre la gélatine, sans laisser bouillir, sinon la panna cotta ne prendra pas. Retirer du feu.

4

Huiler les ramequins et y répartir la panna cotta chaude. Faire refroidir à température ambiante. Recouvrir de film alimentaire et laisser prendre 4 à 6 heures au réfrigérateur.

5

Pour préparer le coulis, faire cuire les framboises 2 à 3 minutes à feu doux avec le sucre et 3 cuillerées à soupe d'eau dans une casserole. Quand elles se désagrègent, retirer du feu et réduire en purée avec un mixeur plongeant. Passer ce coulis et réfrigérer.

6

Plonger délicatement chaque ramequin dans un bol d'eau chaude. Passer un couteau à l'intérieur, le long des parois, et retourner les panna cotta sur des assiettes. Napper la panna cotta de coulis et servir. Couverts séparément, panna cotta et coulis se gardent 2 jours au réfrigérateur.

20 min
+ refroidissement et réfrigération

Pour 4 personnes

PANNA COTTA au thé vert

La vanille se marie parfaitement avec le parfum subtil du thé vert.

1 Verser **50 ml de lait entier** dans un bol. Incorporer au fouet **7 g (1 c. à c. bombée) de gélatine** et laisser reposer 5 minutes. Faire chauffer **200 ml de lait entier** à feu doux avec **375 ml de crème épaisse** et **3 sachets de thé vert** dans une casserole à fond épais, jusqu'à ce que le mélange soit fumant. Ne pas faire bouillir.

2 Retirer du feu. Presser les sachets et les ôter. Verser **100 g de sucre** dans un saladier résistant à la chaleur, puis le mélange lait-crème chaud et fouetter. Incorporer le lait à la gélatine.

3 Reverser dans la casserole et faire fondre 3 à 4 minutes sur feu doux, sans laisser bouillir. Retirer du feu et graisser **4 ramequins de 150 ml** avec **1 c. à s. d'huile de tournesol**. Y répartir la panna cotta.

4 Faire refroidir à température ambiante, puis laisser prendre 4 à 6 heures au réfrigérateur. Tremper les ramequins dans un bol d'eau chaude, passer la lame d'un couteau le long des bords et retourner les panna cotta sur des assiettes individuelles. Saupoudrer de **poudre de matcha** et servir aussitôt. Couvertes, les panna cotta se gardent 2 jours au réfrigérateur.

15 min
+ refroidissement et réfrigération

Pour 4 panna cotta

PANNA COTTA à la lavande

Le parfum entêtant de la lavande comestible confère une saveur florale à cette panna cotta.

1 Verser **50 ml de lait entier** dans un bol et ajouter, en fouettant, **7 g (1 c. à c. bombée) de gélatine**. Laisser reposer 5 minutes. Dans une casserole à fond épais, faire chauffer **200 ml de lait entier** à feu doux avec **375 ml de crème à fouetter** et **1 c. à c. de lavande comestible** jusqu'à ce que le mélange fume. Ne pas laisser bouillir.

2 Verser **100 g de sucre** dans un saladier résistant à la chaleur. Y filtrer la préparation au lait chaude et fouetter pour dissoudre le sucre. Ajouter le lait à la gélatine en fouettant. Reverser le tout dans la casserole et faire chauffer pour dissoudre la gélatine (voir Panna cotta au thé vert, étape 3).

3 Retirer du feu et, avec **1 c. à s. d'huile de tournesol**, graisser **4 ramequins de 150 ml**. Y répartir la panna cotta. Faire refroidir à température ambiante, puis laisser prendre 4 à 6 heures au réfrigérateur.

4 Démouler les panna cotta sur des assiettes (voir Panna cotta au thé vert, étape 4) et servir aussitôt. Couvertes, elles se gardent 2 jours au réfrigérateur.

Thé vert

Lavande

Fleur d'oranger
et grenade

15 min
+ refroidissement et réfrigération

Pour 4
panna cotta

PANNA COTTA fleur d'oranger et grenade

L'eau de fleur d'oranger étant très parfumée, utilisez-la avec parcimonie. Quelques graines de grenade apporteront une note orientale.

1 Fouetter **50 ml de lait entier** avec **7 g (1 c. à c. bombée) de gélatine en poudre** dans un bol et laisser reposer 5 minutes. Dans une casserole à fond épais, verser **200 ml de lait entier, 375 ml de crème à fouetter, 1 ½ c. à s. d'eau de fleur d'oranger** et **1 c. à c. de zeste d'orange finement râpé**. Faire chauffer 5 minutes à feu doux jusqu'à ce que le mélange fume, sans laisser bouillir.

2 Verser **100 g de sucre** dans un saladier résistant à la chaleur. Y filtrer le mélange lait-crème chaud et fouetter pour dissoudre le sucre. Incorporer, en remuant, la gélatine délayée. Reverser le tout dans la casserole et faire chauffer pour dissoudre la gélatine (voir Panna cotta au thé vert, étape 3).

3 Retirer du feu. Avec **1 c. à s. d'huile de tournesol**, graisser **4 ramequins de 150 ml**. Y répartir la panna cotta chaude. Faire refroidir à température ambiante, puis laisser prendre 4 à 6 heures au réfrigérateur.

4 Démouler les panna cotta sur des assiettes de service (voir Panna cotta au thé vert, étape 4). Parsemer les graines d'**1 grenade** et servir. Couvertes, les panna cotta se gardent 2 jours au réfrigérateur.

Yaourt
et pistache

15 min
+ refroidissement et réfrigération

Pour 4
panna cotta

PANNA COTTA yaourt et pistache

Version haut de gamme du yaourt grec au miel, cette panna cotta est parfaite pour clore un repas d'inspiration méditerranéenne

1 Fouetter **4 c. à s. de jus d'orange** et **7 g (1 c. à c. bombée) de gélatine** dans un bol. Laisser reposer 5 minutes. Dans une casserole à fond épais, faire chauffer **375 ml de crème à fouetter** 5 minutes à feu doux avec **le zeste finement râpé d'1 orange**, jusqu'à ce que la crème fume. Ne pas laisser bouillir.

2 Verser **100 g de sucre** dans un saladier résistant à la chaleur. Y filtrer la crème à l'orange chaude et fouetter pour dissoudre le sucre. Incorporer, en remuant, le jus d'orange à la gélatine. Reverser le tout dans la casserole et faire chauffer pour dissoudre la gélatine (voir Panna cotta au thé vert, étape 3).

3 Retirer du feu et ajouter, en remuant, **250 g de yaourt grec entier**. Avec **1 c. à s. d'huile de tournesol**, graisser **4 ramequins de 150 ml**. Y répartir la panna cotta chaude. Faire refroidir à température ambiante, puis laisser prendre 4 à 6 heures au réfrigérateur.

4 Démouler les panna cotta sur des assiettes de service (voir Panna cotta au thé vert, étape 4). Les servir arrosées d'un **filet de miel liquide** et parsemées de **pistaches décortiquées non salées**. Couvertes, elles se gardent 2 jours au réfrigérateur.

10 min
+ refroidissement et réfrigération

Pour 4 « posset »

POSSET au citron

Le « posset » est un dessert anglais traditionnel qui existe depuis des siècles. Il ne comporte pas d'œufs. C'est le jus de citron qui permet à cette crème chaude et sucrée de prendre. Servez ce dessert avec des sablés (voir p. 260-261).

INGRÉDIENTS

100 ml de jus de citron
400 ml de crème épaisse
le zeste finement râpé d'1 citron + pour décorer
125 g de sucre
des sablés (facultatif)

MATÉRIEL

4 verres de 150 ml

1

Filtrer le jus de citron dans un bol résistant à la chaleur. Réserver. Faire chauffer la crème avec le zeste de citron et le sucre à feu modéré dans une casserole à fond épais, jusqu'à ce qu'elle commence à bouillir.

2

Baisser le feu et laisser frémir 5 minutes à feu doux, en remuant de temps en temps, jusqu'à ce que la préparation ait légèrement épaissi.

3

Retirer du feu. Verser la préparation dans le jus de citron, sans cesser de fouetter. Laisser refroidir 5 minutes.

4

Répartir le posset dans les verres et réfrigérer 6 heures ou toute une nuit. Décorer avec le zeste de citron et servir avec des sablés si vous aimez. Couverts, ces desserts se garderont 3 jours au réfrigérateur.

1 h 20
+ séchage et réfrigération

Pour 4 desserts

POSSET à l'orange sanguine

Vous pouvez servir ce dessert avec des agrumes confits. Pour les couper en fines rondelles, laissez-les 30 minutes au congélateur, puis tranchez-les avec un couteau bien aiguisé.

INGRÉDIENTS

- 120 ml de jus d'orange sanguine
- 3 c. à s. de jus de citron
- 400 ml de crème épaisse
- le zeste finement râpé d'1 orange
- 100 g de sucre
- 1 brin de romarin

Pour les agrumes confits

- 250 g de sucre
- 1 grosse orange ferme coupée en fines rondelles
- 1 citron ferme épépiné et coupé en fines rondelles
- 1 citron vert épépiné et coupé en fines rondelles

MATÉRIEL

4 coupelles ou verres de 150 ml

À L'AVANCE

Préparez les fruits confits 2 jours à l'avance et gardez-les dans un récipient ouvert pour qu'ils restent secs.

1 Pour confire les agrumes, faire bouillir le sucre et 500 ml d'eau dans une grande casserole, en remuant de temps en temps. Quand le sucre est dissous, placer les rondelles d'agrumes à plat dans la casserole puis recouvrir de papier sulfurisé. Baisser le feu et laisser frémir.

2 Faire cuire 1 heure jusqu'à ce que les parties blanches des fruits soient translucides. Retirer délicatement les rondelles et les égoutter sur du papier absorbant. Étaler sur une grille métallique et laisser 1 à 2 jours dans un lieu chaud, en les retournant de temps en temps, jusqu'à ce qu'elles soient complètement sèches.

3 Filtrer les 2 jus dans un saladier résistant à la chaleur. Faire chauffer la crème avec le zeste d'orange, le sucre et le romarin dans une casserole à fond épais. Quand elle commence à bouillir, baisser le feu et laisser frémir.

4 Faire cuire 5 minutes, en remuant de temps en temps, jusqu'à léger épaississement. Retirer du feu et incorporer, en fouettant, les jus de citron et d'orange. Laisser refroidir 5 minutes, puis jeter le romarin.

5 Répartir la préparation dans des coupelles et laisser prendre 6 heures ou toute une nuit au réfrigérateur. Servir avec les rondelles d'agrumes confits. Couverts, ces desserts se garderont 3 jours au réfrigérateur.

30 min
+ refroidissement et réfrigération

Pour 4 desserts

POSSET rhubarbe et gingembre

L'onctuosité de ce dessert est équilibrée par l'agréable acidité de la rhubarbe et la note épicée du gingembre.

INGRÉDIENTS

- 250 g de rhubarbe lavée, épluchée et coupée en tronçons de 3 cm
- 3 cm de gingembre frais finement émincé
- 150 g de sucre
- 30 g de gingembre confit finement haché
- le jus de 2 citrons
- le jus d'1 grosse orange
- 400 ml de crème épaisse
- le zeste finement râpé d'1 orange
- 1 c. à c. de gingembre moulu

MATÉRIEL

4 coupelles ou verres de 150 ml

À L'AVANCE

La rhubarbe cuite se garde 3 jours, couverte, au réfrigérateur. Filtrez-la avant l'emploi.

1 Déposer la rhubarbe, le gingembre émincé et 50 g sucre dans une casserole à fond épais. Ajouter 4 cuillerées à soupe d'eau, couvrir et porter à ébullition. Baisser le feu et laisser frémir 5 à 7 minutes jusqu'à ce que la rhubarbe se désagrège quand on la remue.

2 Retirer du feu et jeter le gingembre. Laisser complètement refroidir. Filtrer pour retirer l'excédent de liquide, puis ajouter, en remuant, le gingembre confit. Réserver 2 heures au réfrigérateur.

3 Filtrer les 2 jus dans un saladier résistant à la chaleur. Faire chauffer la crème, le zeste d'orange, le gingembre moulu et le reste de sucre dans une casserole à fond épais. Amener presque à ébullition, puis baisser le feu et laisser cuire 5 minutes jusqu'à épaississement (voir Posset à l'orange sanguine, étape 4).

4 Retirer du feu et verser, en fouettant, cette crème au gingembre dans le saladier contenant les jus. Laisser refroidir. Filtrer la rhubarbe pour ôter l'excédent de liquide, puis la répartir dans des coupelles. La recouvrir de crème au gingembre, puis laisser prendre 6 heures ou toute une nuit au réfrigérateur. Servir frais. Couvert, ce dessert se conservera 3 jours au réfrigérateur.

15 min
+ refroidissement et réfrigération

Pour 4 coupes

POSSET citron vert et noix de coco

Vous pouvez ajouter le jus d'un agrume acide de votre choix pour que la crème prenne. Ici, l'association du jus de citron vert et de la noix de coco apporte une note exotique à ce dessert typiquement anglais. Servez-le parsemé de noix de coco grillée.

INGRÉDIENTS

400 ml de crème épaisse

le zeste finement râpé d'1 citron vert + pour décorer

125 g de sucre

30 g de noix de coco râpée

120 ml de jus de citron vert

des copeaux de noix de coco grillés pour décorer

MATÉRIEL

4 coupelles ou des verres de 150 ml

1 Faire chauffer la crème, le zeste de citron vert et la noix de coco râpée dans une casserole à fond épais. Porter à ébullition, puis baisser le feu et laisser frémir 5 minutes, en remuant de temps en temps, jusqu'à ce que la crème épaississe légèrement.

2 Retirer du feu et laisser tiédir. Mixer avec un mixeur plongeant jusqu'à obtention d'une crème lisse. Remettre sur le feu et laisser frémir. Retirer la crème du feu.

3 Filtrer le jus de citron vert dans un grand saladier résistant à la chaleur. Ajouter peu à peu la crème, sans cesser de fouetter, pour bien mélanger. Laisser refroidir 5 minutes environ.

4 Répartir la crème dans les coupelles et mettre au frais pour au moins 6 heures ou toute une nuit. Parsemer de copeaux de noix de coco et de zeste de citron vert avant de servir. Couvertes, ces crèmes se garderont 3 jours au réfrigérateur.

10 min + refroidissement

Pour 4 desserts

CRÈME LÉGÈRE aux fruits d'été

Traditionnellement, ce dessert que les Britanniques appellent *fool* est fait de fruits cuits et de crème anglaise. Les variantes modernes à base de purée de fruits frais et de crème fouettée ont plus de goût et une consistance plus aérienne.

INGRÉDIENTS

- 400 g de mélange de fraises, de framboises et de myrtilles équeutées
- 30 g de sucre + 1 c. à s.
- 200 ml de crème épaisse
- 150 g de yaourt grec entier
- ½ c. à c. d'extrait de vanille

MATÉRIEL

4 pots ou verres de 100 ml

1 Couper les fraises pour qu'elles soient de la même taille que les autres fruits. Mélanger les fruits avec 1 cuillerée à soupe de sucre dans un saladier. Réduire en purée les deux tiers à l'aide d'un robot ménager.

2 Fouetter la crème dans un saladier. Quand elle est aérienne, ajouter le yaourt, l'extrait de vanille et le reste de sucre. Remuer délicatement.

3 Incorporer délicatement la purée de fruits jusqu'à ce que la crème ne soit plus marbrée.

4 Incorporer les fruits réservés. Répartir le mélange dans les pots, couvrir et mettre au réfrigérateur pour 2 heures. Couverts, ces desserts se gardent 1 journée au frais.

30 min
+ refroidissement et réfrigération

Pour 4 personnes

CRÈME LÉGÈRE
groseilles à maquereau et fleur de sureau

Relevez le goût acidulé de la groseille à maquereau avec du cordial de fleurs de sureau. En Grande-Bretagne, ces deux saveurs évoquent l'été.

1 Verser **350 g de groseilles à maquereau équeutées**, **100 g de sucre** et **1 c. à s. de cordial de fleurs de sureau** dans une casserole et remuer jusqu'à ce que le sucre fonde. Couvrir et faire cuire 5 minutes à feu doux jusqu'à ce que les groseilles rendent du jus et commencent à gonfler.

2 Ôter le couvercle et poursuivre la cuisson 5 minutes, puis retirer du feu et passer les groseilles au presse-purée. Laisser refroidir complètement avant de réfrigérer. Dans un grand saladier, fouetter **200 ml de crème épaisse** jusqu'à formation de pics fermes.

3 Incorporer la purée dans la crème fouettée, puis ajouter **240 g de crème anglaise de bonne qualité**. Bien mélanger jusqu'à obtention d'une consistance aérienne et mousseuse. Répartir cette préparation dans **4 pots de 100 ml**. Mettre au réfrigérateur pour au moins 2 heures avant de servir. Couvertes, ces crèmes s'y garderont 1 journée.

À L'AVANCE
Vous pouvez préparer la purée de groseilles 3 jours à l'avance, et la conserver couverte au frais.

Mangue et fruit de la passion

Groseilles à maquereau et fleur de sureau

10 min
+ réfrigération

Pour 4 personnes

CRÈME LÉGÈRE mangue et fruit de la passion

La douceur des mangues est contrebalancée par la pointe aigre du yaourt grec et la fraîcheur acidulée du fruit de la passion.

1 Hacher finement **2 mangues mûres**, puis les réfrigérer. Fouetter **150 ml de crème épaisse** dans un saladier jusqu'à ce que des pics se forment, puis ajouter **30 g de sucre glace**.

2 Incorporer délicatement **250 g de yaourt grec entier** et **½ c. à c. d'extrait de vanille** dans la crème fouettée sucrée, en veillant à lui garder sa consistance. Évider **2 fruits de la passion mûrs** et ajouter leur pulpe au mélange crémeux.

3 Garnir **4 pots de 100 ml** d'une cuillerée de cette crème. Recouvrir avec une couche de pulpe de mangue, puis répéter l'opération en terminant par une troisième couche de crème. Couvrir et placer 2 heures au réfrigérateur.

4 Étaler la pulpe d'**1 fruit de la passion** en couche uniforme sur le dessus. Parsemer de **pistaches non salées décortiquées et finement hachées**, puis servir immédiatement. Couverts, ces desserts se garderont 1 journée au réfrigérateur.

Rhubarbe et crème anglaise

25 min
+ refroidissement et réfrigération

Pour 4 personnes

CRÈME LÉGÈRE rhubarbe et crème anglaise

Une crème anglaise maison et de la crème fouettée adoucissent le goût acide et âpre de la rhubarbe à la jolie couleur rose.

1 Déposer **400 g de rhubarbe lavée, épluchée et détaillée en tronçons de 3 cm** dans une casserole à fond épais. Ajouter **60 g de sucre** et **4 c. à s. d'eau**, couvrir et porter à ébullition. Baisser le feu et laisser frémir 3 à 5 minutes jusqu'à ce que la rhubarbe soit tendre. Augmenter légèrement le feu et ôter le couvercle.

2 Poursuivre la cuisson 2 minutes, en remuant souvent, jusqu'à ce que la rhubarbe se soit complètement désagrégée et que le jus ait réduit. Retirer du feu. Laisser refroidir complètement. Retirer l'excédent de liquide et réserver 2 heures au frais.

3 Fouetter **2 jaunes d'œufs**, **1 c. à c. d'extrait de vanille**, **1 c. à s. de Maïzena** et **2 c. à s. de sucre** dans un saladier résistant à la chaleur jusqu'à obtention d'un mélange lisse. Faire chauffer **120 ml de lait entier** et **120 ml de crème liquide** dans une casserole à fond épais, sans laisser bouillir. Verser ce mélange lait-crème dans la préparation aux jaunes d'œufs, en fouettant pour dissoudre le sucre.

4 Verser dans une casserole propre et porter à ébullition sur feu modéré, sans cesser de remuer. Baisser le feu et faire cuire 3 à 4 minutes à feu doux. Remuer jusqu'à ce que la crème anglaise soit assez épaisse pour napper le dos d'une cuillère. La verser dans un plat peu profond, la recouvrir de film alimentaire et laisser refroidir au moins 1 heure.

5 Fouetter **120 ml de crème épaisse** dans un saladier jusqu'à formation de pics fermes. L'incorporer délicatement dans la crème anglaise. Incorporer la rhubarbe et mélanger, en laissant des marbrures de couleur. Répartir cette préparation dans **4 pots de 100 ml**. Couvrir et réserver au moins 2 heures au réfrigérateur. Couvertes, ces crèmes se gardent 1 journée au frais.

À L'AVANCE
Préparez la crème anglaise la veille et gardez-la, couverte, au réfrigérateur.

30 min
+ réfrigération et prise

Pour 4 jellies

JELLY à la fraise

La jelly du commerce est caoutchouteuse et contient des colorants ainsi que des arômes artificiels. Il est pourtant si facile de la préparer soi-même ! Avant de la servir, décorez-la de fruits frais.

INGRÉDIENTS

900 g de fraises équeutées et coupées en quatre
100 g de sucre + si nécessaire
½ c. à c. d'extrait de vanille
¼ de c. à c. de sel
24 g de gélatine en poudre

MATÉRIEL

4 bols de service de 200 ml

1

Déposer les morceaux de fraises dans une casserole. En réserver 20. Ajouter le sucre et 240 ml d'eau froide. Couvrir et laisser frémir 15 minutes sur feu modéré à doux.

2

Filtrer le liquide dans un saladier. Ne pas presser les fraises pour garder une gelée transparente. Les jeter et reverser le liquide dans la casserole. Incorporer l'extrait de vanille et le sel. Goûter et sucrer si nécessaire.

3

Verser 110 ml d'eau froide dans un bol. Y délayer la gélatine et laisser prendre 3 à 4 minutes. Ajouter cette gélatine délayée dans la casserole et la faire dissoudre à feu doux.

4

Répartir le mélange dans des bols de service et garnir de fraises réservées. Couvrir et laisser prendre 2 à 3 heures au réfrigérateur ou toute une nuit. Couvertes, ces jellies se garderont 8 jours au réfrigérateur.

15 min
+ repos, réfrigération et prise

Pour 4 jellies

JELLY mangue et lait

Préparée avec du lait, cette jelly offre une consistance crémeuse. C'est un dessert riche et onctueux.

1 Verser **120 ml de lait** et **24 g de gélatine en poudre** dans une casserole. Mélanger et laisser reposer 5 à 10 minutes jusqu'à épaississement.

2 Ajouter **500 ml de jus ou de nectar de mangue**, **80 ml de lait entier**, **50 g de sucre** et **1 pincée de sel**. Faire cuire à feu doux, en remuant souvent, jusqu'à ce que le sucre soit dissous et la préparation lisse, sans la laisser bouillir. Retirer du feu.

3 Répartir la préparation dans **4 pots en verre de 200 ml**. Couvrir avec du film alimentaire et laisser prendre 2 à 3 heures ou toute une nuit au réfrigérateur avant de servir. Ces jellies se garderont 5 jours au réfrigérateur.

15 min
+ repos, réfrigération et prise

Pour 4 jellies

JELLY prosecco et framboise

Servez ces élégantes jellies à l'occasion d'un repas de fête.

1 Verser **60 ml d'eau**, **60 ml de jus de raisin blanc** et **24 g de gélatine en poudre** dans une casserole. Remuer pour mélanger et laisser reposer 2 à 4 minutes jusqu'à épaississement.

2 Ajouter **50 g de sucre** et **180 ml de jus de raisin blanc**. Faire cuire à feu doux, en remuant souvent, jusqu'à ce que le sucre soit dissous et le mélange lisse, sans faire bouillir. Retirer du feu et laisser refroidir 3 à 4 minutes.

3 Ajouter peu à peu **300 ml de prosecco** en mélangeant délicatement. Répartir la préparation dans **4 pots de 200 ml**. Recouvrir de film alimentaire et laisser prendre 20 à 25 minutes au réfrigérateur.

4 Enfoncer 3 à 4 framboises dans chaque pot et laisser prendre au réfrigérateur 2 à 3 heures de plus ou toute une nuit. Servir la jelly glacée. Elle se gardera 7 jours au réfrigérateur.

20 min
+ infusion, réfrigération et prise

Pour 4 personnes

JELLY au vin chaud

Ces jellies lie-de-vin seront du plus bel effet sur une table de fête. Cette recette permet en outre d'utiliser un reste de vin chaud.

1 Mettre **350 ml de vin rouge**, **1 bâton de cannelle**, **5 clous de girofle** et **le zeste râpé d'1 orange** dans une casserole. Faire chauffer sur feu modéré à doux jusqu'à ce que le mélange commence à frémir. Retirer du feu et laisser infuser 15 à 20 minutes.

2 Verser **200 ml de jus de pomme** et **24 g de gélatine en poudre** dans un saladier. Mélanger et laisser reposer 3 à 4 minutes jusqu'à épaississement. Filtrer le vin chaud dans une grande casserole et jeter les épices.

3 Ajouter **50 g de sucre** et le jus à la gélatine. Faire chauffer à feu doux, en remuant pour dissoudre le sucre, sans laisser bouillir. Retirer du feu.

4 Répartir la préparation dans **4 pots de 200 ml** et recouvrir de film alimentaire. Laisser prendre au réfrigérateur 2 à 3 heures ou, mieux, toute une nuit. Servir avec un peu de crème fouettée sucrée si vous aimez. Ces jellies se garderont 5 jours au réfrigérateur.

Vin chaud

Variantes simples

Les fruits colorés aqueux sont les meilleurs pour ces recettes, des variantes de la classique Jelly aux fraises (voir p. 198-199).

Mûre Avec leur jus de couleur intense, les mûres permettent d'obtenir une superbe jelly. En mettre autant que les fraises (voir p. 198-199).

Rhubarbe La rhubarbe donne à la jelly une magnifique couleur rose pâle. Remplacer les fraises par 900 g de rhubarbe et faire cuire celle-ci 15 minutes avec le sucre dans 240 ml d'eau. Conserver environ 650 ml de liquide et jeter l'excédent. Pour la suite, suivre la recette (voir p. 198-199).

Groseille à maquereau et fleur de sureau À la place des fraises, faire chauffer 900 g de groseilles à maquereau avec le sucre et 240 ml d'eau à feu doux, 15 minutes à couvert, dans une casserole. Conserver environ 650 ml de liquide et jeter l'excédent. Suivre les étapes de la recette (voir p. 198-199).

Orange sanguine À la place des fraises et de l'eau, verser 650 ml de jus d'orange fraîchement pressé avec le sucre dans une casserole (voir p. 198-199). Couvrir et laisser frémir 15 minutes. Égoutter 175 g de quartiers de mandarine en conserve et en garnir les jellies dans des bols de service avant de mettre ceux-ci au réfrigérateur.

Fraise et mangue Pour des saveurs et des couleurs nouvelles, remplacer les fraises réservées par 1 mangue mûre coupée en dés et laisser prendre au réfrigérateur (voir p. 199, étape 4).

Framboise Des framboises fraîches constituent une délicieuse variante, surtout quand elles sont de saison. En mettre autant que les fraises (voir p. 198-199).

20 min
+ refroidissement et réfrigération

Pour 4 personnes

SALADE DE FRUITS
et sirop à la menthe

Une salade de fruits constitue un dessert rafraîchissant et léger. Découpez les fruits en petits morceaux afin d'obtenir un véritable bouquet de saveurs à chaque cuillerée. Ce sirop de sucre à la menthe rehausse le goût des ingrédients.

INGRÉDIENTS

- 1 mangue mûre pelée et coupée en cubes d'1 cm
- 2 kiwis mûrs pelés et détaillés en cubes d'1 cm
- 100 g de papaye mûre pelée et détaillée en cubes d'1 cm
- 100 g d'ananas coupé en cubes d'1 cm
- les graines d'1 grenade mûre

Pour le sirop

- 50 g de sucre
- 1 c. à s. de jus de citron
- 10 grandes feuilles de menthe

À L'AVANCE

Préparé à l'avance, le sirop se gardera 1 semaine au réfrigérateur.

1

Verser les ingrédients du sirop dans une petite casserole à fond épais. Recouvrir de 50 ml d'eau froide.

Porter à ébullition, en remuant souvent, jusqu'à ce que le sucre soit dissous. Retirer du feu, verser dans un saladier résistant à la chaleur et laisser refroidir. Réserver au réfrigérateur.

2

3

Mélanger tous les fruits dans un saladier de service, en réservant un quart des graines de grenade. Filtrer le sirop dans un pichet et jeter les feuilles de menthe.

Arroser les fruits de ce sirop et bien mélanger. Parsemer les graines de grenade réservées et servir, de préférence dans les 4 heures.

4

5 min
+ congélation

Pour 6 personnes

SALADE DE FRUITS en esquimaux

Servez ces sucettes glacées après un repas estival. Elles sont très simples à préparer.

INGRÉDIENTS

250 g de mélange de fruits juste mûrs (ananas, kiwis, fraises, myrtilles et mangues)

300 ml de jus de raisin blanc

MATÉRIEL

6 moules à esquimaux de 100 ml

6 bâtons d'esquimaux

1 Couper les fruits en petits morceaux de la taille d'une myrtille. Les déposer dans un saladier et les mélanger. Les répartir dans les moules sans les tasser.

2 Les arroser de jus de raisin, en veillant à remplir les moules à ras bord. Insérer les bâtons et mettre au congélateur.

3 Laisser prendre 4 à 6 heures au congélateur. Les passer vite sous l'eau chaude du robinet puis les démouler. Servir immédiatement. Ces sucettes glacées se garderont 1 moins au congélateur.

20 min
+ refroidissement

Pour 4 personnes

SALADE DE FRUITS d'été et glaçage balsamique

L'association de fraises et de vinaigre balsamique nous vient d'Italie. Ici, le vinaigre sucré sert à glacer les fruits d'été.

INGRÉDIENTS

2 c. à s. de vinaigre balsamique de bonne qualité

3 c. à s. de sucre

300 g de fraises équeutées et coupées en quatre

100 g de myrtilles

100 g de framboises

2 pêches mûres pelées, dénoyautées et coupées en dés de la taille d'une framboise

1 Mélanger le vinaigre, le sucre et 1 cuillerée à soupe d'eau dans une casserole à fond épais. Porter à ébullition puis baisser le feu et laisser frémir, en remuant, jusqu'à ce que le sucre fonde.

2 Retirer du feu et laisser refroidir à température ambiante. Déposer les fraises et les myrtilles dans un saladier, les arroser de glaçage balsamique et remuer pour les en enrober.

3 Placer 30 minutes au réfrigérateur, puis ajouter les framboises et les pêches. Mélanger pour les enrober de glaçage et réserver 30 minutes au frais. Remuer délicatement avant de servir.

25 min
+ refroidissement

Pour 4 personnes

Également bon **CHAUD**

SALADE DE FRUITS d'hiver cuits

Quel que soit le temps, terminez votre dîner avec un dessert chaud aux fruits cuits et aux épices. Les noix de pécan apportent du croustillant et un contraste avec les fruits moelleux.

INGRÉDIENTS

- 2 grosses pommes pelées, évidées et coupées en quatre
- 2 grosses poires mûres pelées, évidées et coupées en quatre
- 150 g de mûres
- le jus de 2 grosses oranges
- ½ c. à c. de cannelle moulue
- 30 g de cassonade
- 30 g de noix de pécan concassées

Pour le yaourt

- 200 g de yaourt grec entier
- 1 c. à c. d'extrait de vanille
- 1 c. à s. de sucre glace
- le zeste râpé d'1 orange

1 Préchauffer le four à 180 °C. Couper les morceaux de pommes et de poires en deux dans la longueur. Les placer dans un saladier, puis ajouter les mûres, le jus d'orange, la cannelle et la cassonade. Remuer pour bien enrober les fruits.

2 Répartir en couche uniforme sur une plaque de four. Parsemer les noix de pécan et enfourner pour 20 minutes jusqu'à ce que les pommes et les poires soient assez tendres pour que la lame d'un couteau s'y enfonce. Retirer du four et laisser refroidir 5 minutes.

3 Mélanger le yaourt, l'extrait de vanille, le sucre glace et le zeste d'orange dans un grand saladier. Servir la salade de fruits avec le yaourt quand elle est encore chaude ou à température ambiante. Couverte, elle se gardera 2 jours au réfrigérateur.

Bâtonnets et brochettes

Ces brochettes de fruits au chocolat, glacées ou grillées sont rapides à préparer et parfaites pour un jour d'été.

Fondue au chocolat Couper en dés 500 g de fruits frais (mangues, kiwis et bananes). Faire fondre 100 g de chocolat noir de bonne qualité avec 100 ml de crème épaisse au bain-marie. Retirer du feu et servir avec les fruits que vous tremperez dedans.

Bananes glacées Enlever les extrémités de 2 bananes fermes et couper celles-ci en deux. Insérer un bâtonnet dans chaque morceau et placer 4 heures au congélateur. Faire fondre 200 g de chocolat blanc (comme ci-dessus). Y plonger les bâtonnets et laisser prendre. Faire fondre 50 g de chocolat noir et en répandre sur les bananes glacées. Servir aussitôt.

Brochettes d'ananas Couper ½ ananas mûr en gros morceaux et les faire mariner 1 à 2 heures dans 4 c. à s. de rhum ambré et 4 c. à s. de cassonade. Enfiler sur un pique et caraméliser 2 à 3 minutes de chaque côté au barbecue. Servir aussitôt.

Fraises au chocolat Équeuter 20 g de fraises fermes. Insérer un bâtonnet de sucette rond dans chacune. Faire fondre 100 g de chocolat blanc (voir la fondue au chocolat) puis y plonger chaque fraise. Laisser prendre puis servir.

1 h 25 à 1 h 35
+ refroidissement et durcissement

Pour 8 personnes

SACHERTORTE
au chocolat

Ce gâteau au chocolat a été inventé au XIXe siècle à Vienne. Fourré avec une simple confiture d'abricots et nappé d'une riche ganache, il fait son effet. Servez-le avec un peu de crème fouettée.

INGRÉDIENTS

250 g de beurre

250 g de sucre

250 g de chocolat noir fondu

½ c. à c. d'extrait de vanille pur

5 œufs, jaunes et blancs séparés

250 g de farine

6 à 8 c. à s. de glaçage à l'abricot ou de confiture d'abricots filtrée

crème fouettée pour servir

Pour la ganache

200 ml de crème épaisse

150 g de chocolat noir finement haché

MATÉRIEL

1 moule à gâteau rond de 23 cm

1 poche munie d'une petite douille ronde et lisse

À L'AVANCE

Sans nappage, ce gâteau se gardera 3 mois au congélateur dans un récipient hermétique.

1 Préchauffer le four à 180 °C. Chemiser le moule de papier sulfurisé. Dans un saladier, battre le beurre et le sucre jusqu'à ce qu'ils soient mousseux. Incorporer, sans cesser de battre, le chocolat et l'extrait de vanille. Ajouter les jaunes d'œufs un à un, puis la farine, et bien mélanger.

2 Dans un autre saladier, monter les blancs en neige ferme. En ajouter une cuillerée à la préparation au chocolat et bien mélanger. Incorporer délicatement le reste des blancs. Répartir la pâte obtenue dans le moule.

3 Enfourner pour 45 à 50 minutes. Quand le gâteau est ferme au toucher et que la lame d'un couteau en ressort sèche, retirer du four et placer le moule sur une grille. Laisser refroidir complètement avant de démouler le gâteau à l'envers et de le couper en deux.

4 Faire chauffer la confiture dans une petite casserole. Quand elle est liquide, poser une moitié du gâteau sur une grille au-dessus d'une plaque de four. Badigeonner de confiture et poser la seconde moitié du gâteau, côté coupé vers le haut. Badigeonner le dessus et les côtés avec le reste de confiture.

5 Pour préparer la ganache, faire fondre à feu doux la crème avec le chocolat au bain-marie dans un bol résistant à la chaleur. Remuer de temps en temps jusqu'à ce que la ganache soit épaisse et brillante. Retirer du feu.

6 Laisser tiédir, en remuant de temps en temps, jusqu'à ce que la ganache soit lisse et onctueuse. Si elle refroidit et s'épaissit trop, la réchauffer au bain-marie. En réserver 3 cuillerées à soupe dans un bol.

7 Napper progressivement le gâteau de ganache. Égaliser la surface et les côtés avec une spatule. Laisser prendre dans un endroit frais. À l'aide de la spatule, transférer le gâteau sur un grand plat de service.

8 Faire chauffer la ganache réservée à feu doux si elle est trop épaisse. La verser dans la poche à douille et écrire sur le gâteau. Laisser un peu reposer avant de servir avec de la crème fouettée. Le gâteau se gardera 3 jours au réfrigérateur dans un récipient hermétique.

1 h 10
+ refroidissement et réfrigération

Pour 8 personnes

GÂTEAU au chocolat et au caramel salé

Ce somptueux dessert est aussi beau que bon. Il est parsemé de cristaux de sel qui offrent un contraste de saveurs avec le chocolat noir. Pour le napper, il faut que la ganache soit froide mais encore assez liquide.

INGRÉDIENTS

- 3 œufs
- 125 g de sucre
- 60 g de farine
- 30 g de cacao en poudre

Pour la mousse

- 200 g de sucre
- 85 g de beurre doux coupé en dés
- 220 ml de crème épaisse
- 12 g de gélatine en poudre

Pour la ganache

- 90 ml de crème épaisse
- 115 g de chocolat noir finement haché
- cristaux de sel de mer pour décorer

MATÉRIEL

1 moule à charnière de 20 cm

1 Préchauffer le four à 190 °C. Chemiser le moule de papier sulfurisé. Dans un saladier, fouetter les œufs avec le sucre jusqu'à ce que le mélange soit pâle, épais et qu'il ait triplé de volume.

2 Tamiser la farine et le cacao dans la préparation aux œufs et mélanger délicatement. Verser dans le moule. Enfourner pour 20 à 25 minutes. Quand le gâteau est bien gonflé et que la lame d'un couteau en ressort sèche, laisser refroidir 10 minutes, puis démouler à l'envers sur une grille.

3 Préparer la mousse en faisant chauffer le sucre à feu modéré dans une grande casserole à fond épais jusqu'à ce qu'il commence à fondre sur les bords. Incliner la casserole pour répartir la chaleur jusqu'à obtention d'un caramel foncé et épais. Baisser le feu et ajouter le beurre peu à peu, en remuant.

4 Monter sur feu modéré. Ajouter 120 ml de crème en filet continu, sans cesser de remuer. Monter le feu et porter à ébullition 1 minute, en fouettant. Transvaser dans un saladier résistant à la chaleur. Laisser refroidir puis incorporer le reste de crème.

5 Délayer la gélatine avec 2 cuillerées à soupe d'eau froide dans un bol et laisser reposer 1 minute. Ajouter 1 cuillerée à soupe d'eau bouillante en fouettant jusqu'à ce que la gélatine soit dissoute. Incorporer dans la mousse.

6 Couper le gâteau en deux. Placer l'entame dans le moule et y étaler la mousse. Recouvrir avec la seconde moitié du gâteau, côté coupé vers le haut, en la pressant légèrement. Réserver au réfrigérateur.

7 Préparer la ganache en faisant chauffer la crème dans une petite casserole à fond épais, sans laisser bouillir. Retirer du feu, ajouter le chocolat et le laisser fondre. Bien remuer et placer au réfrigérateur jusqu'à ce que la ganache soit froide et assez épaisse pour être étalée.

8 Verser la ganache sur le gâteau et égaliser la surface. Saupoudrer de sel et placer au moins 4 heures au réfrigérateur. Ce gâteau se gardera 2 jours au réfrigérateur dans un récipient hermétique.

1 h à 1 h 10
+ refroidissement et réfrigération

Pour 8 personnes

GÂTEAU citron et framboises

Idéal pour les fêtes estivales, ce gâteau allie une génoise très légère et une garniture crémeuse et acidulée.

INGRÉDIENTS

3 œufs
125 g de sucre
85 g de farine
le zeste râpé d'½ citron

Pour la garniture

12 g de gélatine en poudre
5 c. à s. de jus de citron
200 ml de crème au citron
225 g de mascarpone
125 g de framboises
+ pour décorer
30 g de sucre
sucre glace pour décorer

MATÉRIEL

1 moule à charnière de 20 cm

À L'AVANCE

Non fourrée, la génoise se garde 3 mois au congélateur dans un récipient hermétique.

1 Préchauffer le four à 190 °C. Chemiser le moule de papier sulfurisé. Fouetter au moins 5 minutes les œufs avec le sucre dans un saladier (voir Gâteau au chocolat et au caramel salé, étape 1). Ajouter la farine tamisée puis incorporer le zeste de citron.

2 Verser la préparation dans le moule et enfourner pour 20 à 25 minutes jusqu'à ce que le gâteau soit cuit (voir Gâteau au chocolat et au caramel salé, étape 2). Laisser refroidir 10 minutes, puis démouler à l'envers et laisser refroidir sur une grille.

3 Pour préparer la garniture, fouetter la gélatine avec 3 cuillerées à soupe de jus de citron dans un bol et laisser reposer 1 minute. Ajouter 2 cuillerées d'eau chaude, en fouettant pour dissoudre la gélatine. Dans un saladier, fouetter la crème au citron et le mascarpone.

4 Ajouter la gélatine à la crème au citron et au mascarpone. Fouetter jusqu'à épaississement. Couper la génoise en deux. Placer la moitié inférieure dans le moule et étaler la crème citron-mascarpone. Disposer les framboises et recouvrir avec l'autre moitié du gâteau en la pressant.

5 Faire fondre le sucre et le reste de jus de citron à feu doux dans une casserole. Arroser le gâteau de ce glaçage, puis le recouvrir de film alimentaire et le placer 4 heures ou toute une nuit au réfrigérateur. Saupoudrer de sucre glace, parsemer de framboises et servir. Ce gâteau se gardera 2 jours au réfrigérateur dans un récipient hermétique.

Poudres

N'hésitez pas à saupoudrer vos gâteaux lisses de sucre glace ou d'un autre ingrédient, mais pas plus d'une heure avant de servir.

Poudre d'agrumes Pour confectionner cette poudre acidulée, faire cuire des rondelles d'agrumes confits (voir Posset à l'orange sanguine, p. 192), puis réduire 2 à 3 d'entre elles en une poudre fine à l'aide d'un moulin à épices ou à café. En saupoudrer les gâteaux aux agrumes comme celui à gauche.

Motif de dentelle Sur n'importe quel gâteau non recouvert de glaçage, placer une feuille ajourée ou un pochoir. Tamiser du sucre glace au-dessus, puis soulever délicatement le pochoir pour obtenir un joli motif bien dessiné.

Matcha Cette poudre offre une superbe teinte vert pâle et un parfum de thé vert prononcé. Compter 1 c. à c. de sucre glace pour ¼ de c. à c. de matcha. Disposer des rubans sur la surface du gâteau non glacé. Saupoudrer de matcha, puis retirer délicatement les rubans et servir.

Sucre coloré Mélanger 60 g de sucre semoule avec du colorant alimentaire, en ajoutant celui-ci goutte par goutte jusqu'à obtenir la couleur souhaitée. Éparpiller sur une plaque tapissée de papier d'aluminium et enfourner pour 10 minutes à 180 °C. Laisser refroidir puis parsemer sur le gâteau.

30 min
+ réfrigération

Pour 8 personnes

CHEESECAKE
citron vert et myrtilles

Ce cheesecake aux fruits est sans cuisson. Il a une consistance plus légère que ceux que l'on cuit et risque moins de s'effondrer. Veillez à utiliser les bonnes proportions de gélatine, sinon il risque de ne pas prendre.

INGRÉDIENTS

250 g de sablés finement émiettés

100 g de beurre doux fondu

Pour la décoration

100 g de myrtilles

1 c. à s. de sucre

le zeste râpé d'½ citron vert

Pour la garniture

le jus de 2 citrons

12 g de gélatine en poudre

300 g de crème aigre

100 g de sucre

500 g de fromage frais (de type St Môret®)

le zeste râpé d'1 citron vert + pour servir

1 c. à c. d'extrait de vanille

MATÉRIEL

1 moule à charnière de 23 cm

1

Chemiser le moule de papier sulfurisé. Mélanger les miettes de sablés avec le beurre dans un saladier. Tasser ce mélange dans le moule pour obtenir un fond de gâteau uniforme. Réserver au réfrigérateur.

2

Pour la garniture, faire chauffer à feu doux les myrtilles, le sucre, le zeste de citron vert et 1 cuillerée à soupe d'eau dans une casserole, en remuant. Quand les myrtilles commencent à rendre leur jus, retirer du feu et laisser refroidir.

3

Fouetter le jus de citron vert avec la gélatine dans une casserole. Laisser reposer 5 minutes. Sur feu doux, fouetter jusqu'à ce que la gélatine soit dissoute. Laisser refroidir. Dans un saladier, fouetter le reste des ingrédients, puis incorporer la gélatine délayée. Étaler uniformément sur la base du gâteau.

4

Parsemer les myrtilles et décorer avec leur jus filtré. Placer 4 à 6 heures ou toute la nuit au frais. Démouler et parsemer de zeste de citron avant de servir. Couvert, ce cheesecake se garde 2 jours au réfrigérateur.

30 min + réfrigération — Pour 8 à 10 personnes

CHEESECAKE
aux trois chocolats

Véritable délice pour les amateurs de chocolat, ce cheesecake est fourré avec du chocolat blanc. Des volutes de chocolat noir et au lait apportent du croustillant.

INGRÉDIENTS

250 g de biscuits Oreo® sans leur fourrage et finement émiettés

100 g de beurre doux fondu

300 g de chocolat blanc brisé en morceaux

30 g de chocolat noir et 30 g de chocolat au lait brisés en morceaux

225 g de fromage frais (de type St Môret®)

200 g de mascarpone

60 g de sucre

1 c. à c. d'extrait de vanille

100 ml de crème épaisse fouettée

MATÉRIEL

1 moule à charnière de 22 cm

1 Chemiser le moule de papier sulfurisé. Mélanger les biscuits avec le beurre dans un saladier. Tasser fermement ce mélange dans le moule avec le dos d'une cuillère pour obtenir une couche lisse. Réserver au réfrigérateur.

2 Faire fondre le chocolat blanc au bain-marie. Remuer jusqu'à ce qu'il soit lisse, puis retirer du feu et laisser refroidir. Faire fondre de la même façon, dans deux bols différents, le chocolat noir et le chocolat au lait.

3 Fouetter le fromage frais, le mascarpone, le sucre et l'extrait de vanille dans un saladier jusqu'à obtention d'un mélange homogène et lisse. Ajouter, en fouettant, le chocolat blanc refroidi, puis la crème fouettée. Verser sur la base du gâteau et étaler.

4 Arroser de chocolat au lait et de chocolat noir fondus, en dessinant des volutes avec un pique à brochette. Avant de servir ce cheesecake, le laisser au moins 6 heures ou toute une nuit au réfrigérateur. Couvert, il s'y gardera 2 jours.

25 min + repos, refroidissement et réfrigération — Pour 4 pièces

MINI CHEESECAKES
au citron

Recouverts d'une couche de crème au citron jaune d'or, ces petits cheesecakes semblent avoir été préparés par un professionnel.

INGRÉDIENTS

125 g de sablés finement émiettés

45 g de beurre doux + pour le moule

Pour la garniture

7 g (1 c. à c. bombée) de gélatine en poudre

4 c. à s. de jus de citron

100 g de fromage frais (de type St Môret®)

150 g de ricotta

60 g de sucre

le zeste râpé d'1 citron

Pour la crème au citron

150 g de crème au citron épaisse

7 g (1 c. à c. bombée) de gélatine en poudre

MATÉRIEL

4 cercles à pâtisserie de 7,5 cm

1 Beurrer les cercles et les réserver. Mélanger les biscuits et le beurre dans un saladier. Tasser le mélange dans les moules avec le dos d'une cuillère pour obtenir une couche uniforme. Réserver au frais.

2 Pour préparer la garniture, saupoudrer la gélatine sur le jus de citron dans une petite casserole à fond épais. Fouetter vigoureusement et laisser reposer 5 minutes. Faire chauffer à feu doux, sans cesser de fouetter, jusqu'à ce que la gélatine soit dissoute. Retirer du feu et laisser refroidir.

3 Fouetter le reste des ingrédients de la garniture au fromage dans un saladier jusqu'à obtention d'un mélange lisse. Incorporer la gélatine au citron refroidie. Répartir sur la base des cheesecakes et égaliser la surface. Placer 30 minutes au frais.

4 Préparer la crème citronnée en fouettant la crème au citron avec 1 cuillerée à soupe d'eau dans une petite casserole à fond épais. Y parsemer la gélatine et laisser reposer 5 minutes. Faire chauffer à feu doux, en fouettant, jusqu'à obtention d'une crème lisse. Retirer du feu et laisser refroidir.

5 Étaler cette crème sur les cheesecakes. Placer au moins 4 à 6 heures ou toute une nuit au réfrigérateur. Pour servir, passer un couteau le long des parois des cercles et démouler les cheesecakes. Couverts, ils se garderont 2 jours au réfrigérateur.

CHEESECAKES

Variantes de crèmes et de coulis

Vous pouvez servir le Cheesecake citron vert et myrtilles (voir p. 212-213) et les variantes page ci-contre avec des crèmes et des coulis aux teintes et aux saveurs variées.

◂ Crème à la mandarine
Pour transformer les Mini cheesecakes au citron (voir ci-contre) en cheesecakes à la mandarine, remplacer la crème au citron par la même quantité de crème épaisse à la mandarine. Substituer aussi éventuellement le jus de citron par la même quantité de jus de mandarine.

Coulis à la myrtille et à la vanille ▴
Simplifier la recette p. 212-213 en mixant 100 g de myrtilles fraîches et 1 c. à s. de sucre glace avec un peu d'eau. Filtrer ce coulis, puis en napper le cheesecake et le réfrigérer. À la place du jus et du zeste de citron vert, ajouter 2 c. à c. d'extrait de vanille et 2 c. à s. d'eau.

◂ Coulis de fraises
Servir le Cheesecake aux trois chocolats (ci-contre) avec du coulis de fraises à la place du chocolat fondu. Pour cela, mixer 150 g de fraises avec 1 c. à s. de jus de citron et 1 c. à s. de sucre glace, puis filtrer.

◂ Coulis de kiwis et de citron vert
Remplacer les myrtilles du coulis destiné au Cheesecake citron vert et myrtilles (p. 212-213) par 1 kiwi coupé en dés de 5 mm. Faire mijoter dans une casserole le jus d'1 citron vert, 1 c. à s. de sucre et 1 c. à s. d'eau jusqu'à ce que le sucre soit dissous, puis ajouter le kiwi.

Coulis de pêches ▸
Remplacer les myrtilles du coulis accompagnant le cheesecake p. 212-213 par 100 g de pêches dénoyautées et coupées en dés. Il est possible d'omettre le zeste de citron dans le coulis et de remplacer dans la garniture le zeste et le jus de citron par 1 c. à c. d'essence d'amande.

Coulis de mangues ▴
Napper le Cheesecake citron vert et myrtilles (p. 212-213) de ce coulis : mixer la pulpe de 2 mangues mûres avec le jus d'1 citron et 1 c. à s. de sucre glace. En recouvrir le cheesecake et réfrigérer comme indiqué.

1 h 30 + refroidissement et réfrigération

Pour 8 personnes

CHEESECAKE CUIT
et sauce aux fraises

Moins délicats que les variantes sans cuisson, les cheesecakes cuits se gardent plus longtemps au réfrigérateur. Le citron apporte une pointe d'acidité. Une fois la recette classique maîtrisée, vous pouvez choisir d'autres parfums ou sauces.

INGRÉDIENTS

- 75 g de beurre doux à température ambiante + pour le moule
- 150 g de sablés finement émiettés

Pour la garniture

- 675 g de fromage frais (de type St Môret®)
- 150 ml de crème aigre à température ambiante
- 150 g de sucre
- 1 c. à c. d'extrait de vanille
- 1 pincée de sel de mer fin
- le zeste râpé d'½ citron
- 1 c. à s. de jus de citron
- 2 œufs

Pour la sauce

- 400 g de fraises équeutées et finement tranchées dans la longueur
- 1 c. à s. de jus de citron
- 1 c. à s. de sucre
- 4 c. à s. de confiture de fraises filtrée pour ôter les pépins

MATÉRIEL

- 1 moule à charnière de 20 cm

1

Préchauffer le four à 180 °C. Beurrer le moule et le chemiser de papier sulfurisé. Faire fondre le beurre à feu doux dans une petite casserole, puis le mélanger avec les miettes de biscuits dans un saladier.

2

Transvaser le mélange dans le moule et le tasser délicatement avec le dos d'une cuillère pour obtenir une couche uniforme. Enfourner pour environ 10 minutes, puis retirer du four et laisser refroidir.

3

Préparer la garniture en fouettant le fromage frais avec la crème aigre, le sucre, l'extrait de vanille, le sel, le zeste et le jus de citron. Ajouter les œufs, un par un, et fouetter vigoureusement.

4

Chemiser les bords extérieurs et la base du moule d'une feuille de papier d'aluminium, puis placer le moule dans un grand plat allant au four. Verser la préparation sur le fond de tarte. Verser de l'eau dans le plat de façon qu'elle arrive à mi-hauteur des bords du moule.

5

Enfourner pour 1 heure jusqu'à ce que le cheesecake soit cuit et se détache des bords. Éteindre le four et y laisser le cheesecake tiédir 30 minutes, puis le laisser refroidir sur une grille avant de le placer 4 heures au réfrigérateur.

6

Pour préparer la sauce, mélanger les fraises avec le jus de citron et le sucre dans un bol et les laisser macérer environ 30 minutes. Faire chauffer la confiture à feu doux dans une petite casserole à fond épais. La mélanger avec les fraises au citron et au sucre puis laisser refroidir. Démouler le cheesecake et le servir avec cette sauce. Enveloppé de film alimentaire, il se gardera 3 jours au réfrigérateur.

1 h 50
+ refroidissement et réfrigération

Pour 8 personnes

CHEESECAKE CUIT chocolat et orange

Les biscuits au chocolat noir Oreo® constituent une base de cheesecake plus riche. Le mélange de fromage frais et de mascarpone, très onctueux, offre un parfum d'orange prononcé.

INGRÉDIENTS

- 100 g de beurre doux fondu puis refroidi + pour le moule
- 200 g de biscuits Oreo® sans crème et émiettés

Pour la garniture

- 450 g de fromage frais (de type St Môret®)
- 225 g de mascarpone à température ambiante
- 100 g de sucre
- ½ c. à c. d'extrait d'orange
- 4 c. à s. de jus d'orange fraîchement pressé
- le zeste râpé d'½ grosse orange
- 2 œufs

Pour la crème à l'orange

- 115 g de sucre
- 1 c. à s. de Maïzena
- 3 jaunes d'œufs
- 75 ml de jus d'orange fraîchement pressé
- le zeste râpé d'½ grosse orange + pour décorer
- 25 g de beurre doux à température ambiante coupé en dés

MATÉRIEL

- 1 moule à charnière de 20 cm

1 Préchauffer le four à 180 °C. Beurrer le moule, puis le chemiser de papier sulfurisé. Mélanger les miettes de biscuits avec le beurre dans un bol. Étaler le mélange en couche uniforme au fond du moule. Placer celui-ci sur une plaque de four et faire cuire 10 minutes. Retirer du four et laisser refroidir.

2 Pour préparer la garniture, mixer tous les ingrédients sauf les œufs dans un robot ménager jusqu'à obtention d'un mélange lisse. Verser ce dernier dans un saladier et ajouter les œufs, un par un, en fouettant vigoureusement après chaque ajout. Chemiser les bords et la base du moule de papier d'aluminium (voir p. 217, étape 4).

3 Placer le moule dans un grand plat à four. Recouvrir la base du gâteau d'une couche de garniture. Remplir le plat d'eau bouillante en veillant à ce que celle-ci arrive à mi-hauteur du moule.

4 Enfourner pour 1 heure jusqu'à ce que la garniture soit cuite et se détache des bords. Éteindre le four et y laisser tiédir le cheesecake. Retirer du four et laisser refroidir complètement.

5 Préparer la crème à l'orange en mélangeant le sucre et la Maïzena dans une casserole à fond épais. Incorporer les jaunes d'œufs, en fouettant. Ajouter le jus ainsi que le zeste d'orange et bien remuer.

6 Faire chauffer cette crème 8 à 10 minutes, en remuant, jusqu'à épaississement. Ne pas la laisser bouillir. Retirer du feu et ajouter le beurre progressivement, sans cesser de battre, jusqu'à ce que la crème soit épaisse et brillante. Laisser refroidir complètement.

5 Étaler cette crème sur le cheesecake, mais pas sur les côtés. Recouvrir de film alimentaire et placer 4 heures au réfrigérateur avant de démouler et de servir. Enveloppé de film alimentaire, le cheesecake se gardera 3 jours au réfrigérateur.

1 h
+ refroidissement et réfrigération

Pour 8 personnes

CROSTATA di ricotta

Ce dessert italien associe ricotta, orange confite et biscuit au citron.

INGRÉDIENTS

175 g de beurre doux ramolli + pour le moule

250 g de farine tamisée + pour saupoudrer

le zeste râpé d'1 citron

50 g de sucre

4 jaunes d'œufs

1 pincée de sel

1 œuf battu pour glacer le gâteau

Pour la garniture

1,25 kg de ricotta

100 g de sucre

1 c. à s. de farine

1 pincée de sel

le zeste râpé d'1 orange

2 c. à s. d'écorce d'orange confite hachée

1 c. à c. d'extrait de vanille

45 g de raisins de Smyrne

30 g d'amandes effilées

4 jaunes d'œufs

MATÉRIEL

1 moule à charnière de 23 à 25 cm

1 Beurrer le moule. Dans un saladier, verser la farine. Creuser un puits et y ajouter le beurre, le zeste de citron, le sucre, les jaunes d'œufs et le sel. Travailler peu à peu, du bout des doigts, jusqu'à obtention d'une pâte. La pétrir 2 minutes sur une surface farinée. Quand elle est homogène, façonner une boule, l'envelopper dans du film alimentaire et réserver 30 minutes au frais.

2 Abaisser sur une surface farinée les trois quarts de la pâte, en un disque de 35 à 37 cm. Foncer le moule en pressant bien. Couper ce qui dépasse. Placer la base du gâteau et la pâte réservée 15 minutes au réfrigérateur.

3 Pour préparer la garniture, battre la ricotta, le sucre, la farine et le sel dans un saladier. Ajouter, en battant, le reste des ingrédients. Déposer sur la base du gâteau et tapoter le moule contre le plan de travail pour chasser les poches d'air. Badigeonner d'œuf les bords du gâteau.

4 Préchauffer le four à 180 °C. Abaisser le reste de pâte en un disque de 25 cm. Y découper des bandes de 2 cm de large pour créer un motif en damier sur le dessus du gâteau. Badigeonner avec le reste d'œuf battu et laisser prendre 15 à 30 minutes au frais.

5 Faire cuire 1 heure sur une plaque en bas du four. Quand le dessus est doré, laisser tiédir, puis démouler. Servir le jour même, à température ambiante.

50 à 55 min
+ refroidissement

Pour 4 cheesecakes

CHEESECAKES CUITS façon tiramisu

Servez ces petits cheesecakes au cœur mœlleux avec un verre d'amaretto ou un café fort.

INGRÉDIENTS

50 g de biscuits « Digestive » ou de spéculoos finement émiettés

50 g d'amarettis finement émiettés

50 g de beurre doux fondu et refroidi

300 g de ricotta

200 g de fromage frais (de type St Môret®)

100 g de sucre

2 œufs

1 c. à c. d'extrait de vanille

1 c. à s. d'amaretto

1 c. à c. de café instantané

1 c. à s. de liqueur de café

cacao en poudre

MATÉRIEL

4 moules ronds de 10 cm de diamètre à fond amovible

1 Préchauffer le four à 180 °C. Chemiser les moules de papier sulfurisé. Mélanger les miettes de biscuits avec le beurre dans un bol. Tasser au fond des moules. Enfourner pour 5 minutes. Retirer et laisser refroidir.

2 Mixer la ricotta, le fromage frais, le sucre, les œufs, l'extrait de vanille et l'amaretto au robot jusqu'à obtention d'une crème lisse. Délayer le café instantané dans 1 cuillerée à soupe d'eau bouillante. Ajouter, en remuant, la liqueur de café et laisser tiédir. Mélanger avec 3 cuillerées à soupe de préparation à la ricotta.

3 Placer les moules sur une plaque de four. Répartir la préparation dans les moules et l'arroser du mélange au café. Enfourner pour 25 à 30 minutes jusqu'à ce que la garniture prenne et se détache des bords.

4 Éteindre le four et y laisser les cheesecakes 30 minutes. Les retirer et les laisser complètement refroidir avant de réfrigérer 4 heures ou toute une nuit. Démouler et servir saupoudré de cacao. Enveloppés de film alimentaire, ils se garderont 3 jours au réfrigérateur.

1 h 10
+ refroidissement

Pour 8 à 10 personnes

FRAISIER à la crème à la vanille

Dans cette recette, les jaunes et les blancs d'œufs sont fouettés séparément pour réaliser une génoise parfaite, légère, aérienne et bien gonflée. L'association de la crème fouettée et des fraises fait de ce gâteau un dessert d'été classique.

INGRÉDIENTS

- 45 g de beurre fondu + pour le moule
- 125 g de farine
- ¾ de c. à c. de levure chimique
- ¼ de c. à c. de sel
- 2 c. à s. de Maïzena
- 6 gros œufs, jaunes et blancs séparés
- 1 c. à c. de crème de tartre
- 200 g de sucre
- 1 ½ c. à c. d'extrait de vanille
- 3 c. à s. de lait entier à température ambiante

Pour la garniture

- 150 ml de crème épaisse
- 1 c. à c. de sucre glace
- 200 g de fraises équeutées et coupées en deux

Pour le glaçage

- 350 ml de crème à fouetter
- 3 c. à s. de sucre glace
- ½ c. à c. d'extrait de vanille

MATÉRIEL

2 moules à gâteaux de 20 cm

À L'AVANCE

Les génoises non fourrées se garderont 2 à 3 jours au réfrigérateur dans un récipient hermétique.

1

Préchauffer le four à 180 °C. Beurrer un peu les moules et les chemiser de papier sulfurisé. Tamiser la farine avec la levure, le sel et la Maïzena dans un bol et réserver.

2

Fouetter les blancs d'œufs dans un saladier jusqu'à ce qu'ils soient mousseux. Ajouter, sans cesser de fouetter, la crème de tartre puis, quand des pics se forment, la moitié du sucre. Monter en neige ferme.

Incorporez progressivement la préparation à base de farine.

3

Dans un autre saladier, faire blanchir les jaunes d'œufs avec le reste de sucre, pendant 4 à 5 minutes. Quand ils sont épais et jaune pâle, ajouter l'extrait de vanille, le beurre et le lait et bien mélanger. Incorporer ensuite le mélange à base de farine.

Ajoutez peu à peu les blancs montés en neige.

4

Incorporer les blancs montés en neige. Répartir la pâte obtenue dans les moules. Enfourner pour 20 à 25 minutes jusqu'à ce que les génoises soient dorées et que la lame d'un couteau en ressorte sèche. Laisser refroidir 10 minutes dans les moules, puis sur une grille à pâtisserie.

5

Pour la garniture, battre la crème épaisse et le sucre glace dans un saladier jusqu'à formation de pics fermes. Couper la moitié des fraises en petits morceaux et les incorporer.

6

Étaler la garniture sur une des génoises puis recouvrir avec l'autre génoise. Pour le glaçage, fouetter la crème avec le sucre glace et l'extrait de vanille jusqu'à ce que des pics fermes se forment et l'étaler sur le dessus. Garnir avec le reste de fraises et servir. Ce gâteau se gardera 1 à 2 jours au réfrigérateur.

1 h 30 + réfrigération

Pour 12 personnes

TRES LECHES aux cerises

Ce dessert signifiant « gâteau aux trois laits » en espagnol est populaire dans toute l'Amérique latine. Pour lui donner sa texture moelleuse et son goût sucré, imbibez la génoise d'une sauce composée de crème et de lait concentré.

INGREDIENTS

- beurre pour le moule
- 150 g de farine + pour saupoudrer
- 6 gros œufs, jaunes et blancs séparés
- ¼ de c. à c. de crème de tartre
- 250 g de sucre
- 75 ml de lait entier
- 1 ½ c. à c. d'extrait de vanille
- 1 ¾ de c. à c. de levure chimique
- ¼ de c. à c. de sel
- 12 cerises au marasquin

Pour les « tres leches »

- 240 ml de crème épaisse
- 200 ml de lait concentré sucré
- 120 ml de lait concentré non sucré
- 1 c. à c. d'extrait de vanille

Pour le glaçage

- 350 ml de crème épaisse
- 3 c. à s. de sucre glace
- ½ c. à c. d'extrait de vanille pur

MATÉRIEL

1 moule à gâteau de 23 x 33 cm

1 Préchauffer le four à 180 °C. Beurrer et fariner le moule à gâteau. Fouetter les blancs dans un saladier jusqu'à ce qu'ils soient mousseux. Ajouter la crème de tartre et fouetter jusqu'à ce que de petits pics se forment. Verser 50 g de sucre en pluie et monter en neige ferme. Réserver.

2 Fouetter les jaunes avec le reste de sucre dans un saladier jusqu'à obtention d'un mélange épais et jaune pâle. Ajouter le lait et l'extrait de vanille et fouetter jusqu'à ce que le mélange soit lisse. Verser la farine, la levure et le sel dans un autre saladier et bien mélanger.

3 Verser les ingrédients secs dans le mélange à base de jaunes d'œufs et fouetter jusqu'à obtention d'une pâte homogène. Incorporer peu à peu les blancs montés en neige. Verser la pâte obtenue dans le moule et égaliser sa surface.

4 Enfourner pour 30 à 35 minutes. Retirer du four et laisser tiédir 5 minutes dans le moule avant de faire refroidir complètement sur une grille. Mélanger les ingrédients des « tres leches » dans un saladier.

5 Placer le gâteau refroidi sur un plat de service. Le piquer avec une brochette, jusqu'au fond. Napper de « tres leches ». Couvrir de film alimentaire et placer 3 heures au frais jusqu'à ce que tout le liquide ait été absorbé.

6 Fouetter les ingrédients du glaçage jusqu'à ce que des pics fermes se forment. Étaler sur le gâteau. Couper ce dernier en 12 morceaux de taille égale. Garnir chacun d'une cerise et servir froid. Ce gâteau se garde 4 jours au réfrigérateur dans un récipient hermétique.

55 min
+ refroidissement

Pour 8 à 10 personnes

GÂTEAU Victoria

Modernisez ce gâteau traditionnel britannique en le fourrant avec une crème à la framboise.

INGRÉDIENTS

225 g de beurre + pour le moule

250 g de sucre

4 gros œufs à température ambiante

1½ c. à c. d'extrait de vanille

4 c. à s. de lait entier

225 g de farine avec levure incorporée

½ c. à c. de sel

175 g de framboises coupées en deux

Pour le fourrage

225 g de mascarpone à température ambiante

200 ml de crème épaisse

30 g de sucre glace + pour saupoudrer

½ c. à c. d'extrait de vanille

MATÉRIEL

2 moules ronds de 23 cm de diamètre

À L'AVANCE

Vous pouvez garder les génoises non fourrées 2 à 3 jours au réfrigérateur, dans un récipient hermétique.

1 Préchauffer le four à 180 °C. Beurrer les moules et les chemiser de papier sulfurisé. Mettre le beurre et le sucre dans un saladier et bien fouetter jusqu'à ce que le mélange soit léger et mousseux. Ajouter les œufs, un par un, en fouettant bien après chaque ajout.

2 Ajouter l'extrait de vanille et le lait. Bien mélanger au fouet. Ajouter peu à peu la farine et le sel préalablement tamisés. Ne pas trop fouetter, juste assez pour mélanger les ingrédients.

3 Répartir cette pâte dans les moules et la lisser avec une spatule. Enfourner pour 20 à 25 minutes jusqu'à ce que la lame d'un couteau en ressorte sèche. Laisser reposer 10 minutes, puis démouler les génoises et les laisser refroidir complètement sur une grille.

4 Déposer tous les ingrédients du fourrage dans un saladier et les battre jusqu'à ce que des pics fermes se forment. Étaler la préparation sur une des génoises et recouvrir d'une couche de framboises. Poser dessus l'autre génoise, saupoudrer de sucre glace et servir. Ce gâteau se gardera 1 à 2 jours au réfrigérateur.

1 h
+ refroidissement

Pour 8 personnes

GÂTEAU des anges

Ce gâteau, qui ne contient pas de matières grasses, doit son nom à sa texture aérienne si fine qu'elle convient parfaitement aux anges.

INGRÉDIENTS

125 g de farine

2 c. à s. de Maïzena

¼ de c. à c. de sel

300 g de sucre

11 blancs d'œufs à température ambiante

1 ½ c. à c. de crème de tartre

1 ½ c. à c. d'extrait de vanille

1 c. à c. de jus de citron

175 g de myrtilles pour servir

sucre glace pour saupoudrer

MATÉRIEL

1 moule à savarin de 25 cm

1 Préchauffer le four à 180 °C. Tamiser la farine, la Maïzena, le sel et la moitié du sucre dans un saladier et réserver. Verser les blancs d'œufs dans un bol séparé et battre jusqu'à ce qu'ils soient mousseux. Ajouter la crème de tartre et continuer de fouetter jusqu'à ce que de légers pics se forment.

2 Ajouter peu à peu le reste de sucre et fouetter jusqu'à obtention de pics mous. Incorporer l'extrait de vanille et le jus de citron en remuant avec une spatule. Tamiser le mélange à base de farine et mélanger délicatement. Ne pas trop remuer.

3 Verser la pâte dans le moule et égaliser sa surface. Tapoter le moule contre le plan de travail plusieurs fois pour chasser les bulles d'air. Enfourner pour 30 à 35 minutes. Quand le gâteau est doré et ferme, laisser refroidir 2 à 3 heures.

4 Passer un couteau le long des parois du moule pour démouler le gâteau. Placer celui-ci à l'envers sur un grand plat. Éparpiller des myrtilles sur le dessus et saupoudrer de sucre glace. Servir le jour même.

45 min
+ refroidissement et réfrigération

Pour 4 shortcakes

SHORTCAKES aux fraises

Il s'agit d'une recette américaine classique très appréciée aux États-Unis. Ce shortcake a la même texture qu'un scone. Il est de grosse taille, comme il se doit pour un gâteau américain, mais il est si bon qu'il se laisse vite manger.

INGRÉDIENTS

- 75 g de beurre froid, coupé en dés + pour les moules
- 250 g de farine + pour saupoudrer
- 2 c. à c. de levure chimique
- 60 g de sucre
- 1 pincée de sel
- 1 œuf battu
- 150 ml de lait fermenté
- sucre glace pour saupoudrer

Pour le fourrage

- 150 g de fraises équeutées et coupées en fines lamelles
- 1 c. à s. de sucre
- 150 ml de crème épaisse
- 1 c. à c. d'extrait de vanille

MATÉRIEL

1 emporte-pièce rond de 7,5 cm

1 Préchauffer le four à 200 °C. Beurrer une plaque de four et la chemiser de papier sulfurisé. Mélanger la farine avec la levure, le sucre et le sel dans un saladier. Incorporer le beurre jusqu'à obtention d'une pâte sableuse.

2 Fouetter l'œuf battu et le lait fermenté dans un bol à part, puis verser le mélange dans la pâte sableuse. Avec les doigts, agglom[…] les ingrédients jusqu'à obtention d'une pâte molle et friable.

3 Sur une surface farinée, abaisser cette pâte sur 2 cm d'épaisseur. Y découper 4 disques à l'aide de l'emporte-pièce et les disposer sur la plaque de four. Les faire cuire 15 minutes dans la partie supérieure du four. Quand ils ont gonflé, les laisser refroidir sur une grille à pâtisserie.

4 Pour le fourrage, mélanger les fraises et le sucre dans un bol et laisser macérer 1 heure. Fouetter la crème avec l'extrait de vanille jusqu'à formation de pics fermes. Couper les shortcakes en deux. Les fourrer de crème et de fraises. Saupoudrer de sucre glace et servir aussitôt.

1 h
+ refroidissement

Pour 4 à 6 personnes

SHORTCAKE aux pêches

Jouez avec les proportions et réalisez un énorme shortcake. Les shortcakes sont très simples à faire, mais doivent être servis tout de suite ou seulement quelques heures après leur cuisson.

INGRÉDIENTS

- 2 pêches dénoyautées et coupées en fins quartiers
- 30 g de beurre froid, coupé en dés
- 30 g de cassonade

Pour le shortcake

- 250 g de farine + pour saupoudrer
- 2 c. à c. de levure chimique
- 60 g de sucre
- 1 pincée de sel
- 75 g de beurre froid, coupé en dés
- 1 œuf battu
- 150 ml de lait fermenté

Pour la garniture

- 150 ml de crème épaisse
- 1 c. à c. d'extrait de vanille
- sucre glace pour servir

À L'AVANCE

Vous pouvez garder les pêches cuites 3 jours au réfrigérateur dans un récipient hermétique. Amenez-les à température ambiante avant de servir.

1 Préchauffer le four à 200 °C. Disposer les pêches en une seule couche dans un plat allant au four. Parsemer de beurre et saupoudrer de cassonade.

2 Les faire cuire 10 à 15 minutes dans la partie supérieure du four jusqu'à ce qu'elles soient assez tendres pour que la lame d'un couteau s'y enfonce. Retirer du four et laisser refroidir.

3 Pour préparer la pâte, mélanger la farine, la levure, le sucre et le sel dans un saladier. Incorporer le beurre du bout des doigts jusqu'à obtention d'une pâte sableuse.

4 Fouetter l'œuf et le lait fermenté dans un bol. Verser le tout dans la pâte. Malaxer avec les doigts pour obtenir une pâte molle et friable.

5 L'abaisser délicatement sur une surface légèrement farinée, en un disque de 15 cm de diamètre et de 2 cm d'épaisseur. Déposer celui-ci sur une plaque de four.

6 Faire cuire 20 à 25 minutes dans la partie supérieure du four jusqu'à ce que le shortcake soit gonflé et légèrement doré. Le retirer du four et le laisser refroidir complètement sur une grille à pâtisserie, puis le fendre en deux avec un couteau.

7 Pour le fourrage, fouetter la crème et l'extrait de vanille dans un bol jusqu'à ce que des pics légers se forment. Garnir le shortcake de cette crème et de pêches. Arroser celles-ci d'un peu de liquide de cuisson. Servir saupoudré de sucre glace.

45 min + refroidissement et réfrigération

Pour 6 shortcakes

SHORTCAKES fourrés à la glace

Transformez ce dessert classique en introduisant des fraises fraîches dans la pâte et en remplaçant la crème par de la glace.

INGRÉDIENTS

115 g de beurre ramolli

175 g de sucre + pour saupoudrer

½ c. à c. d'extrait de vanille

1 jaune d'œuf

200 g de farine

½ c. à c. de levure chimique

100 g de fraises équeutées et coupées en dés

175 g de glace à la vanille

À L'AVANCE

Vous pouvez préparer les shortcakes la veille et les garder non fourrés dans un récipient hermétique, au réfrigérateur.

1 Préchauffer le four à 180 °C. Chemiser 2 plaques de four de papier sulfurisé et réserver. Au fouet, battre le beurre et le sucre dans un saladier jusqu'à obtention d'un mélange aérien et mousseux.

2 Ajouter, en fouettant, l'extrait de vanille et le jaune d'œuf. Tamiser la farine et la levure dans le mélange et fouetter. Ajouter les fraises et bien mélanger. Façonner 12 boules de même taille avec cette pâte.

3 Les aplatir légèrement et les disposer sur les plaques de four. Saupoudrer de sucre, puis enfourner pour 15 à 18 minutes jusqu'à ce que les shortcakes soient gonflés et légèrement dorés sur les bords. Les retirer du four et les laisser refroidir 10 minutes sur les plaques puis sur une grille à pâtisserie.

4 Laisser la glace quelques minutes à température ambiante, puis assembler les shortcakes deux par deux en insérant une cuillerée de glace ramollie. Placer 10 minutes au congélateur avant de servir.

20 min + réfrigération et refroidissement

Pour 4 millefeuilles

SHORTCAKES aux fraises façon millefeuille

Ce dessert élégant est superbe quand on le sert avec un peu de coulis de fruits (p. 215).

INGRÉDIENTS

85 g de beurre ramolli

140 g de sucre

1 jaune d'œuf

½ c. à c. d'extrait de vanille

175 g de farine + pour saupoudrer

Pour la garniture

250 ml de crème épaisse

1 c. à s. de sucre glace + pour saupoudrer

250 g de fraises équeutées et finement tranchées

MATÉRIEL

1 emporte-pièce de 8 cm

4 cercles à pâtisserie de 8 cm

À L'AVANCE

Les shortcakes non fourrés se garderont 3 jours au réfrigérateur dans un récipient hermétique.

1 Fouetter le beurre avec le sucre dans un saladier. Quand le mélange est mousseux, ajouter, en fouettant, le jaune d'œuf et l'extrait de vanille, puis la farine et 2 cuillerées à soupe d'eau froide. Amalgamer pour obtenir une pâte molle et friable. Recouvrir de film alimentaire et réfrigérer 30 minutes.

2 Préchauffer le four à 180 °C et chemiser 3 plaques de four de papier sulfurisé. Abaisser la pâte sur une surface farinée. Avec l'emporte-pièce, découper 16 disques et les disposer sur une plaque. Enfourner pour 10 minutes jusqu'à ce que les bords soient dorés.

3 Retirer du four et laisser refroidir sur une grille. Placer un shortcake dans chaque anneau à pâtisserie sur une plaque de four chemisée. Préparer la garniture : fouetter la crème avec le sucre glace jusqu'à formation de pics fermes.

4 Étaler 5 mm de cette crème sur chaque shortcake. Recouvrir de fraises. Répéter l'opération en ajoutant 2 couches de shortcakes, de crème et de fraises. Recouvrir de crème, puis coiffer d'un dernier shortcake.

5 Recouvrir de film alimentaire et réfrigérer au moins 6 heures ou toute une nuit. Retirer délicatement les cercles à pâtisserie et saupoudrer de sucre glace. Couvert de film alimentaire, ce millefeuille se garde 1 journée au réfrigérateur.

1 h
+ refroidissement et réfrigération

Pour 8 à 10 personnes

GÂTEAU fourré au chocolat

Ce gâteau riche, chocolaté et moelleux est également parfumé au café. Servez-le avec un bol de crème fouettée mélangée à du sucre glace et à une goutte d'extrait de vanille.

INGRÉDIENTS

- 240 ml d'huile végétale ou de pépins de raisin pour les moules
- 1 c. à c. de café instantané
- 75 g de cacao en poudre
- 2 gros œufs + 1 jaune légèrement battus
- 100 g de sucre
- 200 g de cassonade brune
- 1 c. à c. d'extrait de vanille
- 250 g de farine
- 1 c. à c. de sel
- 1 ½ c. à c. de bicarbonate de soude
- ½ c. à c. de levure chimique
- 230 ml de crème aigre à température ambiante

Pour le glaçage

- 400 ml de crème épaisse
- ¼ de c. à c. de sel
- 350 g de chocolat noir finement haché
- 3 c. à s. de beurre ramolli
- 1 c. à c. d'extrait de vanille

MATÉRIEL

2 moules ronds de 20 cm

À L'AVANCE

Sans glaçage et enveloppé dans du film alimentaire, ce gâteau se gardera 2 jours au réfrigérateur.

1

Préchauffer le four à 180 °C. Beurrer légèrement les moules et les chemiser de papier sulfurisé. Verser le café et le cacao en poudre dans un bol. Recouvrir de 240 ml d'eau chaude, remuer et laisser refroidir.

2

Dans un saladier, fouetter l'huile, les œufs, le jaune d'œuf, le sucre et la cassonade. Ajouter l'extrait de vanille et bien fouetter pour mélanger. Dans un autre saladier, tamiser la farine, le sel, le bicarbonate de soude et la levure chimique. Bien mélanger.

3

Dans la préparation aux œufs, ajouter peu à peu le mélange à base de farine et la crème aigre. Bien mélanger. Incorporer le café et le cacao délayés.

Remuez délicatement jusqu'à ce que le mélange soit lisse et sans marbrures.

4

Répartir la pâte dans les moules. Enfourner pour 35 à 40 minutes jusqu'à ce que la lame d'un couteau enfoncée dans la pâte ressorte sèche. Retirer du four et laisser tiédir 15 minutes avant de démouler et de laisser refroidir complètement sur une grille.

5

Fouettez le glaçage pour qu'il soit lisse avant de le réfrigérer.

Pour le glaçage, laisser frémir la crème épaisse sur feu modéré à doux. La verser dans un grand saladier et ajouter, en fouettant, le sel et le chocolat puis, en remuant, le beurre et l'extrait de vanille. Couvrir et laisser épaissir 2 heures au réfrigérateur, en remuant de temps en temps.

6

Battre 1 minute le glaçage rafraîchi jusqu'à ce qu'il soit aérien et mousseux. Assembler les 2 gâteaux en plaçant au milieu une généreuse quantité de glaçage. Badigeonner le dessus et les côtés du gâteau du reste de glaçage et servir. Ce gâteau se gardera 2 à 3 jours au réfrigérateur dans un récipient hermétique.

55 min + refroidissement

Pour 8 à 10 personnes

GÂTEAU allemand au chocolat

Avec ses trois couches de génoise et son fantastique glaçage, ce gâteau riche et succulent mérite de trôner au milieu de votre table pour le dessert.

INGRÉDIENTS

- 175 g de beurre ramolli, coupé en dés + pour les moules
- 115 g de chocolat noir à forte teneur en cacao
- 200 g de sucre
- 200 g de cassonade brune
- 4 gros œufs légèrement battus
- 1 ½ c. à c. d'extrait de vanille
- 250 g de farine
- 1 ¼ c. à c. de levure chimique
- ¾ de c. à c. de bicarbonate de soude
- 1 c. à c. de sel
- 300 ml de lait fermenté

Pour le glaçage

- 180 ml de lait entier
- 140 g de cassonade
- 1 petite pincée de sel
- 2 gros jaunes d'œufs légèrement battus
- 1 c. à c. d'extrait de vanille
- 85 g de beurre coupé en dés
- 175 g de noix de coco râpée
- 85 g de noix hachées

MATÉRIEL

3 moules à gâteau de 20 cm

À L'AVANCE

Enveloppés dans du film alimentaire, les gâteaux non glacés se garderont 1 à 2 jours au réfrigérateur.

1 Préchauffer le four à 180 °C. Beurrer les moules et les chemiser de papier sulfurisé. Faire fondre le chocolat avec 60 ml d'eau tiède au bain-marie. Retirer du feu et laisser refroidir.

2 Dans un saladier, battre le beurre avec le sucre et la cassonade jusqu'à obtention d'un mélange mousseux. Ajouter peu à peu les œufs, sans cesser de battre, puis l'extrait de vanille. Ajouter le chocolat et bien mélanger en raclant les parois du saladier.

3 Tamiser la farine, la levure, le bicarbonate de soude et le sel dans un saladier. Dans la préparation au chocolat, ajouter peu à peu le mélange à base de farine et le lait fermenté, en les alternant. Mélanger jusqu'à obtention d'une pâte homogène.

4 Répartir cette pâte dans les moules et enfourner pour 30 à 35 minutes. Quand une lame en ressort sèche, laisser tiédir 10 à 15 minutes, puis démouler sur une grille à pâtisserie et laisser refroidir complètement.

5 Préparer le glaçage en faisant chauffer le lait, la cassonade brune, le sel, les jaunes d'œufs, l'extrait de vanille et le beurre dans une casserole à feu modéré. Fouetter jusqu'à ce que le glaçage soit lisse et porter à ébullition. Baisser le feu et laisser épaissir 5 à 6 minutes.

6 Retirer du feu, ajouter la noix de coco et les noix. Bien mélanger. Laisser refroidir et assembler les 2 gâteaux en étalant au milieu les deux tiers du glaçage. Recouvrir avec le reste du glaçage et servir. Le gâteau se conserve 3 à 4 jours dans un récipient hermétique.

1 h 15 + refroidissement — **Pour 6 à 8 personnes**

FORÊT-NOIRE

Ce dessert doit son nom au kirsch, une liqueur originaire de la région de la Forêt-Noire en Allemagne.

INGRÉDIENTS

- 3 c. à s. de beurre fondu + pour les moules
- 6 gros œufs, blancs et jaunes séparés
- 225 g de sucre
- 1 ½ c. à c. d'extrait de vanille
- 3 c. à s. de lait entier à température ambiante
- 85 g de farine
- ¾ de c. à c. de levure chimique
- 2 c. à s. de Maïzena
- ¼ de c. à c. de sel
- 6 c. à s. de cacao en poudre nature
- 1 c. à c. de crème de tartre

Pour le fourrage

- 5 c. à s. de jus de cerise
- 2 ½ c. à s. de kirsch
- 1 pincée de sel
- 3 ½ c. à s. de sucre
- 400 g de cerises acides dénoyautées
- 225 g de mascarpone à température ambiante
- 350 ml de crème épaisse
- ¼ de c. à c. d'extrait de vanille
- 45 g de chocolat râpé pour décorer

MATÉRIEL

1 moule à charnière de 23 cm

À L'AVANCE

S'il n'est pas glacé, le gâteau enveloppé de film alimentaire se gardera 1 journée au réfrigérateur.

1 Préchauffer le four à 180 °C. Beurrer le moule, puis le chemiser de papier sulfurisé. Réserver. Blanchir les jaunes d'œufs avec la moitié du sucre dans un bol. Incorporer l'extrait de vanille, le beurre et le lait.

2 Tamiser la farine, la levure, la Maïzena, le sel et le cacao en poudre dans un saladier. Incorporer progressivement le mélange à base de jaunes d'œufs, puis réserver. Dans un autre saladier, battre les blancs jusqu'à ce qu'ils soient mousseux. Ajouter la crème de tartre, sans cesser de battre jusqu'à ce que des pics légers se forment, puis monter les blancs en neige ferme avec le reste de sucre.

3 Incorporer progressivement les blancs en neige dans la pâte. Verser le tout dans le moule et enfourner pour 40 à 45 minutes. Laisser refroidir (voir Gâteau allemand au chocolat, étape 4). Fendre le gâteau en deux.

4 Préparer le fourrage en faisant chauffer, sur feu modéré à doux, le jus de cerise, le kirsch, le sel et 1 ½ cuillerée à soupe de sucre dans une casserole. Remuer jusqu'à ce que le sucre soit dissous. Ajouter les cerises et les enrober. Laisser refroidir dans un bol.

5 Battre le mascarpone dans un saladier jusqu'à ce qu'il soit lisse. Ajouter peu à peu la crème et mélanger vigoureusement. Incorporer l'extrait de vanille et le reste de sucre, en battant jusqu'à formation de légers pics.

6 Placer une des moitiés de gâteau sur un plat de service et la badigeonner généreusement de sirop de cerise. Étaler sur le dessus la moitié de la crème au mascarpone et recouvrir avec les deux tiers des cerises. Parsemer de chocolat râpé.

7 Poser dessus l'autre moitié de gâteau et badigeonner de sirop. Recouvrir avec le reste de crème au mascarpone, de chocolat râpé et de cerises, puis servir. Couvert, le gâteau se gardera 2 à 3 jours au réfrigérateur.

50 min + refroidissement — **Pour 8 à 10 personnes**

GÂTEAU red velvet

Le lait fermenté permet de réaliser un gâteau léger et aérien.

INGRÉDIENTS

- 240 ml d'huile végétale + pour les moules
- 250 g de farine
- 2 c. à s. de cacao en poudre
- 1 c. à c. de sel
- 1 c. à c. de bicarbonate de soude
- 2 gros œufs + 1 jaune
- 300 g de sucre
- 300 ml de lait fermenté
- 1 ½ c. à c. d'extrait de vanille
- 1 c. à c. de vinaigre de cidre
- 2 à 3 c. à c. de colorant alimentaire rouge en pâte

Pour le glaçage

- 350 g de fromage frais (de type St Môret®)
- 85 g de beurre à température ambiante
- ¾ de c. à c. d'extrait de vanille
- 1 pincée de sel
- 350 g de sucre glace

MATÉRIEL

2 moules à gâteaux de 20 cm

À L'AVANCE

Sans glaçage et emballé, le gâteau se gardera 1 à 2 jours.

1 Préchauffer le four à 180 °C. Graisser les moules et les chemiser de papier sulfurisé. Mélanger la farine, le cacao, le sel et le bicarbonate de soude dans un saladier. Dans un autre saladier, fouetter l'huile, les œufs et le jaune d'œuf, le sucre, le lait fermenté, l'extrait de vanille, le vinaigre de cidre et le colorant.

2 Incorporer peu à peu le premier mélange dans la préparation aux œufs. Quand la pâte est lisse, la répartir dans les moules. Faire cuire puis laisser refroidir (voir Gâteau allemand au chocolat, étape 4). Pour préparer le glaçage, battre tous les ingrédients dans un saladier.

3 Badigeonner un des gâteaux d'une généreuse couche de glaçage, puis recouvrir du second gâteau, la partie bombée en haut. Badigeonner le dessus et les côtés du reste de glaçage. Ce gâteau se gardera 3 à 4 jours dans un récipient hermétique.

1 h 30
+ refroidissement

Pour 8 à 10 personnes

GÂTEAU à la carotte glacé au fromage frais

Une fois le gâteau cuit, on ne discerne plus les carottes râpées qui donnent à ce gâteau sa texture fondante et son goût sucré. Les noix offrent un contraste croustillant et le glaçage une touche crémeuse.

INGRÉDIENTS

- 300 ml d'huile de tournesol + pour les moules
- 300 g de farine avec levure incorporée, tamisée
- 1 c. à c. de cannelle moulue
- ½ c. à c. de gingembre moulu
- ¼ de c. à c. de noix muscade
- 300 g de sucre
- 4 œufs
- 250 g de carottes râpées pressées pour extraire l'excédent d'eau
- 75 g de noix grossièrement hachées

Pour le glaçage

- 100 g de beurre ramolli
- 100 g de fromage frais (de type St Môret®) à température ambiante
- 400 g de sucre glace
- le zeste râpé d'1 grosse orange + pour décorer

MATÉRIEL

2 moules à gâteau de 23 cm

À L'AVANCE

Sans glaçage, les gâteaux se garderont 5 jours dans un récipient hermétique.

1

Préchauffer le four à 180 °C. Graisser les moules et les chemiser de papier sulfurisé. Mélanger les épices, la farine et le sucre dans un saladier. Battre les œufs avec l'huile et verser dans le premier mélange. Incorporer les carottes et les noix.

2

Répartir la pâte dans les moules. Enfourner pour 45 à 50 minutes. Quand les gâteaux sont dorés et qu'une lame en ressort sèche, laisser tiédir 10 minutes. Démouler les gâteaux et les laisser refroidir complètement sur une grille.

3

Pour le glaçage, fouetter le beurre et le fromage frais dans un saladier jusqu'à obtention d'un mélange lisse. En fouettant, incorporer le sucre glace, puis le zeste d'orange.

4

Assembler les gâteaux avec un tiers du glaçage. Recouvrir le dessus et les côtés du gâteau assemblé avec le reste de glaçage. Parsemer d'un peu de zeste d'orange et servir. Ce gâteau se gardera 5 jours dans un récipient hermétique.

1 h 05 + refroidissement | **Pour 8 personnes** | Également bon **CHAUD**

GÂTEAU courgettes et noisettes

Ce gâteau plus sain encore que le gâteau aux carottes est tout indiqué lorsque c'est la saison des courgettes.

INGRÉDIENTS

225 ml d'huile de tournesol + pour les moules
100 g de noisettes
3 gros œufs
1 c. à c. d'extrait de vanille
225 g de sucre
200 g de courgettes râpées et pressées
75 g de farine complète avec levure incorporée
1 pincée de sel
1 c. à c. de cannelle moulue
le zeste finement râpé d'1 citron
sucre glace pour saupoudrer

MATÉRIEL

1 moule à charnière de 23 cm de diamètre

1 Préchauffer le four à 180 °C. Graisser le moule et le chemiser de papier sulfurisé. Éparpiller les noisettes sur une plaque et les faire légèrement dorer 5 minutes au four. Les frotter avec un torchon propre pour ôter la peau. Hacher grossièrement et réserver.

2 Fouetter l'huile, l'extrait de vanille et le sucre dans un saladier jusqu'à obtention d'un mélange léger et lisse. Incorporer les courgettes et les noisettes, puis y tamiser la farine en ajoutant le son resté dans le tamis. Incorporer le reste des ingrédients.

3 Verser l'appareil dans le moule et enfourner pour 45 minutes. Quand le gâteau est gonflé et souple au toucher, retirer du four et laisser tiédir 10 minutes, puis démouler et laisser refroidir complètement sur une grille. Servir saupoudré de sucre glace. Le gâteau se gardera 3 jours dans un récipient hermétique.

45 min + refroidissement et prise | **Pour 8 personnes**

GÂTEAU betterave et chocolat

La purée de betteraves confère à ce gâteau au chocolat sa saveur intense et son fondant.

INGRÉDIENTS

180 ml d'huile de tournesol + pour le moule
200 g de betterave cuite et épluchée
2 œufs
200 g de sucre
175 g de farine
1 c. à c. de levure chimique
15 g de cacao en poudre
1 c. à s. de morceaux de framboises lyophilisées

Pour la ganache

90 ml de crème épaisse
115 g de chocolat noir finement haché

MATÉRIEL

1 moule à charnière de 23 cm de diamètre

À L'AVANCE

Sans glaçage, ce gâteau se gardera 3 jours dans un récipient hermétique

1 Préchauffer le four à 180 °C. Graisser le moule, puis le chemiser de papier sulfurisé. Au robot, réduire la betterave en une purée lisse, en raclant les bords du bol si nécessaire. Fouetter les œufs, l'huile et le sucre dans un grand saladier.

2 Tamiser la farine, la levure et le cacao dans la préparation aux œufs et mélanger. Incorporer la purée de betteraves, puis verser la pâte dans le moule et enfourner pour 30 à 35 minutes jusqu'à ce que le gâteau soit bien gonflé et que la lame d'un couteau en ressorte sèche.

3 Retirer du four et laisser tiédir 10 minutes, puis démouler et laisser refroidir sur une grille à pâtisserie. Pour préparer la ganache, faire chauffer la crème dans une petite casserole à fond épais jusqu'à ce qu'elle fume.

4 Retirer du feu, ajouter le chocolat et bien remuer pour le faire fondre et le mélanger à la crème. Laisser refroidir et épaissir, puis en napper le gâteau. Lisser la ganache avec une spatule. Parsemer de framboises et laisser prendre à température ambiante avant de servir.

55 min + refroidissement | Pour 6 cakes | Également bon CHAUD

PETITS CAKES épicés au miel

Avec une crème parfumée à l'orange et à la cardamome, ces cakes épicés sont particulièrement délicieux quand ils sortent du four.

INGRÉDIENTS

75 g de beurre + pour les moules
75 g de miel liquide
30 g de cassonade brune
100 g de farine
1 c. à c. de levure chimique
½ c. à c. de cannelle moulue
½ c. à c. de gingembre moulu
1/8 de c. à c. de noix muscade
1/8 de c. à c. de clous de girofle moulus
le zeste râpé d'1 orange
1 œuf

Pour la crème

100 ml de crème épaisse
1 c. à s. de sucre glace + pour saupoudrer
le zeste râpé d'1 orange
1 pincée de cardamome moulue

MATÉRIEL

6 moules à muffins de 120 ml

À L'AVANCE

Couverte, la crème à l'orange se garde 1 journée au réfrigérateur.

1 Préchauffer le four à 180 °C. Beurrer les alvéoles du moule. Faire fondre le miel, le beurre et la cassonade à feu modéré dans une grande casserole, en remuant souvent, jusqu'à ce que la cassonade soit dissoute. Transférer dans un pichet résistant à la chaleur et laisser refroidir.

2 Tamiser la farine, la levure et les épices dans un grand saladier. Incorporer le zeste d'orange puis creuser un puits au centre. Incorporer les œufs, en battant, dans le mélange refroidi au miel. Verser le tout dans la farine épicée et mélanger délicatement jusqu'à obtention d'une pâte homogène.

3 Verser cette pâte dans les alvéoles du moule, aux trois quarts. Enfourner pour 30 minutes jusqu'à ce que les cakes soient gonflés et dorés. Retirer du four et laisser refroidir avant de démouler.

4 Préparer la crème : fouetter la crème, le sucre glace et le zeste d'orange dans un saladier jusqu'à formation de pics mous. Ajouter peu à peu la cardamome à votre convenance. Saupoudrer les cakes de sucre glace et servir avec la crème, de préférence le jour même.

50 min à 1 h
+ refroidissement

Pour 10 personnes

BUNDT CAKE à la vanille

Dérivé du kouglof, ce gâteau en forme de couronne est maintenant populaire dans le monde entier. C'est traditionnellement un gâteau au parfum simple, saupoudré de sucre glace ou nappé de glaçage.

INGRÉDIENTS

225 g de beurre
+ pour le moule

350 g de farine
+ pour saupoudrer

2 c. à c. de levure chimique

1 c. à c. de sel

200 g de sucre

150 g de cassonade

3 gros œufs + 1 jaune, légèrement battus

1 c. à s. d'extrait de vanille

200 ml de lait entier

des framboises (facultatif)

Pour le glaçage

3 à 4 c. à s. de crème épaisse

225 g de sucre glace

1/4 de c. à c. d'extrait de vanille

MATÉRIEL

1 moule à kouglof de 25 cm

À L'AVANCE

Sans glaçage et enveloppé dans du film alimentaire, ce gâteau se gardera 1 journée.

1

Préchauffer le four à 180 °C. Légèrement beurrer et fariner le moule. Le retourner pour ôter l'excédent de farine. Tamiser la farine et la levure dans un saladier. Ajouter le sel, bien mélanger et réserver.

2

Fouetter le beurre 3 à 4 minutes avec le sucre et la cassonade dans un saladier. Quand il est crémeux, ajouter la moitié des œufs battus et fouetter.

3

Incorporer, en fouettant, le reste des œufs battus. Ajouter l'extrait de vanille, sans cesser de battre jusqu'à obtention d'un mélange homogène.

4

Ajouter peu à peu la farine et le lait, et fouetter jusqu'à obtention d'un mélange lisse. Racler les bords du saladier et verser la pâte dans le moule.

Enfourner pour 40 à 50 minutes, en tournant le moule à mi-cuisson. Quand le gâteau est doré, le transférer sur une grille. Attendre 1 heure pour démouler.

5

6

Pour préparer le glaçage, verser la crème épaisse dans un bol. Ajouter peu à peu le sucre glace et l'extrait de vanille, en fouettant jusqu'à épaississement. Napper le gâteau de ce glaçage. Servir avec des framboises si vous aimez.

1 h 30 + refroidissement

Pour 10 personnes

BUNDT CAKE citron et myrtilles

Citron et myrtille constituent une association classique, sucrée et acide à la fois. Remuer les baies dans la farine avant de les incorporer dans la pâte évite qu'elles ne tombent au fond du gâteau.

INGRÉDIENTS

- 225 g de beurre + pour le moule
- 375 g de farine + 2 à 3 c. à s. pour saupoudrer
- 350 g de sucre
- 3 gros œufs légèrement battus
- 1 ½ c. à c. d'extrait de vanille
- 1 c. à s. de zeste de citron râpé + pour servir
- 2 2/3 de c. à c. de levure chimique
- 1 c. à c. de sel
- 200 ml de lait fermenté à température ambiante
- 250 g de myrtilles + pour servir

Pour le glaçage

- 225 g de sucre glace
- 1 c. à s. de jus de citron
- 1 pincée de sel
- 2 c. à s. de lait

MATÉRIEL

1 moule à kouglof de 25 cm

À L'AVANCE

Refroidi, sans glaçage et enveloppé de film alimentaire, ce gâteau se gardera 1 journée.

1 Préchauffer le four à 180 °C. Beurrer et fariner le moule ; le retourner pour ôter l'excédent de farine. Fouetter le beurre avec le sucre puis ajouter les œufs.

2 Incorporer l'extrait de vanille ainsi que le zeste de citron et fouetter jusqu'à obtention d'une préparation lisse. Mélanger la farine, la levure et le sel dans un saladier à part. Ajouter peu à peu ce mélange dans le beurre à la vanille, en l'alternant avec le lait fermenté, sans cesser de fouetter.

3 Remuer les myrtilles dans 2 à 3 cuillerées de farine et les incorporer dans la pâte. Racler les bords du saladier. Bien mélanger.

4 Verser la pâte dans le moule et enfourner pour 50 à 60 minutes, en tournant le moule à mi-cuisson, jusqu'à ce que le gâteau soit doré et qu'une lame en ressorte sèche. Laisser refroidir le gâteau pendant 1 heure avant de le démouler.

5 Pour préparer le glaçage, fouetter le sucre glace, le jus de citron et le sel dans un bol. Ajouter progressivement le lait, jusqu'à ce que le mélange soit lisse. Napper le gâteau de ce dernier. Parsemer de zeste de citron et servir avec une poignée de myrtilles. Ce gâteau se garde 3 jours dans un récipient hermétique.

1 h 20
+ refroidissement

Pour 10 personnes

BUNDT CAKE citron et graines de pavot

Les graines de pavot confèrent une texture craquante à ce gâteau acidulé.

INGRÉDIENTS

- 225 g de beurre + pour le moule
- 375 g de farine + pour le moule
- 450 g de sucre
- 5 gros œufs légèrement battus
- 1 c. à c. d'extrait de vanille
- 1 c. à s. bombée de zeste de citron râpé
- 1 ¾ de c. à c. de levure chimique
- ½ c. à c. de bicarbonate de soude
- 1 c. à c. de sel
- 60 ml de jus de citron
- 240 ml de yaourt
- 1 c. à s. de graines de pavot

Pour le glaçage

- 225 g de sucre glace
- 1 pincée de sel
- 60 g de fromage frais (de type St Môret®) ramolli
- 1 c. à s. de beurre
- 3 c. à s. de lait

MATÉRIEL

1 moule à kouglof de 25 cm de diamètre

À L'AVANCE

Sans glaçage et enveloppé dans du film alimentaire, ce gâteau se gardera 1 journée.

1 Préchauffer le four et préparer le moule (voir Bundt cake citron et myrtilles, étape 1). Fouetter le beurre avec le sucre dans un bol jusqu'à ce qu'il soit crémeux. Sans cesser de fouetter, ajouter les œufs puis l'extrait de vanille et le zeste de citron.

2 Verser la farine, la levure, le bicarbonate de soude et le sel dans un saladier. Dans un bol à part, mélanger le jus de citron et le yaourt. Incorporer peu à peu ces 2 mélanges dans la préparation au beurre.

3 Incorporer les graines de pavot. Bien mélanger et verser la pâte dans le moule. Enfourner pour 50 à 55 minutes, en tournant le moule à mi-cuisson. Vérifier la cuisson (voir Bundt cake citron et myrtilles, étape 4). Laisser refroidir 1 heure sur une grille à pâtisserie, puis démouler le gâteau.

4 Pour préparer le glaçage, verser le sucre glace, le sel, le fromage frais et le beurre dans un grand saladier et fouetter. Ajouter peu à peu le lait, en fouettant jusqu'à obtention d'un glaçage lisse et brillant. En napper le gâteau et servir tout de suite. Il se gardera 3 jours dans un récipient hermétique.

1 h
+ refroidissement

Pour 12 petits bundt

BUNDT individuels marbrés

Vous trouverez des moules à mini kouglofs dans les boutiques spécialisées. Ces petits gâteaux sont un régal au moment du café.

INGREDIENTS

- 115 g de beurre + pour les moules
- 190 g de farine + pour saupoudrer
- 2 c. à s. de Maïzena
- ½ c. à c. de sel
- ½ c à c. de levure chimique
- ½ c. à c. de café instantané
- 3 c. à c. de cacao en poudre + pour saupoudrer
- 200 g de sucre
- 2 gros œufs légèrement battus
- 1 c. à c. d'extrait de vanille pur
- 90 g de crème aigre
- sucre glace pour décorer

MATÉRIEL

1 moule à mini kouglofs, chaque alvéole ayant une contenance de 100 ml

1 Préchauffer le four et préparer le moule (voir Bundt cake citron et myrtilles, étape 1). Faire bouillir une demi-bouilloire d'eau et laisser refroidir 5 minutes. Tamiser la farine, la Maïzena, le sel et la levure dans un saladier. Dans un autre bol, verser le café instantané, le cacao et 1 cuillerée à soupe d'eau ; réserver.

2 Fouetter le beurre avec le sucre dans un saladier. Quand il est mousseux, ajouter peu à peu les œufs et fouetter. Ajouter l'extrait de vanille et fouetter jusqu'à obtention d'un mélange lisse.

3 Incorporer le mélange à base de farine et la crème, en les alternant, dans la préparation au beurre, jusqu'à obtention d'une pâte lisse. En verser la moitié dans un saladier à part, ajouter le café et le chocolat délayés et bien fouetter.

4 Répartir les 2 pâtes en quantités égales dans les alvéoles. Strier avec un pique pour créer un effet marbré. Enfourner pour 15 à 20 minutes, en tournant le moule à mi-cuisson, jusqu'à ce que les gâteaux soient dorés et qu'une lame en ressorte sèche.

5 Laisser refroidir 45 minutes sur une grille, puis démouler. Saupoudrer de sucre glace et de cacao. Ils se garderont 3 jours dans un récipient hermétique.

30 min
+ réfrigération et refroidissement

Pour 10 à 12 personnes

ROULÉ chocolat et fruits d'été

Le gâteau roulé est idéal si vous avez un grand nombre de convives à table. Le rouler est moins compliqué qu'il n'y paraît : il suffit de l'envelopper dans du papier sulfurisé, puis de le recouvrir d'un torchon.

INGRÉDIENTS

1 c. à s. de beurre fondu pour badigeonner

35 g de cacao en poudre + pour saupoudrer

5 œufs, jaunes et blancs séparés

150 g de sucre

1 c. à s. de farine

Pour le fourrage

250 ml de crème épaisse

1 c. à c. d'extrait de vanille

1 c. à s. de sucre glace

125 g de fraises équeutées et coupées en quatre

125 g de framboises

MATÉRIEL

1 moule à roulé de 30 x 37 cm

À L'AVANCE

Préparez la génoise la veille, roulez-la dans un torchon et recouvrez-la d'une feuille de papier d'aluminium.

1

Préchauffer le four à 220 °C. Chemiser le moule de papier sulfurisé et badigeonner celui-ci d'un peu de beurre. Placer 5 minutes au réfrigérateur. Saupoudrer le papier de cacao en poudre. Retourner le moule pour en ôter l'excédent.

Saupoudrez très légèrement à l'aide d'une petite passoire.

2

Dans un saladier, battre les jaunes d'œufs avec 100 g de sucre jusqu'à obtention d'un mélange mousseux. Dans un autre saladier, monter les blancs d'œufs en neige ferme. Ajouter le reste de sucre et fouetter jusqu'à ce qu'ils soient brillants. Tamiser le cacao et la farine dans un bol.

3

En trois fois, incorporer la farine au cacao et les blancs d'œufs dans la préparation aux jaunes d'œufs. Mélanger délicatement. Verser cette pâte dans le moule. Tapoter ce dernier contre le plan de travail pour bien répartir la pâte.

4

Enfourner pour 7 à 10 minutes jusqu'à ce que la lame d'un couteau enfoncée dans la pâte ressorte sèche. Retirer du four et laisser refroidir 2 minutes, puis démouler sur du papier sulfurisé saupoudré de cacao en poudre. Rouler la génoise sur elle-même avec la feuille de papier, l'envelopper dans un torchon et la laisser refroidir complètement.

Roulez délicatement la génoise dans le torchon.

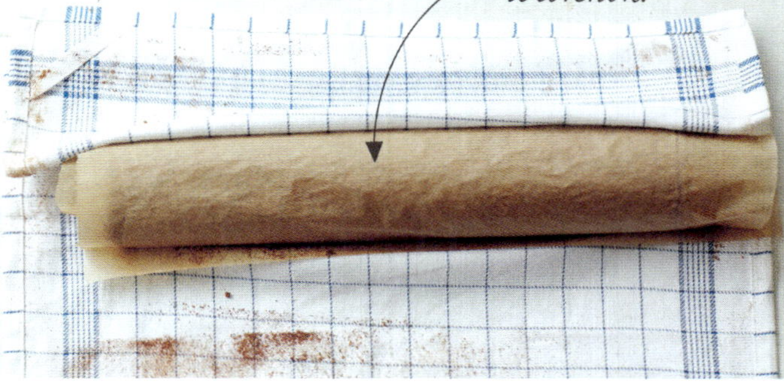

5

Fouetter la crème, la vanille et le sucre glace dans un bol jusqu'à obtention de pics fermes. Dérouler la génoise. Y étaler la crème ; laisser une bordure d'1 cm. Éparpiller les fruits en les enfonçant dans la crème.

6

Enrouler de nouveau la génoise sur elle-même et en recouper les extrémités. Transférer délicatement le roulé sur une grille à pâtisserie, le saupoudrer de cacao et le servir immédiatement.

35 min + refroidissement

Pour 10 à 12 personnes

ROULÉ façon pêche melba

Ce gâteau roulé meringué est extrêmement léger. La génoise allégée par du vinaigre et de la Maïzena est plus souple et plus facile à enrouler autour du fourrage. Ce gâteau a aussi l'avantage d'être composé d'ingrédients que tout le monde a dans ses placards.

INGRÉDIENTS

- 5 blancs d'œufs à température ambiante
- 225 g de sucre
- ½ c. à c. de vinaigre de vin blanc ou de vinaigre d'alcool de riz
- 1 c. à c. de Maïzena
- ½ c. à c. d'extrait de vanille
- sucre glace pour saupoudrer

Pour le coulis

- 125 g de framboises surgelées
- 30 g de sucre

Pour le fourrage

- 250 ml de crème épaisse
- 400 g de pêches en conserve égouttées et détaillées en dés

MATÉRIEL

1 moule à roulé de 30 x 37 cm

1 Préchauffer le four à 180 °C. Chemiser le moule de papier sulfurisé et le réserver. Dans un bol, monter les blancs en neige ferme. Ajouter le sucre progressivement, sans cesser de fouetter jusqu'à obtention d'une meringue épaisse et brillante.

2 Incorporer le vinaigre, la Maïzena et l'extrait de vanille dans la meringue. Mélanger en essayant de ne pas casser les blancs puis verser la meringue dans le moule. Enfourner pour 15 minutes. Retirer du four et laisser refroidir dans le moule.

3 Pour préparer le coulis, faire chauffer les framboises et le sucre à feu doux dans une petite casserole à fond épais. Faire cuire 5 à 7 minutes, en remuant de temps en temps, jusqu'à ce que les framboises soient ramollies et que le sucre soit dissous. Filtrer le mélange au-dessus d'un bol et réserver au réfrigérateur.

4 Pour préparer le fourrage, battre la crème dans un bol jusqu'à formation de pics fermes. Poser une feuille de papier sulfurisé sur un plan de travail propre et la saupoudrer d'un peu de sucre glace. Placer une grande assiette de service à côté pour y transférer facilement la meringue après l'avoir roulée.

5 Retourner la meringue sur le papier sulfurisé. Étaler la crème dessus en couche uniforme, en laissant une bordure d'1 cm. Badigeonner de coulis à la framboise. Égoutter les pêches sur du papier absorbant.

6 Éparpiller les morceaux de pêche sur le coulis et les presser légèrement pour qu'elles restent en place. Enrouler délicatement la meringue sur elle-même en vous aidant du papier sulfurisé. Puis la poser sur l'assiette de service, la saupoudrer de sucre glace et la servir immédiatement.

30 min + refroidissement

Pour 10 à 12 personnes

ROULÉ forêt-noire

Les cerises en conserve et le kirsch se marient très bien avec la crème épaisse de cette succulente version du gâteau roulé classique.

INGRÉDIENTS

1 génoise au chocolat de 30 x 37 cm (voir Roulé chocolat et fruits d'été, p. 240-241)

cacao en poudre pour saupoudrer

Pour le fourrage

250 ml de crème épaisse

1 c. à c. d'extrait de vanille

1 c. à s. de sucre glace

3 c. à s. de kirsch

400 g de cerises noires dénoyautées, égouttées et coupées en deux

À L'AVANCE

Préparez la génoise la veille. Roulez-la dans un torchon, puis recouvrez-la d'une feuille de papier d'aluminium.

1 Pour préparer le fourrage, verser la crème, l'extrait de vanille et le sucre dans un grand saladier et fouetter jusqu'à ce que des pics fermes se forment. Dérouler la génoise sur le plan de travail recouvert d'un torchon propre.

2 Arroser la génoise de kirsch, puis étaler la crème fouettée en laissant une bordure d'1 cm. Poser les cerises en les enfonçant un peu.

3 Enrouler délicatement la génoise à l'aide du torchon puis recouper les extrémités. Transférer sur une grande assiette de service et saupoudrer de cacao. Servir immédiatement.

30 à 35 min + refroidissement

Pour 8 à 10 personnes

ROULÉ à la framboise

Dans ce gâteau maison, la confiture de framboises utilisée peut être remplacée par de la confiture de pêches, d'abricots ou de figues.

INGRÉDIENTS

3 gros œufs

100 g de sucre + pour saupoudrer

1 pincée de sel

75 g de farine avec levure incorporée, tamisée

1 c. à c. d'extrait de vanille

6 c. à s. de confiture de framboises

MATÉRIEL

1 moule à roulé de 23 x 33 cm

À L'AVANCE

Préparez la génoise la veille. Roulez-la dans un torchon, puis recouvrez-la d'une feuille de papier d'aluminium.

1 Préchauffer le four à 200 °C. Chemiser le moule de papier sulfurisé. Fouetter les œufs, le sucre et le sel jusqu'à épaississement, dans un bol résistant à la chaleur posé sur une casserole d'eau frémissante sans que le fond touche l'eau. Des traînées doivent apparaître quand vous levez le fouet.

2 Retirer du feu et fouetter 1 à 2 minutes jusqu'à refroidissement. Incorporer délicatement la farine et l'extrait de vanille. Verser la pâte dans le moule. Enfourner pour 12 à 15 minutes jusqu'à ce que la génoise soit souple et se détache un peu des bords.

3 Poser une feuille de papier sulfurisé sur le plan de travail. Saupoudrer d'un peu de sucre et retourner la génoise dessus. Laisser refroidir 5 minutes. Ôter délicatement le papier sulfurisé.

4 Faire chauffer la confiture à feu doux dans une casserole et l'étaler sur la génoise. Faire une marque de 2 cm avec un couteau, à 2 cm d'un des bords courts. Enrouler la génoise sur elle-même en partant de ce bord et en vous aidant du papier sulfurisé.

5 Laisser refroidir complètement, puis retirer le papier sulfurisé et placer le roulé, jointure vers le bas, sur une assiette de service. Saupoudrer de sucre et servir. Le roulé se gardera 2 jours dans un récipient hermétique ou 8 semaines au congélateur.

25 min
+ refroidissement

Pour 24 macarons

MACARONS aux amandes

Ces petites douceurs à grignoter après le dîner sont idéales pour les personnes allergiques au gluten. Ces macarons sont confectionnés avec un mélange d'amandes en poudre et de farine de riz, d'où leur texture légère et délicate.

INGRÉDIENTS

- 2 blancs d'œufs
- 225 g de sucre
- 125 g d'amandes en poudre
- 30 g de farine de riz
- 2 à 3 gouttes d'essence d'amande
- 24 amandes émondées

MATÉRIEL

- 2 feuilles de papier azyme

1

Préchauffer le four à 180 °C. Chemiser 2 plaques de four de papier azyme et réserver. Dans un saladier, monter les blancs en neige ferme avec un fouet électrique.

2

Ajouter le sucre, une cuillerée à la fois, et fouetter jusqu'à ce que les blancs soient épais et brillants. Incorporer délicatement les amandes en poudre, la farine de riz et l'essence d'amande. Mélanger.

3

Avec 2 cuillères à soupe chauffées, prélever de la pâte et façonner 24 macarons, en les espaçant bien sur les plaques. Nettoyer les cuillères entre chaque macaron. Placer 1 amande au centre de chaque macaron.

4

Enfourner pour 12 à 15 minutes jusqu'à ce que les macarons soient légèrement dorés.
Les laisser refroidir sur une grille à pâtisserie. Puis les retirer du papier azyme en arrachant celui-ci et servir. Ces macarons se garderont 2 à 3 jours dans un récipient hermétique.

30 min + réfrigération — Pour 24 macarons

MACARONS café et noisettes

Les noisettes en poudre donnent à ces macarons une saveur nouvelle qui se marie parfaitement avec celle du café. Vous pouvez aussi les émietter au-dessus d'un granité au café.

INGRÉDIENTS

2 blancs d'œufs

225 g de sucre

150 g de noisettes en poudre

30 g de farine de riz

1 c. à c. de café instantané fort délayé dans 1 c. à c. d'eau bouillante, puis refroidi

24 noisettes émondées

MATÉRIEL

2 feuilles de papier azyme

1 Préchauffer le four à 180 °C. Chemiser 2 plaques de four de papier azyme. Dans un saladier, monter les blancs en neige ferme. Ajouter le sucre, une cuillerée à la fois, et fouetter jusqu'à consistance épaisse.

2 Incorporer délicatement les noisettes en poudre et la farine, puis le café délayé. Bien mélanger. Couvrir, puis réfrigérer 30 minutes.

3 Avec 2 cuillères à soupe chauffées, prélever de la pâte et façonner 24 macarons, en les espaçant bien sur les plaques. Nettoyer les cuillères entre chaque macaron. Placer 1 noisette émondée au centre de chaque macaron.

4 Faire cuire 12 à 15 minutes dans la partie supérieure du four. Quand les macarons sont légèrement dorés, les laisser tiédir 5 minutes, puis les faire complètement refroidir sur une grille. Les détacher en arrachant le papier azyme et servir. Ils se garderont 2 à 3 jours dans un récipient hermétique.

45 min + refroidissement — Pour 15 macarons

MACARONS ananas et noix de coco

L'ananas offre un excellent contraste avec la noix de coco dans ces délicieux macarons aux saveurs exotiques.

INGRÉDIENTS

200 g de noix de coco sucrée râpée

200 ml de lait concentré

85 g d'ananas coupé en petits dés

2 gros blancs d'œufs

1 pincée de crème de tartre

1 Préchauffer le four à 190 °C. Chemiser une plaque de four de papier sulfurisé. Mettre l'ananas, le lait et la noix de coco dans un saladier. Bien mélanger. Dans un autre saladier, monter les blancs d'œufs en neige ferme avec la crème de tartre.

2 Incorporer délicatement et progressivement les blancs d'œufs dans le mélange à la noix de coco. Utiliser 2 cuillères à soupe pour prélever de la pâte et façonner 15 macarons, en les espaçant bien, sur la plaque de four préparée. Laver les cuillères après avoir formé chaque macaron.

3 Faire cuire les macarons 20 à 25 minutes, en tournant la plaque au bout de 15 minutes, jusqu'à ce qu'ils soient dorés. Laisser refroidir complètement sur la plaque puis servir. Ils se garderont 4 jours au réfrigérateur dans un récipient hermétique ou 1 mois au congélateur.

45 min
+ refroidissement et réfrigération

Pour 24 macarons

MACARONS chocolat et framboise

L'ajout de framboises fraîches confère à ses macarons une jolie couleur vive et une saveur acidulée.

INGRÉDIENTS

175 g de framboises
350 g de noix de coco râpée
180 ml de lait concentré
2 gros blancs d'œufs
1/8 de c. à c. de crème de tartre
350 g de chocolat noir de bonne qualité

1 Préchauffer le four à 190 °C. Chemiser 2 plaques de four de papier sulfurisé. Écraser les framboises avec le dos d'une cuillère dans un bol. Dans un saladier, mélanger les framboises, la noix de coco et le lait. Réserver.

2 Monter les blancs d'œufs en neige ferme avec la crème de tartre. Les incorporer progressivement dans la préparation à la noix de coco. Utiliser 2 cuillères à soupe pour prélever la pâte et façonner 24 macarons (voir Macarons café et noisettes, étape 3).

3 Enfourner pour 20 à 25 minutes, en tournant les plaques au bout de 15 minutes de cuisson, jusqu'à ce que les macarons soient dorés. Les laisser refroidir complètement sur les plaques. Faire fondre le chocolat au bain-marie.

4 Retirer du feu et laisser refroidir 3 à 4 minutes. Tremper la base des macarons dans le chocolat et les disposer sur une plaque de four chemisée de papier sulfurisé. Arroser les macarons de chocolat si vous aimez.

5 Réfrigérer les macarons 15 à 20 minutes jusqu'à ce que le chocolat durcisse. Les servir à température ambiante. Ils se garderont 4 jours au réfrigérateur dans un récipient hermétique ou 1 mois au congélateur.

1 h 25
+ refroidissement et durcissement

Pour 16 carrés

CARRÉS « millionnaire » chocolat et caramel

Ces gâteaux doivent leur nom aux ingrédients très riches qui entrent ans leur composition. Vous pouvez les couper en petits morceaux et les servir avec le café ou les proposer en guise de petits-fours.

INGRÉDIENTS

175 g de beurre ramolli + pour le moule
200 g de farine
100 g de sucre

Pour le caramel

50 g de beurre
50 g de cassonade
400 g de lait concentré

Pour la garniture

200 g de chocolat au lait
25 g de beurre
50 g de chocolat noir

MATÉRIEL

1 moule carré de 20 cm de côté

Préchauffer le four à 160 °C. Beurrer le moule et le chemiser de papier sulfurisé. Mélanger la farine et le sucre dans un saladier. Incorporer le beurre et sabler avec les doigts. Répartir dans le moule et enfourner pour 35 à 40 minutes. Retirer du four et laisser refroidir dans le moule.

1

Tassez la pâte au fond du moule pour obtenir une surface lisse.

2

Préparer le caramel en faisant fondre le beurre et le sucre à feu modéré dans une casserole à fond épais. Ajouter le lait et porter à ébullition, en remuant. Baisser le feu et laisser frémir 5 minutes, en mélangeant, jusqu'à obtention d'un caramel épais et légèrement coloré. L'étaler sur la base du gâteau.

Pour préparer la garniture, faire fondre le chocolat au lait avec le beurre au bain-marie. Remuer jusqu'à obtention d'une crème lisse. Faire fondre le chocolat noir dans un autre bol jusqu'à ce qu'il soit lisse.

3

Étaler la crème au chocolat au lait sur le caramel et lisser sa surface. Recouvrir de chocolat noir en dessinant un motif en zigzag. Strier la surface à l'aide d'un pique à brochette. Laisser refroidir et durcir. Découper le biscuit en 16 carrés de taille égale et servir. Les carrés se garderont 5 jours dans un récipient hermétique.

4

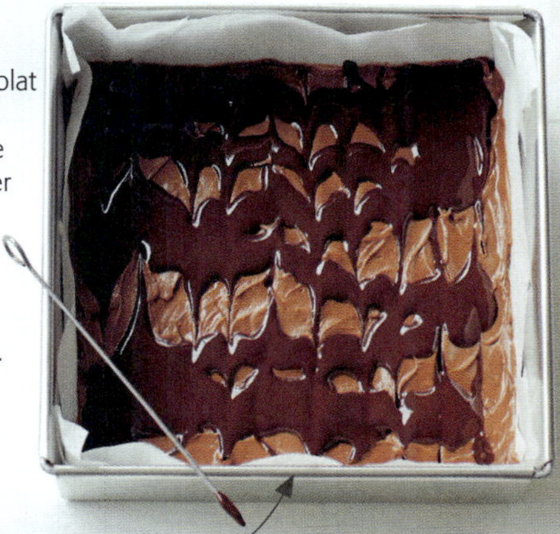

À l'aide d'un pique à brochette, créez un effet marbré.

30 min + refroidissement

Pour 16 carrés

NANAIMOS au caramel

Ces biscuits riches et moelleux seraient originaires de Nanaimo, une ville de Colombie-Britannique au Canada.

1 Graisser **un moule carré de 20 cm de côté** et le chemiser. Faire fondre à feu doux **115 g de beurre** dans une casserole à fond épais. Ajouter **30 g de cacao en poudre** et **60 g de sucre**. Faire cuire 2 minutes, en fouettant, jusqu'à ce que le sucre soit dissous.

2 Retirer du feu, puis ajouter, en fouettant, **1 gros œuf battu**. Remettre la casserole sur feu doux et faire cuire 1 à 2 minutes, en fouettant souvent, jusqu'à épaississement. Retirer du feu.

3 Mettre **200 g de biscuits émiettés**, **75 g d'amandes effilées** et **50 g de noix de coco** séchée dans un saladier. Ajouter la préparation à l'œuf et bien mélanger. Verser dans le moule en tassant pour obtenir une couche ferme et uniforme. Réfrigérer 30 minutes.

4 Battre **50 g de beurre ramolli** dans un saladier jusqu'à ce qu'il soit léger et mousseux. Ajouter **300 g de sucre glace**, **2 c. à s. de poudre pour crème anglaise**, **½ c. à c. d'extrait de vanille** et **2 à 3 c. à s. de lait**, puis fouetter jusqu'à obtention d'une garniture lisse. En badigeonner le biscuit et mettre au réfrigérateur pour 30 minutes.

5 Faire fondre **150 g de chocolat noir** et **25 g de beurre** au bain-marie. Laisser refroidir ce glaçage à température ambiante et le verser sur la garniture au beurre. L'étaler uniformément et réfrigérer 1 heure. Démouler le biscuit et le découper en 16 parts de taille égale. Ces carrés se garderont 5 jours dans un récipient hermétique.

Nanaimos

Tiffin

20 min + réfrigération

Pour 25 carrés

SABLÉS tiffin

La recette de ces délicieux carrés à la fois croustillants et moelleux a été inventée au début du xxe siècle en Écosse.

1 Beurrer et chemiser **un moule carré de 20 cm de côté**. Faire fondre **150 g de beurre** avec **125 g de golden syrup** et **45 g de cacao en poudre** à feu doux dans une casserole, en fouettant constamment jusqu'à obtention d'un mélange homogène.

2 Mélanger **300 g de sablés émiettés** et **150 g de fruits secs** dans un saladier. Ajouter la préparation au beurre et mélanger. Verser cette pâte dans le moule et l'étaler en une couche ferme et uniforme. Mettre au réfrigérateur pour au moins 30 minutes.

3 Pendant ce temps, faire fondre **250 g de chocolat au lait** au bain-marie. Le laisser tiédir à température ambiante avant de l'étaler sur le biscuit dans le moule. Réfrigérez 30 minutes. Démouler, puis découper 25 carrés de taille égale. Ces derniers se garderont 5 jours dans un récipient hermétique.

20 min + réfrigération — **Pour 16 carrés**

CARRÉS rocky road

Ces biscuits américains classiques doivent leur nom à leur aspect irrégulier. Ils sont truffés de fruits secs, d'amandes et de friandises.

1 Graisser puis chemiser **un moule carré de 20 cm de côté**. Faire fondre **250 g de chocolat noir** avec **100 g de beurre** et **2 c. à s. de golden syrup** au bain-marie. Laisser refroidir à température ambiante.

2 Ajouter **150 g de bretzels grossièrement hachés**, **100 g de petits marshmallows**, **50 g d'amandes concassées** et **50 g de cerises séchées grossièrement hachées** au mélange à base de chocolat. Bien remuer.

3 Verser cette préparation dans le moule et l'étaler en une couche ferme et lisse. Mettre pour 2 heures au réfrigérateur. Démouler et découper 16 carrés de taille égale. Ces derniers se garderont 5 jours dans un récipient hermétique.

Rocky road

Marbrures et décors

Le chocolat ou le sucre fondus permettent de créer de superbes décorations. Utilisez de préférence du chocolat de bonne qualité.

Marbrures Marbrer le glaçage des Carrés « millionnaire » (p. 248-249) à l'aide de 60 g de chocolat blanc fondu. Étaler le chocolat au lait fondu sur le caramel comme indiqué, puis étaler le chocolat blanc et créer un effet marbré en promenant un pique dans les 2 couches de chocolat. Laisser prendre, puis réfrigérer.

Motif de mille-feuille Réaliser les Carrés « millionnaire » (p. 248-249), recouvrir le caramel de chocolat au lait et lisser. En travaillant vite, tracer de fines lignes parallèles de chocolat noir fondu à l'aide d'une poche à douille et tirer le chocolat à l'aide d'un pique en bois pour créer le motif. Laisser prendre.

Fils de caramel Faire fondre 250 g de sucre à feu doux jusqu'à obtention d'un caramel foncé et liquide. En soulevant une fourchette et en travaillant vite, déposer du caramel en zigzag sur une feuille de papier sulfurisé. Recouvrir les carrés (p. 248-249) de ces fils de caramel durcis.

Zigzags Répartir la pâte des Nanaimos (voir ci-contre) dans 12 petits moules à muffins. Réfrigérer 30 minutes. Démouler et déposer, avec une poche à douille, des rosaces de garniture au beurre. Réfrigérer 30 minutes. Tracer des zigzags de chocolat fondu sur une plaque de four chemisée et laisser durcir. En recouvrir les nanaimos.

20 min
+ réfrigération et refroidissement

Pour 12 cookies

COOKIES aux pépites de chocolat

Ces cookies seront excellents à l'heure du thé mais aussi au dessert après le dîner, avec un café ou une glace. Vous pouvez également les émietter pour décorer un sundae ou un parfait.

INGRÉDIENTS

100 g de cassonade brune
50 g de sucre
115 g de beurre en pommade
1 œuf à température ambiante
¾ de c. à c. d'extrait de vanille
150 g de farine
½ c. à c. de sel
½ c. à c. de levure chimique
150 g de pépites de chocolat noir

À L'AVANCE

Préparez la pâte 3 jours à l'avance et gardez-la au réfrigérateur enveloppée dans du film alimentaire ou conservez-la 4 à 5 mois au congélateur et amenez-la à température ambiante avant de l'enfourner.

1

Dans un saladier, fouetter le beurre 3 à 4 minutes avec la cassonade et le sucre jusqu'à obtention d'un mélange léger et mousseux. Ajouter l'œuf, sans cesser de fouetter, en raclant les parois du saladier. Incorporer l'extrait de vanille. Dans un autre saladier, mélanger la farine, le sel et la levure chimique.

2

Incorporer peu à peu les ingrédients secs dans la préparation à l'œuf. Incorporer les pépites de chocolat. Envelopper la pâte dans du film alimentaire. La laisser raffermir 2 à 3 heures ou toute une nuit au réfrigérateur.

3

Préchauffer le four à 180 °C. Chemiser 2 plaques de four de papier sulfurisé. Façonner 12 boules de pâte de 45 g environ. Les disposer sur les plaques en les espaçant d'au moins 5 cm.

Enfourner pour 13 à 14 minutes en tournant les plaques à mi-cuisson. Retirer les cookies du four et les laisser tiédir 5 minutes. Les laisser refroidir complètement sur une grille avant de les servir. Ils se garderont 4 à 5 jours au réfrigérateur dans un récipient hermétique ou 8 mois au congélateur.

4

20 min
+ réfrigération et refroidissement

Pour 10 cookies

COOKIES snickerdoodles

Ces cookies tiennent à la fois du cake et du biscuit. Dégustez-les quand ils sortent du four pour mieux apprécier leur texture légère et fondante.

1 Fouetter **85 g de beurre** avec **100 g de cassonade brune** et **50 g de sucre** dans un saladier jusqu'à obtention d'un mélange léger et crémeux. Ajouter **1 œuf**, puis, sans cesser de fouetter, **½ c. à c. d'extrait de vanille**, en raclant les parois du saladier si nécessaire.

2 Verser **150 g de farine**, **½ c. à c. de sel**, **⅛ de c. à c. de cannelle**, **½ c. à c. de levure chimique**, **½ c. à c. de crème de tartre** et **1 c. à s. de Maïzena** dans un saladier. Mélanger. Incorporer progressivement la préparation au beurre sucré. Recouvrir cette pâte de film alimentaire et laisser raffermir 2 à 3 heures au réfrigérateur.

3 Préchauffer le four à 180 °C. Chemiser 2 grandes plaques de four de papier sulfurisé. Verser **50 g de sucre** et **1 ½ c. à s. de cannelle moulue** dans un bol. Bien mélanger.

4 Façonner 10 boules de pâte de 45 g environ. Les rouler dans le mélange à la cannelle pour les en enrober, puis les disposer sur les plaques de four, en les espaçant de 5 cm.

5 Enfourner pour 14 à 16 minutes, en tournant les plaques à mi-cuisson, jusqu'à ce que les cookies soient dorés sur les bords et brillants. Les retirer du four et les laisser tiédir 5 minutes sur les plaques, puis les laisser refroidir sur une grille. Ils se garderont 4 à 5 jours au réfrigérateur dans un récipient hermétique ou 8 mois au congélateur.

À L'AVANCE

Préparez la pâte 3 jours à l'avance et gardez-la enveloppée dans du film alimentaire au réfrigérateur ou 4 à 5 mois au congélateur. Amenez-la à température ambiante avant de la faire cuire.

Snickerdoodles

Snickerdoodles

30 min
+ refroidissement

Pour 16 cookies

COOKIES cranberries et flocons d'avoine

Composés de cranberries et de flocons d'avoine, ces cookies sont excellents pour la santé. Servez-les avec du yaourt grec et du miel.

1 Préchauffer le four à 180 °C. Fouetter **100 g de beurre ramolli** avec **50 g de cassonade brune** et **150 g de sucre** dans un saladier jusqu'à ce que le mélange soit crémeux. Ajouter **1 œuf** et fouetter vigoureusement.

2 Tamiser **125 g de farine**, **¼ de c. à c. de levure chimique**, **¼ de c. à c. de cannelle moulue** et **1 pincée de sel** dans un bol. Mélanger à la préparation au beurre, puis incorporer **100 g de flocons d'avoine** et **60 g de cranberries séchées**.

3 Chemiser 2 plaques de four et déposer 8 cuillerées à soupe bombées de cette préparation sur chacune d'elles, en les espaçant bien. Faire cuire les cookies 15 minutes jusqu'à ce qu'ils commencent à être dorés sur les bords. Leur centre doit rester moelleux.

4 Les retirer du four et les laisser 5 minutes sur les plaques avant de les faire refroidir sur une grille. Ils se garderont 3 jours dans un récipient hermétique.

À L'AVANCE

Vous pouvez préparer la pâte 3 jours à l'avance et la garder au réfrigérateur enveloppée dans du film alimentaire, ou 4 à 5 mois au congélateur. Amenez à température ambiante avant de faire cuire.

30 min
+ réfrigération et refroidissement

Pour 16 cookies

COOKIES s'mores

Savoureux et très riches, ces cookies ont assurément un petit goût de revenez-y.

1 Fouetter **150 g de cassonade brune**, **100 g de sucre** et **115 g de beurre** dans un saladier jusqu'à obtention d'un mélange mousseux. Ajouter **1 œuf** et bien fouetter, puis incorporer **1 c. à c. d'extrait de vanille**, en raclant les parois du saladier si nécessaire.

2 Verser **185 g de farine**, **¾ de c. à c. de bicarbonate de soude** et **½ c. à c. de sel** dans un bol et mélanger. Ajouter peu à peu ce mélange à la préparation à l'œuf.

3 Avec une spatule, incorporer **30 g de mini marshmallows**, **50 g de sablés écrasés**, **85 g de pépites de chocolat noir** et **85 g de pépites de chocolat au lait**. Couvrir cette pâte de film alimentaire et laisser raffermir 2 à 3 heures au réfrigérateur.

4 Préchauffer le four à 180 °C et chemiser 2 plaques de four de papier sulfurisé. Façonner 16 boules de pâte de 45 g environ. En disposer 8 sur chaque plaque, en les espaçant d'au moins 5 cm.

5 Enfourner pour 13 à 14 minutes, en tournant les plaques à mi-cuisson, jusqu'à ce que les cookies soient dorés sur les bords. Les retirer et les laisser tiédir 5 minutes sur les plaques, puis les laisser refroidir complètement sur une grille. Ils se garderont 4 à 5 jours au réfrigérateur dans un récipient hermétique ou 8 mois au congélateur.

À L'AVANCE

Enveloppez la pâte dans du film alimentaire et gardez-la 3 jours au réfrigérateur ou 4 à 5 semaines au congélateur. Amenez-la à température ambiante avant de la faire cuire.

Cranberries et flocons d'avoine

S'mores

1 h
+ refroidissement

Pour 12 à 15 personnes

BISCOTTI aux amandes

Ces biscuits italiens croquants sont souvent servis à la fin d'un repas. Deux fois cuits, ils sont en général secs et durs, mais une fois trempés dans un vin sucré et capiteux, ils se ramollissent vite. Ils se conservent bien.

INGRÉDIENTS

100 g d'amandes entières émondées
50 g de beurre
225 g de farine avec levure incorporée + pour saupoudrer
100 g de sucre
2 œufs
1 c. à c. d'extrait de vanille

1

Préchauffer le four à 180 °C. Éparpiller les amandes sur une plaque de four antiadhésive. Enfourner pour 5 à 10 minutes, en les remuant à mi-cuisson, jusqu'à ce qu'elles soient légèrement dorées. Les retirer et les laisser refroidir.

2

Faire fondre le beurre à feu doux dans une petite casserole. Retirer du feu et laisser tiédir. Tamiser la farine dans un saladier. Hacher grossièrement les amandes et les ajouter à la farine avec le sucre. Bien mélanger.

3

Fouetter le beurre, les œufs et l'extrait de vanille dans un saladier. Incorporer peu à peu ce mélange dans la farine aux amandes. Former une pâte, en ajoutant plus de farine si elle est trop humide et peu malléable.

4

Sur une surface légèrement farinée, façonner 2 boudins de 20 cm de long. Les placer sur une plaque de four chemisée et enfourner pour 20 minutes.

Espacez bien les boudins sur la plaque car leur volume va augmenter à la cuisson.

5

Retirer les boudins et les laisser tiédir sur une planche à découper. Avec un couteau-scie, les couper de biais en tranches de 3 à 5 cm d'épaisseur. Disposer les biscotti sur une plaque de four et enfourner pour 10 minutes.

6

Les retirer du four, les retourner et poursuivre la cuisson 5 minutes. Les retirer, puis les laisser refroidir et durcir sur une grille avant de les servir. Ils se garderont 1 semaine dans un récipient hermétique ou 8 semaines au congélateur, bien espacés sur une tôle.

Chocolat

1 h 15
+ refroidissement

Pour 20 biscotti

BISCOTTI au chocolat

Il est facile d'agrémenter les biscotti de diverses façons. Ici, on ajoute du chocolat en poudre et quelques noix de pécan hachées.

1 Préchauffer le four à 180 °C. Éparpiller **50 g de noix de pécan** sur une plaque de four et enfourner pour 5 minutes jusqu'à ce qu'elles soient légèrement dorées. Les laisser tiédir avant de les hacher.

2 Tamiser **175 g de farine**, **1 c. à c. de levure chimique** et **25 g de cacao en poudre** dans un saladier. Ajouter **115 g de sucre**, **30 g de pépites de chocolat noir** et les noix de pécan. Bien mélanger. Fouetter **2 œufs** dans un bol à part, puis les mélanger aux ingrédients secs.

3 Amalgamer le tout pour former une pâte. Sur un plan de travail légèrement fariné, façonner 2 boudins d'environ 20 cm de long et de 5 cm d'épaisseur. Les disposer sur une plaque de four chemisée et les enfourner pour environ 25 minutes.

4 Les retirer du four et les laisser refroidir 20 minutes. Avec un couteau-scie, les couper de biais en tranches de 2 cm d'épaisseur. Disposer celles-ci sur des plaques de four, en les espaçant bien.

5 Les faire cuire 10 minutes, puis les retourner et poursuivre la cuisson 10 minutes. Les retirer et les laisser refroidir et durcir sur une grille à pâtisserie avant de les servir. Ces biscotti se garderont 1 semaine dans un récipient hermétique.

Pistache et cranberries

1 h
+ refroidissement

Pour 15 à 14 biscotti

BISCOTTI pistache et cranberries

Ces biscotti mouchetés de vert et de rouge sont du plus bel effet sur une table à l'occasion d'une fête.

1 Préchauffer le four à 180 °C. Éparpiller **100 g de pistaches entières non salées et décortiquées** sur une plaque de four puis enfourner pour 5 à 10 minutes. Les retirer et les laisser tiédir à température ambiante, puis les frotter avec un torchon pour ôter la peau. Les hacher grossièrement et les mettre dans un saladier.

2 Ajouter **50 g de cranberries**, **225 g de farine avec levure incorporée**, **100 g de sucre** et **le zeste finement râpé d'1 orange**. Bien mélanger. Dans un autre saladier, fouetter **2 œufs** avec **1 c. à c. d'extrait de vanille** et **50 g de beurre fondu** ayant refroidi. Mélanger cette préparation aux ingrédients secs.

3 Sur une surface légèrement farinée, façonner 2 boudins d'environ 20 cm de long et 7,5 cm d'épaisseur. Les disposer sur une plaque de four chemisée de papier sulfurisé et enfourner pour 20 minutes.

4 Retirer du four et laisser tiédir. Avec un couteau-scie, découper des tranches de 3 à 5 cm d'épaisseur. Les disposer sur une plaque de four en les espaçant bien.

5 Les faire cuire 10 minutes, puis les retourner et poursuivre la cuisson 5 minutes. Les retirer et les laisser refroidir et durcir sur une grille à pâtisserie. Ils se garderont 1 semaine dans un récipient hermétique.

1 h 05
+ refroidissement

Pour 12 à 15 biscotti

BISCOTTI au gingembre

La saveur et la texture complexes de ces biscotti légèrement épicés sont dues à la présence de gingembre moulu et de gingembre confit.

1 Préchauffer le four à 180 °C. Tamiser **250 g de farine avec levure incorporée** dans un saladier. Ajouter **125 g de sucre** et **60 g de gingembre confit finement haché**. Bien mélanger. Ajouter ensuite **1 ½ c. à c. de gingembre moulu**, **1 ½ c. à c. de cannelle** et **¼ de c. à c. de noix muscade râpée**. Mélanger.

2 Dans un bol, fouetter **2 œufs** avec **1 c. à c. d'extrait de vanille** et **60 g de beurre fondu et refroidi**. Mélanger avec la préparation à base de farine pour obtenir une pâte souple. Sur une surface légèrement farinée, façonner 2 boudins d'environ 20 cm de long et de 5 cm d'épaisseur. Les disposer sur des plaques de four chemisées de papier sulfurisé.

3 Les faire cuire 25 minutes, puis les retirer du four et les laisser refroidir 20 minutes sur une planche à découper. Avec un couteau-scie, les couper de biais en tranches de 2 cm d'épaisseur. Disposer celles-ci sur des plaques de four, en les espaçant bien.

4 Enfourner les biscotti pour 10 minutes, puis les retourner et poursuivre la cuisson 10 minutes jusqu'à ce qu'ils soient dorés et durs. Les retirer et les laisser refroidir sur une grille à pâtisserie avant de les servir. Ils se garderont 1 semaine dans un récipient hermétique.

Gingembre

30 min
+ refroidissement

Pour 30 sablés

SABLÉS nature

Ces sablés pur beurre sont des biscuits classiques. Vous pouvez les assembler deux par deux avec de la glace ou les confectionner aussi fin que possible pour accompagner une mousse ou un parfait.

INGRÉDIENTS

225 g de farine
+ pour saupoudrer

100 g de sucre

150 g de beurre, ramolli
et coupé en dés

1 jaune d'œuf

1 c. à c. d'extrait de vanille

glace à la vanille (facultatif)

myrtilles (facultatif)

MATÉRIEL

1 emporte-pièce rond de 7 cm de diamètre

À L'AVANCE

Préparez la pâte 3 jours à l'avance et gardez-la, enveloppée dans du film alimentaire, au réfrigérateur. Elle se conservera 3 mois au congélateur. Décongelez-la toute une nuit au réfrigérateur avant de la faire cuire.

1

Préchauffer le four à 180 °C. Tamiser la farine et le sucre dans un saladier en les mélangeant bien. Incorporer le beurre du bout des doigts jusqu'à obtention d'une pâte sableuse. Ajouter le jaune d'œuf et l'extrait de vanille, puis former une pâte souple.

2

Sur une surface légèrement farinée, pétrir cette pâte jusqu'à ce qu'elle soit homogène, puis l'abaisser sur 5 mm d'épaisseur. Utiliser une spatule pour la soulever et éviter qu'elle ne colle.

Si la pâte est trop collante, placez-la 15 minutes au réfrigérateur et essayez à nouveau.

3

À l'aide d'un emporte-pièce, découper 30 disques et les disposer sur des plaques de four antiadhésives.

Abaissez les chutes de pâte et découpez de nouveaux disques.

4

Faire cuire 10 à 15 minutes, en plusieurs fournées. Quand le bord des sablés est doré, faire tiédir sur les plaques. Quand ils sont assez fermes pour être manipulés, les faire refroidir sur une grille. Les assembler deux par deux avec de la glace à la vanille et accompagner de myrtilles si vous aimez. Ils se garderont 5 jours dans un récipient hermétique.

30 min + refroidissement — **Pour 30 sablés**

SABLÉS au gingembre

Le gingembre confit donne à ces élégants sablés leur texture fondante et leur agréable goût épicé.

1 Préchauffer le four à 180 °C. Verser **100 g de sucre** et **225 g de farine tamisée** dans un saladier et bien mélanger. Incorporer **150 g de beurre ramolli** et remuer jusqu'à obtention d'une pâte sableuse.

2 Ajouter, en remuant, **1 c. à c. de gingembre moulu** et **50 g de gingembre confit finement haché**. Ajouter **1 jaune d'œuf** et **1 c. à c. d'extrait de vanille** puis amalgamer pour former une pâte. La pétrir rapidement sur une surface farinée jusqu'à ce qu'elle soit lisse.

3 Sur une surface bien farinée, abaisser la pâte sur 5 mm d'épaisseur. Avec un **emporte-pièce rond de 7,5 cm de diamètre**, découper 30 disques. Étaler les chutes de pâte et découper d'autres disques. Disposer les sablés en les espaçant sur 2 plaques de four antiadhésives.

4 Faire cuire les sablés 12 à 15 minutes, en plusieurs fournées. Quand leurs bords sont dorés, laisser tiédir sur les plaques, puis faire refroidir sur une grille à pâtisserie. Ces sablés se garderont 5 jours dans un récipient hermétique et 8 semaines au congélateur.

À L'AVANCE

Préparez la pâte 3 jours à l'avance et gardez-la enveloppée au réfrigérateur. Elle se conservera aussi 3 mois au congélateur. Laissez-la décongeler une nuit au réfrigérateur avant de la faire cuire.

Gingembre

Noix de pécan

30 min + réfrigération et refroidissement — **Pour 25 sablés**

SABLÉS aux noix de pécan

Les noix de pécan ont beaucoup de saveur et confèrent à ces sablés une texture croustillante. Hachez-les finement pour couper facilement les sablés.

1 Mettre **115 g de beurre ramolli**, **50 g de sucre** et **50 g de cassonade** dans un saladier. Fouetter jusqu'à obtention d'un mélange aérien et mousseux.

2 Ajouter **60 ml de sirop d'érable**, **1 jaune d'œuf** et **½ c. à c. d'extrait de vanille**. Battre vigoureusement. Ajouter **225 g de farine** et **¼ de c. à c. de sel fin tamisés**, puis **100 g de noix de pécan finement hachées**. Amalgamer le tout pour former une pâte. Façonner un boudin de 25 x 5 cm et l'envelopper dans du papier sulfurisé en serrant bien. Réserver 1 heure au réfrigérateur.

3 Préchauffer le four à 180 °C. Retirer le papier et placer le boudin sur une planche à découper. Le couper en tranches d'1 cm d'épaisseur. Disposer celles-ci à plat, en les espaçant, sur 2 plaques de four antiadhésives et enfourner.

4 Faire cuire les sablés 15 minutes, en plusieurs fournées, jusqu'à ce que leurs bords soient bien dorés. Les faire tiédir environ 15 minutes sur les plaques, puis les laisser refroidir complètement sur une grille. Ils se garderont 5 jours dans un récipient hermétique ou 8 semaines au congélateur.

À L'AVANCE

La pâte se garde 3 jours au réfrigérateur dans du film alimentaire ou 3 mois au congélateur. Faites-la décongeler au réfrigérateur avant de la faire cuire.

30 min
+ réfrigération et refroidissement

Pour 25 sablés

SABLÉS au chocolat

La pistache verte apporte une touche de couleur à ces sablés au chocolat noir. Pour que leur saveur soit prononcée, utilisez des pistaches non salées.

1 Mettre **250 g de beurre ramolli** et **200 g de sucre** dans un saladier, puis travailler au fouet jusqu'à obtention d'un mélange mousseux. Ajouter **2 jaunes d'œufs** et **2 c. à c. d'extrait de vanille**. Battre vigoureusement.

2 Tamiser dans le saladier **250 g de farine**, **60 g de cacao en poudre** et **½ c. à c. de sel fin**. Ajouter **50 g de pistaches hachées** et malaxer pour former une pâte. Façonner un boudin de 30 x 5 cm, l'envelopper dans du papier sulfurisé en serrant bien et réserver 1 heure au frais.

3 Préchauffer le four à 180 °C. Retirer le papier sulfurisé et découper en rondelles d'1 cm d'épaisseur. Disposer celles-ci à plat, en les espaçant bien, sur 2 plaques de four antiadhésives, puis enfourner.

4 Faire cuire les sablés 12 à 15 minutes, en plusieurs fournées, jusqu'à ce que leurs bords soient bien dorés. Les laisser tiédir 15 minutes, puis les faire refroidir complètement sur une grille. Ils se garderont 5 jours dans un récipient hermétique et 8 semaines au congélateur.

À L'AVANCE

Préparez la pâte 3 jours à l'avance et gardez-la, bien enveloppée, au réfrigérateur ou 3 mois au congélateur. Faites-la décongeler toute une nuit au réfrigérateur avant de la faire cuire.

Chocolat

Enrobages

Plongez les sablés dans du chocolat que vous aurez fait fondre au bain-marie, en veillant à ce que la base du bol ne touche pas l'eau.

Demi-nappage Faire fondre 175 g de chocolat noir au bain-marie. Retirer du feu et y tremper la moitié d'un Sablé nature (p. 260-261). Laisser couler l'excédent de chocolat dans le bol, puis poser le sablé sur une plaque de four chemisée et laisser durcir.

Nappage double Tremper les Sablés nature (p. 260-261) comme ci-dessus, puis les laisser sécher sur une tôle chemisée. Faire fondre 175 g de chocolat blanc au bain-marie, puis retirer du feu et y tremper l'autre moitié des sablés. Laisser durcir.

Bords enrobés Préparer les Sablés au chocolat (voir ci-contre), en réservant des pistaches pilées. Rouler les sablés refroidis à la verticale dans une assiette plate remplie de chocolat noir fondu (voir ci-dessus), puis dans le bol contenant les pistaches hachées réservées. Laisser durcir.

Enrobage Faire fondre 175 g de chocolat noir (voir ci-dessus). Retirer du feu et y tremper complètement chaque Sablé au gingembre (voir page ci-contre). Disposer les sablés sur une tôle chemisée, parsemer 50 g de gingembre confit haché et laisser durcir.

20 min
+ refroidissement

Pour 16 tuiles

TUILES

La seule difficulté consiste à obtenir le bon degré de cuisson et à donner à ces tuiles la forme appropriée. Servez-les avec de la crème et des fruits, ou décorez-en des desserts comme des posset, des mousses et des sorbets.

INGRÉDIENTS

50 g de beurre ramolli
50 g de sucre glace tamisé
1 œuf battu
50 g de farine tamisée
huile végétale pour huiler le rouleau à pâtisserie
crème fouettée (facultatif)
framboises (facultatif)

1

Préchauffer le four à 200 °C. Fouetter le beurre avec le sucre dans un saladier, jusqu'à obtention d'un mélange aérien et mousseux. Ajouter l'œuf et fouetter vigoureusement, puis incorporer la farine.

Incorporez délicatement la farine avec une cuillère en métal, sans trop malaxer la pâte.

2

Dessiner 4 cercles de 8 cm de diamètre sur 4 feuilles de papier sulfurisé. Retourner celles-ci et les placer sur des plaques de four. Déposer des cuillerées de pâte dans les cercles et les aplatir avec le dos d'une cuillère. Faire cuire 5 à 7 minutes en haut du four jusqu'à ce que les bords soient bien dorés.

3

Retirer les tuiles du four, puis les décoller avec une spatule et les poser sur un rouleau à pâtisserie huilé. Travailler vite, car elles durcissent en quelques secondes. Enfourner pour 1 minute de plus pour les ramollir si nécessaire.

Laissez refroidir les tuiles 2 à 3 minutes sur le rouleau à pâtisserie.

Quand les tuiles sont froides, les placer sur une grille à pâtisserie et les laisser complètement sécher. Les servir avec de la crème fouettée et des framboises, si vous aimez. Elles se garderont 5 jours dans un récipient hermétique.

4

25 min
+ refroidissement

Pour 16 tuiles

TUILES citron vert et noix de coco

Hachez les ingrédients pour réaliser ces tuiles bien fines, parfumées au citron vert et à la noix de coco.

INGRÉDIENTS

- 50 g de beurre ramolli
- 50 g de sucre glace
- 1 œuf
- le zeste râpé d'1 citron vert
- 50 g de farine
- 3 à 4 c. à s. de noix de coco séchée
- huile végétale pour huiler le rouleau à pâtisserie

1 Préchauffer le four à 200 °C. Fouetter le beurre avec le sucre dans un saladier jusqu'à obtention d'un mélange mousseux. Incorporer l'œuf, le zeste de citron vert et la farine. Bien mélanger.

2 Dessiner 4 cercles de 8 cm de diamètre sur 4 feuilles de papier sulfurisé, puis retourner celles-ci et les placer sur les plaques de four. Déposer de la pâte dans les cercles et l'aplatir avec le dos d'une cuillère humide pour obtenir des disques fins.

3 Parsemer de la noix de coco râpée sur les tuiles. Faire cuire 6 à 8 minutes jusqu'à ce que les bords soient dorés. Retirer du four, laisser tiédir, puis laisser durcir 2 à 3 minutes sur un rouleau à pâtisserie huilé. Laisser complètement refroidir les tuiles sur une grille à pâtisserie. Elles se garderont 2 jours dans un récipient hermétique.

25 min
+ refroidissement

Pour 16 à 20 tuiles

CIGARES au cognac

Ces biscuits croustillants britanniques sont délicieux fourrés de crème fouettée et saupoudrés de sucre glace.

INGRÉDIENTS

- 100 g de beurre ramolli
- 100 g de sucre glace
- 60 g de golden syrup
- 100 g de farine tamisée
- 1 c. à c. de gingembre moulu
- le zeste finement râpé d'½ citron
- 1 c. à s. de cognac
- huile végétale pour huiler le manche d'une cuillère

Pour la crème

- 250 ml de crème épaisse fouettée
- 1 c. à s. de sucre glace
- 1 c. à c. de cognac

MATÉRIEL

poche munie d'une douille de gros diamètre

À L'AVANCE

Les biscuits non fourrés se garderont 2 jours dans un récipient hermétique.

1 Préchauffer le four à 180 °C. Faire fondre le beurre et le sucre à feu modéré dans une casserole. Ajouter le golden syrup et bien mélanger. Retirer du feu et incorporer, en battant, la farine, le gingembre et le zeste de citron. Ajouter le cognac et mélanger.

2 Dessiner 4 ou 5 cercles de 8 cm de diamètre sur 4 feuilles de papier sulfurisé. Retourner les feuilles et les poser sur des plaques de four. Déposer de la pâte dans les cercles (voir Tuiles citron vert et noix de coco, étape 2).

3 Faire cuire 6 à 8 minutes dans la partie supérieure du four jusqu'à ce que les tuiles soient dorées et leurs bords brunis. Les laisser tiédir 3 minutes sur les plaques jusqu'à ce qu'elles soient assez molles pour qu'on puisse leur donner la forme désirée et les soulever avec une spatule. Les faire ramollir 1 à 2 minutes au four si nécessaire.

4 Donner leur forme aux tuiles en les plaçant sur le manche huilé d'une cuillère en bois. Les laisser tiédir et durcir, avant de les laisser refroidir sur une grille à pâtisserie. Verser les ingrédients de la crème dans un bol et bien mélanger. Transférer la crème dans la poche à douille et fourrer les cigares refroidis. Servir aussitôt, avant qu'ils ne ramollissent.

30 min + refroidissement | Pour 12 cannoli

CANNOLI à l'amaretto

Ces biscuits italiens sont traditionnellement frits. Pour les rendre plus légers et simplifier la préparation, faites-les cuire au four et garnissez-les d'une crème à la ricotta.

INGRÉDIENTS

125 g de sucre
2 c. à s. de miel liquide
60 g de beurre ramolli
2 c. à s. de crème épaisse
1 c. à s. d'amaretto
60 g de farine
huile végétale pour graisser

Pour la crème

150 g de ricotta
300 g de mascarpone
50 g de sucre glace
le zeste d'1 gros citron
1 à 2 c. à s. d'amaretto
1 c. à c. d'extrait de vanille
½ c. à c. de cannelle moulue
30 g de chocolat noir râpé pour décorer

MATÉRIEL

poche munie d'une douille en étoile de gros diamètre

À L'AVANCE

Les cannoli non fourrés se garderont 2 jours dans un récipient hermétique.

1 Préchauffer le four à 200 °C. Dans une casserole, faire fondre à feu doux le sucre, le miel, le beurre, la crème et l'amaretto, en remuant 5 minutes jusqu'à ce que le mélange soit lisse.

2 Retirer du feu, ajouter la farine et bien mélanger. Avec une cuillère à soupe huilée, déposer de petits tas de pâte bien espacés sur des plaques de four chemisées. Compter seulement 2 à 3 disques sur chaque plaque.

3 Faire cuire 5 à 7 minutes en haut du four. Quand les cannoli sont bien dorés, les laisser durcir 2 à 3 minutes sur les plaques, en veillant à ce qu'ils restent malléables.

4 Les enrouler autour du manche huilé d'une grande cuillère en bois. Les faire ramollir au four 1 à 2 minutes s'ils ont déjà refroidi. Les laisser durcir sur la cuillère, puis les faire refroidir sur une grille.

5 Pour la crème, fouetter la ricotta dans un bol. Quand elle est lisse, ajouter le reste des ingrédients et fouetter jusqu'à obtention d'une crème épaisse et homogène. Fourrer les cannoli de crème à l'aide d'une poche à douille. Parsemer chaque extrémité de chocolat râpé. Les biscuits garnis ramollissent vite : servir aussitôt.

Cônes et coupelles

Les tuiles chaudes (p. 264-265) sont souples et peuvent prendre diverses formes. Laissez-les tiédir quelques secondes avant de les modeler.

Cônes Former un cône avec du papier d'aluminium froissé et enrouler une tuile chaude autour pour lui donner la même forme. La tuile durcit en quelques secondes. Servir avec une petite boule de glace si vous aimez.

Spirales Façonner avec la pâte des bandes de 3 x 10 cm sur une plaque de four chemisée. Enfourner, puis enrouler les bandes chaudes autour du manche huilé d'une cuillère en bois. Pour les retirer, les faire glisser délicatement une fois qu'elles ont durci.

Cigares Enrouler les tuiles qui sortent du four autour du manche huilé d'une cuillère en bois, en serrant bien. Quand elles sont froides, les tremper dans 175 g de chocolat noir fondu au bain-marie.

Coupelles au cognac Utiliser un ramequin posé à l'envers et légèrement beurré pour donner leur forme aux Cigares au cognac encore chauds (voir ci-contre). Les laisser refroidir et durcir, puis les garnir de fruits frais ou de sorbet, et servir immédiatement.

GLACÉ

Glaces et sorbets ▪ Desserts glacés

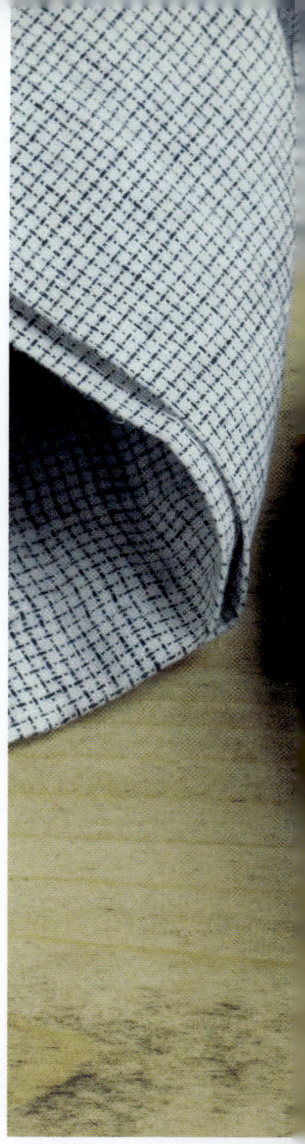

25 min
+ refroidissement et congélation

Pour 4 personnes

GLACE à la vanille

Rien n'égale la saveur et l'onctuosité d'une bonne glace à la vanille. Confectionner de la glace maison est un jeu d'enfant. Laissez le bol de la sorbetière au congélateur pour en déguster quand vous en avez envie.

INGRÉDIENTS

500 ml de crème épaisse
300 ml de lait entier
1 à 2 c. à s. d'extrait de vanille
1 pincée de sel
100 g de sucre
50 g de cassonade
4 gros jaunes d'œufs

MATÉRIEL

sorbetière
barquette de congélation peu profonde d'1,5 litre

À L'AVANCE

Vous pouvez préparer la crème anglaise la veille, la couvrir et la conserver au réfrigérateur.

1 Préparer la sorbetière en suivant les instructions du fabricant. Faire chauffer à feu doux la crème, le lait, l'extrait de vanille, le sel, la cassonade et le sucre dans une casserole, en remuant, jusqu'à ce que le sucre soit dissous. Fouetter les jaunes d'œufs dans un saladier résistant à la chaleur.

2 Quand le mélange fume, en verser, sans cesser de fouetter, une petite quantité dans les jaunes d'œufs, puis incorporer le reste. Reverser dans la casserole et faire cuire sur feu modéré à doux jusqu'à ce que la crème anglaise soit assez épaisse pour napper le dos d'une cuillère.

3

Retirer la crème du feu, puis la transvaser dans un saladier posé sur de la glace. Laisser refroidir environ 20 minutes, puis couvrir le saladier de film alimentaire et le mettre au réfrigérateur pour 6 à 7 heures ou toute la nuit.

Verser la crème réfrigérée dans la sorbetière. La turbiner 10 à 15 minutes jusqu'à épaississement, puis la verser dans une barquette de congélation et la laisser prendre 4 à 5 heures au congélateur. La sortir 20 minutes avant de servir. Elle se gardera 2 mois au congélateur dans un récipient prévu à cet effet.

4

50 min + réfrigération et congélation

Pour 4 personnes

GLACE noix de pécan et caramel salé

L'alliance du sel et du caramel est également excellente dans une glace.

INGRÉDIENTS

500 ml de crème épaisse
300 ml de lait entier
1/8 de c. à c. de gros sel de mer
100 g de sucre
50 g de cassonade
7 gros œufs battus
1 c. à c. d'extrait de vanille pur
85 g de noix de pécan hachées

Pour le caramel

100 g de sucre
120 ml de crème épaisse
15 g de beurre
½ c. à c. de sel
¾ de c. à c. d'extrait de vanille

MATÉRIEL

sorbetière
1 barquette de congélation hermétique de 2,5 litres munie d'un couvercle

À L'AVANCE

Préparez la crème la veille, puis couvrez-la et gardez-la 1 journée au réfrigérateur avant de la congeler.

1 Préparer la sorbetière selon les instructions du fabricant. Faire bouillir le sucre avec 2 cuillerées à soupe d'eau dans une casserole sur feu modéré à vif, en passant un pinceau à pâtisserie humide sur les parois. Faire cuire 5 minutes, en faisant tourner la casserole. Retirer du feu.

2 Ajouter le reste des ingrédients du caramel. Remuer avec une cuillère en bois et faire fondre sur feu modéré à doux. Faire refroidir dans un bol. Faire chauffer la crème, le lait, le sel, le sucre et la cassonade à feu doux dans une casserole, en remuant.

3 Dans un saladier, incorporer un peu de cette crème dans les jaunes d'œufs battus. Sans cesser de fouetter, ajouter le reste de crème. Transvaser dans une casserole propre. Faire cuire sur feu modéré à doux. Quand la crème nappe le dos d'une cuillère, retirer du feu et incorporer l'extrait de vanille.

4 Filtrer la crème dans un saladier posé sur de la glace et laisser refroidir. Couvrir de film alimentaire et réfrigérer 1 à 2 heures. Verser dans la sorbetière et turbiner, en ajoutant les noix de pécan au milieu de cette opération, jusqu'à épaississement.

5 Verser la moitié de la glace dans la barquette, puis la moitié du caramel. Répéter l'opération avec le reste, en marbrant avec un couteau. Couvrir et laisser raffermir 4 à 5 heures au congélateur. Sortir la glace 20 minutes avant de servir. Elle se gardera 1 à 2 mois au congélateur.

55 min à 1 h + réfrigération et congélation

Pour 4 personnes

GLACE aux pêches

Cette recette simple permet de réaliser une excellente glace aux pêches, sans sorbetière.

INGRÉDIENTS

4 pêches coupées en deux et dénoyautées
2 ½ c. à s. de cassonade
500 ml de crème épaisse
300 ml de lait entier
150 g de sucre
¾ de c. à c. d'extrait de vanille pur
1 pincée de sel
2 ½ c. à c. de jus de citron

MATÉRIEL

1 barquette de congélation de 2,5 litres avec un couvercle hermétique

À L'AVANCE

Préparez la purée de pêches la veille et gardez-la dans un récipient hermétique.

1 Placer la barquette au congélateur. Préchauffer le four à 200 °C. Déposer les pêches dans un plat peu profond allant au four et les saupoudrer d'un peu de cassonade.

2 Enfourner pour 25 à 30 minutes jusqu'à ce qu'elles soient tendres et légèrement caramélisées sur le dessus. Les mixer jusqu'à obtention d'une purée lisse. La passer dans un tamis posé sur un saladier, couvrir et mettre au congélateur jusqu'à ce qu'elle soit froide mais pas ferme.

3 Mélanger la crème, le lait, le sucre, l'extrait de vanille, le sel et le jus de citron dans un saladier, jusqu'à ce que le sucre soit dissous. Ajouter la purée de pêches et mélanger jusqu'à obtention d'une crème homogène. Verser celle-ci dans la barquette. Couvrir et mettre au congélateur pour 50 à 60 minutes.

4 Remuer la crème glacée pour briser les cristaux de glace qui se sont formés. Répéter cette opération toutes les 45 à 55 minutes jusqu'à ce qu'elle soit complètement prise. La sortir du congélateur 20 minutes avant de servir. Elle se gardera 1 à 2 mois au congélateur.

20 min
+ réfrigération et congélation

Pour 4 personnes

GLACE à la lavande

La lavande donne un parfum floral à cette glace qui peut être confectionnée sans sorbetière.

INGRÉDIENTS

- 500 ml de crème épaisse
- 300 ml de lait entier
- 90 ml de miel de trèfle liquide
- 75 g de sucre
- 3 ½ c. à s. de lavande comestible séchée + pour servir
- 1 pincée de sel
- ¼ de c. à c. d'extrait de vanille pur

MATÉRIEL

1 barquette de congélation peu profonde de 2,5 litres avec un couvercle

1 Placer la barquette dans le congélateur. Faire chauffer tous les ingrédients à feu modéré dans une grande casserole. Remuer jusqu'à ce que le sucre soit dissous. Retirer du feu quand le mélange commence à frémir. Laisser infuser 30 minutes.

2 Verser dans une passoire fine posée sur un saladier. Jeter la lavande. Placer 1 à 2 heures au réfrigérateur, puis verser dans la barquette. Couvrir et laisser 1 heure au congélateur.

3 Sortir la crème glacée du congélateur et la remuer délicatement avec une cuillère en bois pour briser les cristaux de glace. Remettre au congélateur et répéter l'opération toutes les 45 à 55 minutes, jusqu'à ce que la glace soit prise.

4 Sortir la glace du congélateur 20 minutes avant de servir. Présenter dans des bols et parsemer la lavande réservée. Elle se gardera 1 à 2 mois au congélateur.

Variantes simples

Il est facile de modifier les ingrédients de base d'une glace. Il faut parfois disposer d'une sorbetière (p. 270-271), mais pas toujours (voir ci-contre).

Cookies et crème Préparer la Glace à la vanille (p. 270-271, étapes 1 à 4). Y mélanger 60 g de biscuits Oreo® émiettés avant de faire prendre.

Café Délayer 1 c. à s. de café soluble moyennement corsé dans 1 c. à s. d'eau chaude et laisser refroidir. Préparer la Glace à la vanille (p. 270-271, étapes 1 à 4). Y mélanger le café délayé avant de congeler.

Rhum-raisin Dans un bol, faire macérer pour la nuit 75 g de gros raisins secs dans 3 c. à s. de rhum ambré. Préparer la Glace à la vanille (p. 270-271, étapes 1 à 4) et y mélanger les raisins avant de faire prendre au congélateur.

Brisures de chocolat Casser 65 g de chocolat en petits morceaux. Préparer la Glace à la vanille (p. 270-271, étapes 1 à 4) et y mélanger le chocolat avant de faire prendre au congélateur.

Pomme-cannelle Remplacer les pêches (Glace aux pêches, étapes 1 à 4) par 4 pommes évidées et coupées en quatre, puis ajouter 1 c. à c. de cannelle moulue et continuer comme indiqué.

Chocolat-menthe Remplacer la lavande (Glace à la lavande, étapes 1 à 4) par 1 c. à c. de menthe finement hachée et 1 c. à c. de colorant alimentaire vert en pâte. Ajouter 60 g de chocolat noir juste avant de mettre la glace au congélateur (étape 2).

Cerise-noix Remplacer les pêches (Glace aux pêches, étapes 1 à 4) par 400 g de cerises mûres dénoyautées. Ajouter 40 g de noix hachées avant de faire prendre au congélateur.

35 min
+ refroidissement et congélation

Pour 8 personnes

SEMIFREDDO au café

En italien, *semifreddo* signifie «à demi glacé». Un semifreddo classique est un mélange de mousse, de crème anglaise, de crème et de différents parfums. La texture finale oscille entre celle d'une mousse et d'une glace.

INGRÉDIENTS

- 4 œufs, blancs et jaunes séparés
- 200 g de sucre
- 2 c. à s. de café instantané + pour saupoudrer
- 300 ml de crème épaisse fouettée
- 25 g de chocolat noir de bonne qualité

MATÉRIEL

1 moule à pain de 900 g

1

Tapisser le moule de film alimentaire. Faire chauffer les jaunes d'œufs et 50 g de sucre au bain-marie.

Fouetter le mélange 5 minutes au batteur électrique jusqu'à ce qu'il soit pâle et mousseux et qu'il ait triplé de volume.

2

3

Délayer le café dans 2 cuillerées à soupe d'eau bouillante. Incorporer, en fouettant, dans les jaunes d'œufs. Retirer du feu et fouetter 3 à 5 minutes jusqu'à ce que le mélange soit froid.

Monter les blancs d'œufs en neige ferme avec le reste de sucre, au bain-marie. Les retirer du feu et les fouetter 3 à 5 minutes de plus jusqu'à ce qu'ils soient froids. En incorporer un peu dans la préparation au café.

4

Incorporer délicatement le reste des blancs, en perdant le moins d'air possible. Ajouter la crème fouettée et verser la préparation dans le moule. Recouvrir de film alimentaire et congeler 4 à 6 heures.

5

Faire fondre le chocolat au bain-marie. Retourner le semifreddo sur une assiette et retirer les 2 pellicules de film alimentaire. Saupoudrer de cacao en poudre et décorer de chocolat fondu avant de servir. Couvert, ce dessert se garde 1 mois au congélateur.

6

20 min
+ congélation

Pour 8 personnes

SEMIFREDDO yaourt, miel et pistache

Cette variante moderne du semifreddo offre une texture ferme car elle ne comporte pas d'œufs. De ce fait, elle se garde aussi plus longtemps au congélateur.

INGRÉDIENTS

400 g de yaourt grec

6 c. à s. de miel liquide + pour servir (facultatif)

le zeste râpé d'1 grosse orange

200 ml de crème épaisse

60 g de pistaches non salées, décortiquées et finement hachées

MATÉRIEL

1 moule à pain de 450 g

1 Tapisser le moule de film alimentaire. Fouetter le yaourt, le miel et le zeste d'orange dans un saladier jusqu'à obtention d'un mélange lisse. Dans un autre saladier, fouetter la crème jusqu'à formation de pics légers, puis l'incorporer dans le yaourt, ainsi que les trois quarts des pistaches.

2 Verser dans le moule, couvrir de film alimentaire et placer au moins 6 heures au congélateur. Ôter le film alimentaire et démouler le semifreddo à l'envers sur une assiette de service. Secouer légèrement le moule si nécessaire.

3 Enlever le film alimentaire. Parsemer de pistaches réservées et arroser de miel si vous aimez. Servir immédiatement. Couvert, le semifreddo se garde 3 mois au congélateur.

30 min
+ infusion et congélation

Pour 8 personnes

SEMIFREDDO chocolat noir et pruneaux au cognac

Vous pouvez servir ce dessert riche et alcoolisé à la place d'une bûche de Noël. Il peut être préparé à l'avance.

INGRÉDIENTS

100 g de pruneaux moelleux coupés en dés

3 c. à s. de cognac

200 g de chocolat noir en morceaux

4 œufs

100 g de sucre

300 ml de crème épaisse

copeaux de chocolat noir pour décorer

MATÉRIEL

1 moule à pain de 450 g

1 Tapisser le moule de film alimentaire. Dans une petite casserole, mettre les pruneaux, le cognac et juste assez d'eau pour recouvrir. Porter à ébullition. Baisser le feu et laisser frémir 5 minutes, puis laisser infuser hors du feu.

2 Faire fondre le chocolat au bain-marie, puis le retirer du feu. Dans un autre saladier également au bain-marie, blanchir les œufs avec le sucre jusqu'à ce que le mélange soit pâle, mousseux et qu'il ait triplé de volume.

3 Retirer du feu les œufs blanchis et les fouetter encore 3 à 5 minutes jusqu'à ce qu'ils soient froids. En incorporer une cuillerée, sans cesser de fouetter, dans le chocolat, puis verser celui-ci dans les œufs et remuer délicatement. Fouetter la crème dans un saladier jusqu'à ce que des pics légers se forment.

4 Incorporer peu à peu cette crème dans la préparation aux œufs, en perdant le moins d'air possible. Incorporer délicatement les pruneaux, puis verser dans le moule. Recouvrir de film alimentaire et laisser prendre 4 à 6 heures au congélateur.

5 Sortir le semifreddo du congélateur. Le démouler à l'envers, en jetant les 2 pellicules de film alimentaire (voir Semifreddo yaourt, miel et pistache, étapes 2 et 3). Servir décoré de copeaux de chocolat. Couvert, ce semifreddo se garde 1 mois au congélateur.

35 min + refroidissement et congélation **Pour 8 personnes**

SEMIFREDDO
meringue et framboises

Ce dessert s'inspire de la classique pavlova aux framboises. Composé de meringue, de crème et de framboises, ce semifreddo léger et crémeux est très apprécié durant les mois d'été.

INGRÉDIENTS
- 4 œufs
- 100 g de sucre
- 200 ml de crème épaisse fouettée jusqu'à ce que des pics légers se forment
- 45 g de meringues brisées + pour décorer
- 125 g de framboises, légèrement écrasées + pour servir

MATÉRIEL
1 moule à pain de 450 g

1 Tapisser le moule de film alimentaire. Au bain-marie, fouetter les œufs avec le sucre jusqu'à ce qu'ils soient pâles et mousseux et qu'ils aient triplé de volume. Retirer du feu et fouetter encore 3 à 5 minutes jusqu'à ce qu'ils aient refroidi.

2 Incorporer délicatement la crème fouettée dans ce mélange, en veillant à lui garder sa consistance, puis ajouter les meringues et les framboises. Verser la préparation dans le moule, couvrir de film alimentaire et faire prendre au moins 4 à 6 heures au congélateur.

3 Sortir le moule du congélateur et démouler le semifreddo à l'envers. Jeter les 2 pellicules de film alimentaire (voir Semifreddo yaourt, miel et pistache, étapes 2 et 3). Servir parsemé de meringue émiettée et de framboises. Couvert, ce dessert se gardera 1 mois au congélateur.

35 min + refroidissement, réfrigération et congélation **Pour 8 personnes**

SEMIFREDDO
noix de coco, citron vert et mangue

Dans ce succulent dessert exotique, la douceur de la mangue équilibre parfaitement l'acidité du citron vert.

INGRÉDIENTS
- 3 jaunes d'œufs
- 60 g de sucre
- 1 c. à s. de Maïzena
- 400 ml de lait de coco
- 200 ml de crème épaisse
- 30 g de sucre glace
- 175 g de mangue mûre coupée en dés et réfrigérée
- le zeste râpé de 2 citrons verts
- copeaux de noix de coco grillés pour décorer

MATÉRIEL
1 moule à pain de 450 g

1 Tapisser le moule de film alimentaire. Fouetter les jaunes d'œufs, le sucre et la Maïzena dans un grand saladier résistant à la chaleur. Faire chauffer le lait à feu doux dans une petite casserole à fond épais, sans le faire bouillir. Le verser délicatement dans la préparation aux œufs, sans cesser de fouetter.

2 Reverser dans la casserole et faire chauffer 4 à 5 minutes à feu doux, sans cesser de remuer, jusqu'à ce que la crème soit assez épaisse pour napper le dos d'une cuillère. La verser dans un saladier peu profond et la laisser refroidir complètement. Recouvrir sa surface de film alimentaire et la réserver au réfrigérateur.

3 Fouetter la crème épaisse avec le sucre glace dans un bol jusqu'à ce que des pics légers se forment. La réfrigérer jusqu'à ce qu'elle soit froide, puis l'incorporer dans la crème anglaise. Ajouter les mangues et le zeste de citron vert. Verser cette préparation dans le moule, couvrir de film alimentaire et faire prendre 6 heures au congélateur.

4 Sortir le moule du congélateur et démouler le semifreddo à l'envers, en ôtant les 2 pellicules de film alimentaire (voir Semifreddo yaourt, miel et pistache, étapes 2 et 3). Décorer avec des copeaux de noix de coco avant de servir. Couvert, ce dessert se gardera 1 mois au congélateur.

45 à 50 min + refroidissement, réfrigération et congélation

Pour 4 à 6 personnes

SORBET au citron

Pour réaliser un sorbet rafraîchissant, turbinez et congelez du sirop de sucre mélangé au parfum de votre choix. S'il existe des milliers de combinaisons de saveurs, il n'y a rien de plus classique que le sorbet au citron.

INGRÉDIENTS

300 g de sucre

le zeste de 2 citrons + pour servir

300 ml de jus de citron

MATÉRIEL

sorbetière

1 barquette de congélation de 800 ml

À L'AVANCE

Vous pouvez préparer le sirop 3 jours à l'avance et le garder au réfrigérateur.

Préparer la sorbetière selon les instructions du fabricant. Dans une casserole, faire fondre le sucre 5 minutes dans 300 ml d'eau froide, en remuant de temps en temps.

1

Verser le sirop dans un saladier résistant à la chaleur. Le laisser refroidir, puis le mettre au réfrigérateur jusqu'à ce qu'il soit frais. Ajouter le zeste de citron.

2

Filtrer le jus

Verser ce sirop dans

30 min + refroidissement, réfrigération et congélation

Pour 4 à 6 personnes

SORBET framboise et hibiscus

Les fleurs d'hibiscus séchées, qui apportent une superbe couleur rouge sombre, se trouvent dans les magasins de diététique.

1 Préparer la **sorbetière** en suivant les instructions du fabricant. Verser **300 g de sucre**, **50 g de fleurs d'hibiscus séchées** et **500 ml d'eau froide** dans une grande casserole et porter à ébullition. Baisser le feu et laisser frémir 5 minutes, en remuant de temps en temps, jusqu'à ce que le sucre soit dissous. Verser ce sirop dans un bol résistant à la chaleur.

2 Laisser le sirop refroidir, puis le réfrigérer toute une nuit. Le filtrer au-dessus d'un mixeur, en tassant les fleurs avec le dos d'une cuillère, puis jeter celles-ci. Ajouter **500 g de framboises** et **le jus d'1 citron vert**, et mixer jusqu'à obtention d'un mélange lisse.

3 Filtrer dans un grand pichet, en pressant avec le dos d'une cuillère. Faire prendre dans la sorbetière. Transvaser le sorbet dans un récipient peu profond d'1,5 litre et mettre au congélateur jusqu'à l'emploi. Il se gardera 1 mois dans le bac au congélateur.

15 min + réfrigération et congélation

Pour 4 à 6 personnes

SORBET pamplemousse rose et eau de rose

Ce sorbet est proche d'une glace. Il est simple à préparer et ne nécessite pas de sorbetière.

1 Verser **250 g de sucre**, **le zeste râpé d'1 gros pamplemousse rose**, **450 ml de jus de pamplemousse rose** et **1 c. à s. d'eau de rose** dans un mixeur. Mixer 2 minutes jusqu'à ce que le sucre soit dissous.

2 Verser dans un saladier et réfrigérer 1 heure, puis mixer avec **350 ml de lait entier.** Transvaser dans un bac de congélation peu profond d'1,5 litre.

3 Mettre le bac au congélateur. Toutes les 45 minutes, gratter les bords à la fourchette pour les ramener au centre et briser les gros cristaux. Répéter l'opération durant 3 heures jusqu'à ce que le sorbet soit bien glacé, sans être ferme, puis réserver au congélateur.

4 Fouetter **1 gros blanc d'œuf** dans un bol et en badigeonner **12 à 16 grands pétales de roses comestibles** lavés et séchés. Saupoudrer les pétales de **sucre**, en les secouant pour ôter l'excédent, puis les laisser sécher. Servir le sorbet décoré de pétales de rose. Il se gardera 1 mois au congélateur.

Sorbet framboise et hibiscus

Sorbet pamplemousse rose et eau de rose

Granité
au café

15 min + refroidissement, réfrigération et congélation

Pour 4 personnes

GRANITÉ au café

Ce granité rafraîchissant peut remplacer le café que l'on sert après le dîner. Il est facile à réaliser et ne nécessite pas de sorbetière.

1 Verser **2 c. à s. de café soluble**, **2 c. à s. de sucre**, **2 c. à s. de liqueur de café** et **1 c. à c. d'extrait de vanille** dans un grand pichet résistant à la chaleur. Verser **500 ml d'eau bouillante** et fouetter jusqu'à ce que le sucre soit dissous.

2 Verser dans une barquette de congélation peu profonde d'1,2 litre. Laisser refroidir à température ambiante, puis réfrigérer avant de transférer au congélateur.

3 Toutes les 45 minutes, gratter les bords glacés du granité avec une fourchette pour les ramener au centre et briser les gros cristaux.

4 Répéter l'opération durant 3 à 4 heures jusqu'à ce que le granité soit glacé mais pas compact, puis servir. Il se gardera 1 mois au congélateur.

25 min + refroidissement **Pour 4 personnes**

COUPE GLACÉE vanille, chocolat et noix de pécan caramélisées

Que vous réalisiez votre glace à la vanille (voir p. 270-271) ou que vous l'achetiez toute faite, elle constituera, nappée d'une sauce au chocolat chaude et parsemée de noix de pécan caramélisées, un succulent dessert glacé.

INGRÉDIENTS

50 g de noix de pécan coupées en deux

150 g de sucre

500 ml de glace à la vanille de bonne qualité

Pour la sauce

60 g de beurre

75 g de chocolat noir de bonne qualité haché

200 g de lait concentré

½ c. à c. d'extrait de vanille

¼ de c. à c. de gros sel de mer

MATÉRIEL

4 coupes à glace de 160 ml

À L'AVANCE

Vous pouvez préparer les noix de pécan caramélisées 2 semaines à l'avance et les garder dans un récipient hermétique. Confectionnez la sauce 1 semaine à l'avance et gardez-la au frais dans une boîte hermétique.

1

Préchauffer le four à 180 °C. Parsemer les noix de pécan sur une tôle et les faire légèrement griller pendant 5 minutes dans la partie supérieure du four. Les sortir du four et les laisser refroidir.

2

Concasser les noix de pécan et les placer sans les espacer sur une tôle chemisée de papier sulfurisé. Faire chauffer le sucre 5 minutes à feu modéré dans une casserole à fond épais, sans remuer, jusqu'à ce qu'il commence à fondre sur les bords.

Faire cuire le sucre, en remuant délicatement, jusqu'à obtention d'un caramel blond. Verser sur les noix de pécan. Incliner la tôle pour le répartir. Laisser refroidir. Briser ce caramel en petits morceaux et réserver.

3

Préparer la sauce en faisant fondre le beurre et le chocolat au bain-marie. Bien remuer jusqu'à ce que le mélange soit parfaitement lisse.

4

5

Retirer du feu la casserole d'eau. Ajouter le reste des ingrédients. Fouetter jusqu'à obtention d'une sauce homogène. La garder au chaud au-dessus de la casserole d'eau.

6

Répartir la glace dans des coupes et la napper de sauce au chocolat. Parsemer de brisures de caramel aux noix de pécan et servir aussitôt.

35 min
+ refroidissement et séchage

Pour 4 personnes

COUPE GLACÉE caramel au beurre salé et chocolat croquant

Ingrédient à part entière, le sel offre un contraste avec les saveurs sucrées, qu'il rehausse.

1 Préparer le caramel salé en faisant fondre à feu modéré **200 g de sucre** dans une casserole à fond épais. Fouetter 7 à 10 minutes jusqu'à ce qu'il devienne de couleur ambre. Ajouter **115 g de beurre coupé en dés** et mélanger vigoureusement.

2 Retirer du feu et ajouter **120 ml de crème épaisse**, sans cesser de fouetter jusqu'à obtention d'un caramel lisse. Ajouter **1 c. à c. d'extrait de vanille** et **1 c. à c. de gros de sel de mer**, puis laisser refroidir.

3 Faire fondre au bain-marie **75 g de pépites de chocolat noir** de bonne qualité. Y tremper les deux tiers de **10 bretzels**. Disposer ceux-ci sur une plaque de four chemisée.

4 Répartir **500 ml de glace à la vanille** dans **4 coupes à glace de 160 ml**. Réserver 4 bretzels et écraser grossièrement les autres. Parsemer les miettes sur la glace et tout autour. Arroser de caramel au beurre salé et décorer avec un des bretzels réservés. Servir immédiatement.

Caramel au beurre salé
et chocolat croquant

20 min — Pour 4 personnes

COUPE GLACÉE aux fruits d'été

Cette coupe glacée étonnante et sophistiquée associe une sauce parfumée d'une pointe de vanille et une meringue croustillante.

1 Mélanger **150 g de mûres**, **100 g de cerises dénoyautées et coupées en deux** et **100 g de myrtilles** dans une petite casserole à fond épais munie d'un couvercle. Ajouter **60 g de sucre**, **½ c. à c. d'extrait de vanille** et **2 c. à s. d'eau.**

2 Couvrir et porter à ébullition, puis baisser le feu et ôter le couvercle. Faire cuire 5 à 7 minutes à feu doux jusqu'à ce que les fruits commencent à se désagréger et à rendre leur jus. Retirer la compote du feu et la laisser tiédir.

3 Fouetter **120 ml de crème épaisse** dans un bol jusqu'à ce que de légers pics se forment. Briser **60 g de meringues**. Placer **1 boule de glace à la vanille** dans **4 coupes à glace de 160 ml**.

4 Réserver un peu de meringue et parsemer le reste sur la glace. Recouvrir avec **1 boule de glace,** puis napper celle-ci de compote chaude. Déposer 1 cuillerée de crème fouettée, puis des morceaux de meringue réservés. Servir immédiatement.

15 min — Pour 4 personnes

BANANA split

Apportez une touche de modernité à cette coupe classique avec une sauce au chocolat faite maison, des pistaches et une bonne glace à la vanille.

1 Préparer la sauce en faisant chauffer **60 g de chocolat noir de bonne qualité** avec **90 ml de crème épaisse** dans une petite casserole à fond épais. Remuer. Quand le chocolat est fondu, retirer du feu et garder au chaud.

2 Dans un bol, fouetter **120 ml de crème épaisse** jusqu'à ce que de légers pics se forment. Peler **4 bananes mûres** et les couper en deux dans la longueur. Placer 2 demi-bananes, côté coupé vers le haut, dans chacune des **4 coupes de 25 cm**.

3 Recouvrir de **2 boules de glace à la vanille** et d'**1 boule de glace au chocolat au lait**, en plaçant cette dernière au centre.

4 Déposer des cuillerées de crème fouettée sur le dessus, puis napper de sauce au chocolat. Parsemer **30 g de pistaches non salées**, **décortiquées et hachées** et **60 g de cerises dénoyautées** coupées en deux. Servir immédiatement.

Fruits d'été

Banana split

20 min + congélation

Pour 8 personnes

BOMBE chocolat et cerise

Cette bombe sensationnelle est étonnamment simple à préparer. Si vous ne trouvez pas de glace à la cerise, une glace à la framboise conviendra aussi parfaitement. Veillez à ne pas trop la fouetter sinon la bombe ne gardera pas sa forme longtemps.

INGRÉDIENTS

- 1,5 litre de glace au chocolat au lait ou aux pépites de chocolat
- 1,2 litre de glace à la cerise
- 500 ml de glace au chocolat noir

Pour le glaçage

- 175 g de chocolat noir de bonne qualité
- 3 c. à s. d'huile de coco

MATÉRIEL

1 saladier allant au congélateur d'environ 20 cm de diamètre

À L'AVANCE

Préparez le glaçage 2 jours à l'avance et gardez-le au réfrigérateur. Réchauffez-le avant l'emploi.

1

Tapisser de film alimentaire un saladier allant au congélateur, en le laissant dépasser sur les côtés. Réserver au congélateur. Placer la glace au chocolat au lait dans un grand saladier et la ramollir un peu au batteur électrique.

2

Recouvrez de glace les parois du saladier.

Recouvrir le fond et les parois du saladier réservé de cette glace. Remettre le saladier au congélateur pour 30 à 45 minutes jusqu'à ce que la glace soit ferme.

Lissez la couche de glace au chocolat avant d'appliquer la glace à la cerise.

3

Dans un autre saladier, faire ramollir la glace à la cerise (voir étape 1). Sortir le saladier du congélateur et étaler la glace ramollie sur celle au chocolat au lait (étape 2). Laisser raffermir 30 minutes au congélateur.

Faire ramollir la glace au chocolat noir (étape 1) et la tasser au centre de la bombe. Laisser raffermir 40 minutes au congélateur.

4

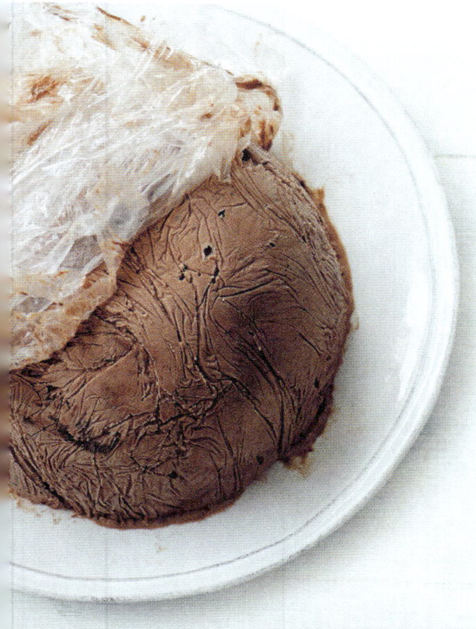

5

Faire chauffer une grande casserole d'eau. Y tremper 15 à à 20 secondes la base du saladier contenant la bombe glacée. La démouler à l'envers sur un grand plat de service. Décoller le film alimentaire et placer la bombe au congélateur.

6

Préparer le glaçage en faisant fondre les ingrédients 1 à 2 minutes au bain-marie. Napper la bombe de ce glaçage et servir immédiatement. Couverte, elle se conservera 3 jours au congélateur.

20 min + congélation

Pour 8 personnes

BOMBE mangue et coco

Voilà une bombe glacée qui impressionnera vos invités. On trouve de la glace à la noix de coco dans la plupart des supermarchés.

INGRÉDIENTS

2 litres de glace à la noix de coco

1 litre de sorbet à la mangue

Pour le glaçage

175 g de chocolat blanc

3 c. à s. d'huile de coco

MATÉRIEL

1 saladier allant au congélateur de 2,3 litres et d'environ 20 cm de diamètre

À L'AVANCE

Préparez le glaçage 2 jours à l'avance et gardez-le au réfrigérateur. Réchauffez-le avant emploi.

1 Tapisser le saladier de film alimentaire, en laissant ce dernier dépasser sur les côtés. Le réserver au congélateur. Au batteur électrique, faire ramollir légèrement la moitié de la glace dans un saladier. L'étaler en une couche uniforme sur les parois et le fond du saladier, en la tassant. Laisser raffermir 40 à 45 minutes au congélateur.

2 Faire ramollir le sorbet à la mangue (voir étape 1). L'étaler sur la couche de glace et placer le saladier 30 minutes au congélateur. Fouetter le reste de glace dans un saladier pour la ramollir, puis en garnir le centre de la bombe glacée. Placer 40 minutes au congélateur.

3 Faire chauffer une grande casserole d'eau. Y tremper la base du saladier contenant la bombe pendant 15 à 20 secondes, puis démouler la bombe à l'envers sur un grand plat de service. Ôter le film alimentaire. Réserver au congélateur.

4 Pour préparer le glaçage, faire fondre les ingrédients au bain-marie. Verser ce glaçage sur la bombe et servir immédiatement. Couverte, la bombe glacée se gardera 3 jours au congélateur.

20 min + congélation

Pour 8 personnes

BOMBE banane, caramel et cacahuètes salées

Constituée d'un mélange de glace et de banane, cette bombe possède une texture légère et crémeuse. Vous pouvez la parsemer de cacahuètes.

INGRÉDIENTS

3 bananes coupées en morceaux

2 litres de glace au caramel

30 g de cacahuètes salées et hachées

1 litre de glace à la vanille

MATÉRIEL

1 saladier allant au congélateur de 2,3 litres et d'environ 20 cm de diamètre

1 Chemiser une grande plaque de four de papier sulfurisé. Y répartir les morceaux de bananes, en les espaçant bien. Placer 1 heure au congélateur jusqu'à ce qu'ils soient fermes.

2 Tapisser le saladier allant au congélateur de film alimentaire, en laissant ce dernier dépasser sur les côtés. Réserver au congélateur. Avec un fouet, ramollir la glace au caramel dans un saladier.

3 En recouvrir les parois et le fond du saladier réservé, puis faire raffermir 40 à 45 minutes au congélateur. Placer les morceaux de bananes dans un bol. Les mixer jusqu'à obtention d'une purée lisse, puis incorporer les cacahuètes.

4 Faire ramollir 600 ml de glace à la vanille (voir étape 2) et y incorporer la purée à la banane et aux cacahuètes. Étaler ce mélange sur la couche de glace au caramel et laisser raffermir 30 minutes au congélateur. Puis, faire ramollir le reste de glace à la vanille et en garnir le centre de la bombe glacée. Laisser 40 minutes de plus au congélateur.

5 Tremper le saladier dans une grande casserole d'eau chaude pour démouler la bombe (voir Bombe mangue et coco, étape 3). Décoller le film alimentaire et servir immédiatement. Couverte, la bombe se gardera 3 jours au congélateur.

BOMBES GLACÉES

Variantes de sauces

Une sauce peut ajouter une saveur nouvelle à une bombe glacée. Certaines conviennent à une recette précise de bombe, mais peuvent aussi accompagner de la glace.

Confiture de lait
Fouetter 400 g de confiture de lait avec 100 ml de crème liquide. Ajouter 1 pincée de sel. Cette sauce sera délicieuse avec la Bombe banane, caramel et cacahuètes salées (voir ci-contre). La verser encore chaude sur la bombe glacée car elle épaissit en refroidissant.

Sauce à l'ananas et au rhum
Mettre 425 g de tranches d'ananas en boîte avec 4 c. à s. de leur jus dans un mixeur. Ajouter 2 c. à s. de rhum ambré et mixer jusqu'à obtention d'une sauce lisse. La réserver au frais, puis la servir avec la Bombe mangue et coco (voir ci-contre).

Sauce aux fraises
Placer 400 g de fraises grossièrement hachées avec 1 c. à s. bombée de sucre et le jus d'1 citron dans une casserole. Couvrir et laisser frémir 10 minutes. Réduire en purée cette sauce et la passer avant de la réfrigérer. La servir avec n'importe quelle bombe glacée.

Sauce au chocolat chaud et au caramel
Servir cette sauce avec la Bombe banane, caramel et cacahuètes salées (voir ci-contre). Faire fondre 60 g de beurre avec 50 g de chocolat noir coupé en morceaux au bain-marie. Retirer du feu et ajouter, en fouettant, 200 ml de lait concentré et ½ c. à c. d'extrait de vanille. Servir cette sauce chaude ou à température ambiante.

Sauce au moka
Faire chauffer 120 ml de crème épaisse avec 60 g de golden syrup, sans laisser bouillir. Verser ce mélange sur 115 g de chocolat noir finement haché et 1 c. à c. de café soluble et fouetter pour faire fondre. Servir cette sauce chaude car elle épaissit en refroidissant. Elle se marie très bien avec la Bombe chocolat et cerise (voir p. 286-287).

Sauce à la cerise noire
Verser 200 g de cerises dénoyautées, 2 c. à s. de sucre et 1 c. à s. d'eau dans une petite casserole. Couvrir et faire chauffer à feu doux environ 10 minutes jusqu'à ce que les cerises commencent à rendre du jus et à se ramollir. Les réduire en une purée lisse, puis réfrigérer celle-ci. Servir la bombe glacée de votre choix nappée de cette sauce.

40 min
+ réfrigération et congélation

Pour 6 parfaits

PARFAIT chocolat blanc et eau de rose

Ce parfait est un dessert glacé à base d'œufs, de crème et de golden syrup. Il ne nécessite pas l'emploi d'une sorbetière, mais vous aurez besoin d'un thermomètre à sucre.

INGRÉDIENTS

240 ml de crème épaisse

125 g de chocolat blanc finement haché

100 g de sucre

1/8 de c. à c. de sel

4 gros jaunes d'œufs

1 c. à c. d'eau de rose

30 g de pistaches non salées décortiquées, concassées

MATÉRIEL

thermomètre à sucre

6 coupes de 150 ml allant au congélateur

1

Fouetter la crème dans un bol jusqu'à ce que de légers pics se forment, puis la réfrigérer jusqu'à l'emploi. Faire fondre le chocolat au bain-marie. Le retirer du feu et le réserver, en remuant souvent pour qu'il ne brûle pas.

Remuez délicatement le chocolat pour qu'il reste onctueux.

2

Faire chauffer le sucre, le sel et 60 ml d'eau à feu doux dans une casserole, en remuant de temps en temps, jusqu'à ce que le sucre soit dissous. Porter à ébullition, puis baisser le feu et laisser frémir jusqu'à ce que la température atteigne 110 °C. Retirer du feu.

Vérifiez la température à intervalles réguliers.

3

Pendant ce temps, fouetter 4 à 5 minutes les jaunes d'œufs au robot jusqu'à ce qu'ils soient pâles et lisses. Verser, en fouettant, le sirop de sucre chaud, en un filet continu. Ajouter l'eau de rose, bien battre, puis incorporer le chocolat. Battre 1 minute de plus pour bien mélanger la préparation.

4

Incorporer délicatement la crème fouettée jusqu'à ce qu'aucune marbrure ne subsiste. Répartir le parfait dans les coupes et placer 1 heure au congélateur. Parsemer de pistaches avant de servir. Couvert, ce parfait se gardera 2 à 3 jours au congélateur.

45 min
+ réfrigération et congélation

Pour 6 parfaits

PARFAIT vanille, miel et fraises

C'est un parfait classique doté d'une petite note estivale. Les fraises mûres et les amandes effilées offrent un merveilleux contraste de textures. Préparez ce dessert rapidement car il a tendance à fondre à température ambiante.

INGRÉDIENTS

- 240 ml de crème épaisse
- 4 gros jaunes d'œufs
- 70 g de sucre
- 3 c. à s. de miel liquide
- 1/8 de c. à c. de sel
- 1 c. à c. de pâte de vanille
- 450 g de fraises équeutées et coupées en dés
- 50 g d'amandes effilées

MATÉRIEL

- thermomètre à sucre
- 6 verres de 160 ml

À L'AVANCE

Préparez le parfait 2 à 3 jours à l'avance et gardez-le au congélateur dans un récipient hermétique.

1 Fouetter la crème dans un bol jusqu'à ce que de légers pics se forment, puis la réserver au réfrigérateur. Dans un autre bol, fouetter vigoureusement les jaunes d'œufs pendant 4 à 5 minutes jusqu'à ce qu'ils soient jaune pâle. Réserver.

2 Faire chauffer le sucre, le miel, le sel et 60 ml d'eau à feu doux dans une petite casserole, en remuant souvent, jusqu'à ce que le sucre soit dissous. Porter à ébullition, puis baisser le feu et laisser frémir jusqu'à ce que la température atteigne 110 °C.

3 Retirer le sirop de sucre du feu. Le verser dans les jaunes d'œufs en filet continu, sans cesser de fouetter, jusqu'à ce que le mélange épaississe et refroidisse légèrement. Incorporer délicatement la pâte de vanille, puis la crème fouettée, jusqu'à ce que le mélange soit de couleur homogène. Transvaser cette préparation dans un récipient hermétique et le placer au congélateur pour au moins 3 heures.

4 Retirer le parfait du congélateur 10 minutes avant de le servir. En déposer une boule dans chaque verre, puis la recouvrir d'une couche de fraises et d'amandes. Répéter l'opération de façon à obtenir une autre couche de glace, de fraises et d'amandes, puis servir immédiatement.

25 min
+ réfrigération et congélation

Pour 4 parfaits

PARFAIT aux fruits exotiques

Réalisez un parfait à la noix de coco puis garnissez-le de petits morceaux de fruits exotiques.

INGRÉDIENTS

- 240 ml de crème épaisse
- 4 gros jaunes d'œufs
- 100 g de sucre
- 1/8 de c. à c. de sel
- 1 1/4 de c. à c. d'extrait de noix de coco
- 2 à 3 kiwis coupés en dés
- 175 g d'ananas coupé en dés
- 45 g de copeaux de noix de coco + pour servir
- 1 mangue coupée en dés

MATÉRIEL

- thermomètre à sucre
- 4 coupes de 160 ml

À L'AVANCE

Préparez le parfait 2 à 3 jours à l'avance et gardez-le au congélateur dans un récipient hermétique.

1 Fouetter la crème dans un bol jusqu'à ce que de légers pics se forment. Réserver au réfrigérateur. Dans un autre bol, fouetter les jaunes d'œufs puis les réserver (voir Parfait vanille, miel et fraises, étape 1).

2 Faire chauffer le sucre, le sel et 60 ml d'eau dans une petite casserole à feu doux, en remuant jusqu'à ce que le sucre soit dissous. Porter à ébullition, puis baisser le feu et laisser frémir jusqu'à ce que la température atteigne 110 °C.

3 Verser ce sirop dans les jaunes d'œufs et fouetter vigoureusement (voir Parfait vanille, miel et fraises, étape 3). Ajouter l'extrait de noix de coco et mélanger. Incorporer la crème fouettée. Transvaser dans une barquette et placer 3 heures au congélateur.

4 Retirer du congélateur 10 minutes avant de servir. Superposer 2 couches de parfait, de fruits et de copeaux de noix de coco dans chaque coupe (voir Parfait vanille, miel et fraises, étape 4). Servir aussitôt.

Motifs et décorations

Le parfait a souvent une couleur neutre. Créez des motifs de couleurs avec des sauces pour décorer les glaces ou les plats de service.

Zigzags Faire chauffer 60 g de confiture de lait au bain-marie. Quand elle est juste chaude, la verser dans une poche jetable, couper l'extrémité et déposer un filet de sauce en zigzag sur les boules de Parfait vanille, miel et fraises (voir ci-contre).

Marbrures Servir un coulis de mangues avec le Parfait aux fruits exotiques (voir à gauche). Mixer la pulpe de 2 mangues avec le jus d'1 citron et 1 c. à s. de sucre glace. Avec une poche à douille, tracer des lignes, puis les tirer avec la pointe d'un pique pour créer des marbrures.

Crème anglaise au chocolat
Préparer une crème anglaise (voir gâteau renversé aux myrtilles, p. 69), en ajoutant 50 g de chocolat noir finement râpé à l'étape 5. La verser sur une assiette de service et déposer une boule de parfait à la vanille.

Décorations en chocolat
Pour créer des formes simples, déposer avec une poche à douille 60 g de chocolat fondu ayant refroidi sur une feuille de papier sulfurisé, en dessinant des motifs décoratifs. Laisser durcir, puis les décoller et en décorer le parfait.

30 min + refroidissement, réfrigération et congélation

Pour 8 personnes

GÂTEAU À LA CRÈME GLACÉE rocky road

Ce gâteau glacé est un dessert familial par excellence. Il plaira beaucoup aux enfants et est assez simple à préparer. Comme il se garde au congélateur, vous pourrez le confectionner quelques jours à l'avance. Choisissez de la glace de bonne qualité.

INGRÉDIENTS

- 250 g de sablés finement émiettés
- 60 g de sucre
- 125 g de beurre fondu et refroidi

Pour la garniture

- 1 litre de glace au chocolat de bonne qualité ramollie
- 30 g de mini marshmallows + pour servir
- 50 g de noix de pécan concassées + pour servir
- 50 g d'amandes émondées concassées + pour servir

MATÉRIEL

1 moule à tarte cannelé à fond amovible de 23 cm de diamètre

À L'AVANCE

Préparez le fond de tarte et faites-le cuire à blanc 2 jours à l'avance. Gardez-le au réfrigérateur enveloppé de film alimentaire.

1

Préchauffer le four à 180 °C. Mélanger les miettes de sablés, le sucre et le beurre dans un saladier jusqu'à obtention d'une pâte sableuse.

2

Étaler cette pâte dans le moule, en la tassant bien, pour obtenir un fond ferme avec une bordure de 2,5 cm. Enfourner pour 10 minutes. Retirer du four et laisser refroidir, puis réserver au réfrigérateur.

3

Pour la garniture, mixer la glace au robot, par petites quantités à la fois, jusqu'à ce qu'elle soit épaisse, crémeuse et lisse. La transvaser dans un saladier.

4

Incorporer les marshmallows et les amandes. Étaler cette garniture sur le fond de tarte et placer au moins 1 heure au congélateur. Faire décongeler le gâteau 20 à 30 minutes au réfrigérateur avant de servir, puis démouler et garnir de marshmallows et d'amandes. Couvert, il se gardera 2 mois au congélateur.

50 min
+ refroidissement et congélation

Pour 8 personnes

GÂTEAU GLACÉ aux trois chocolats

La génoise ne durcit pas, si bien que ce dessert reste fondant et peut être dégusté alors qu'il sort du congélateur. D'autres parfums de glace comme la cerise se marient très bien avec ce gâteau au chocolat.

INGRÉDIENTS

3 œufs
125 g de sucre
60 g de farine
30 g de cacao en poudre

Pour la garniture

500 g de glace au chocolat
500 g de glace à la vanille
60 g de biscuits Oreo® sans fourrage, émiettés

MATÉRIEL

1 moule à charnière profond de 23 cm

À L'AVANCE

La génoise non fourrée se gardera 2 jours dans un récipient hermétique.

1 Préchauffer le four à 190 °C. Chemiser le moule de papier sulfurisé. Fouetter les œufs avec le sucre 5 minutes jusqu'à ce qu'ils blanchissent, épaississent et triplent de volume. Ajouter la farine et le cacao préalablement tamisés et mélanger délicatement.

2 Verser cette pâte dans le moule et enfourner pour 20 à 25 minutes jusqu'à ce que la génoise ait gonflé et soit cuite. Y enfoncer la lame d'un couteau : elle doit ressortir sèche. Laisser tiédir la génoise 10 minutes dans le moule, puis la démouler sur une grille et laisser refroidir.

3 Préparer la garniture en laissant la glace au chocolat 10 à 15 minutes dans un saladier pour la ramollir. La fouetter au batteur électrique jusqu'à ce qu'elle soit onctueuse. Fendre la génoise en deux.

4 Placer l'entame, côté coupé vers le haut, dans le moule et étaler dessus la glace au chocolat. Recouvrir avec la seconde moitié de génoise, côté coupé vers le bas, et placer au moins 30 minutes au congélateur.

5 Faire ramollir la glace à la vanille (voir étape 3) dans un autre saladier. Sortir le gâteau du congélateur. Étaler dessus la glace à la vanille, puis parsemer de miettes de biscuits. Couvrir de film alimentaire et laisser raffermir au moins 4 heures au congélateur.

6 Sortir le gâteau au moins 10 minutes avant de servir sur un grand plat de service. Couvert, il se gardera 1 mois au congélateur.

25 à 30 min + congélation

Pour 6 personnes

GÂTEAU GLACÉ poires et gingembre

Ce gâteau contient trois sortes de gingembre, ainsi qu'une garniture rafraîchissante à la poire et à la crème glacée.

INGRÉDIENTS

- 75 g de beurre + pour le moule
- 250 g de biscuits au gingembre émiettés

Pour la garniture

- 1 litre de glace à la vanille de bonne qualité
- 5 morceaux de gingembre confits au sirop égouttés + pour décorer
- 2 c. à s. de sirop de gingembre confit + pour arroser le gâteau
- 415 g de demi-poires en conserve avec leur jus, égouttées et finement hachées

MATÉRIEL

1 moule à charnière de 23 cm de diamètre

À L'AVANCE

Enveloppée dans du film alimentaire, la base du gâteau cuite à blanc se gardera 2 jours au réfrigérateur.

1 Graisser le moule, puis le chemiser de papier sulfurisé. Placer la glace dans un saladier et la laisser se ramollir. Mettre les biscuits dans un bol résistant à la chaleur. Faire fondre le beurre dans une casserole et le mélanger aux biscuits.

2 Étaler ce mélange dans le moule, en le tassant avec le dos d'une cuillère. Pour préparer la garniture, mixer la glace, le gingembre confit et son sirop jusqu'à obtention d'une préparation lisse, épaisse et crémeuse. Ajouter, en remuant, les morceaux de poire.

3 Étaler cette garniture sur la base du gâteau et laisser raffermir au moins 2 heures au congélateur. Avant de servir, laisser le gâteau se ramollir 30 minutes au réfrigérateur, puis le placer sur un plat de service. L'arroser de sirop de gingembre, parsemer sur le dessus des morceaux de gingembre confit, puis servir. Couvert, ce gâteau se gardera 2 mois au congélateur.

Index

Les mots en **gras** renvoient aux ingrédients.

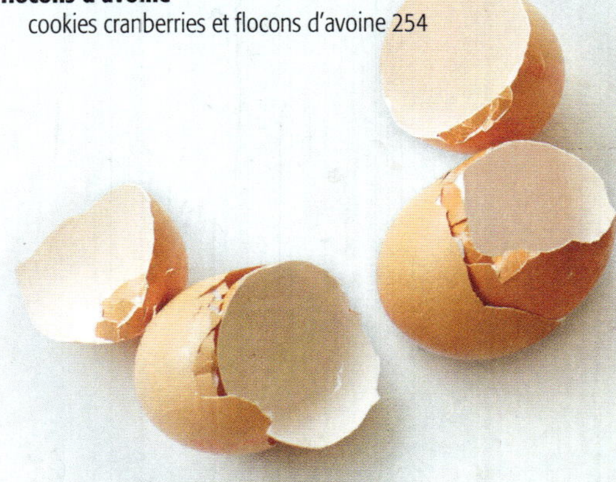

G

I, J, K

L

M

Équivalences

Les thermostats du four

Si vous disposez d'un four à chaleur tournante, réduisez la température d'au moins 10 °C.

Température du four	Thermostat
30 °C	1
60 °C	2
90 °C	3
120 °C	4
150 °C	5
180 °C	6
210 °C	7
240 °C	8

Les contenances

1 cuillerée à café correspond à 5 ml.
1 cuillerée à soupe correspond à 15 ml.

À propos des auteurs

Caroline Bretherton est auteur de livres de cuisine, notamment *Step-by-Step Baking* et *The Pie Book*, deux best-sellers parus aux éditions Dorling Kindersley. Elle adore les produits frais et les recettes modernes, en particulier les desserts. Après avoir travaillé vingt ans dans l'industrie alimentaire, elle a fondé le *Manna Café* à Notting Hill, à Londres, géré une entreprise de restauration et publié de nombreux articles dans divers journaux et magazines. Elle travaille maintenant depuis son domicile en Caroline du Nord, aux États-Unis.

Kristan Raines élabore des recettes, mais est aussi photographe. Elle a créé le blog *The Broken Bread* qui a fait partie des blogs de pâtisserie sélectionnés pour le prix « Saveur 2014 ». Elle privilégie les produits régionaux et de saison dans tous les gâteaux et desserts qu'elle prépare. Elle est installée avec son mari John à Seattle, aux États-Unis.

Remerciements et crédits

Caroline Bretherton remercie Peggy Vance et toute l'équipe de DK, les membres de l'agence Deborah McKenna, et en particulier Luke, Gabriel et Isaac.
Kristan Raines remercie son mari John pour son aide précieuse, sa famille pour son hospitalité et Martha Burley pour son aide constante.

Les éditions Dorling Kindersley souhaitent remercier les personnes suivantes :

Photographies : Charlotte Tolhurst et Kristan Raines, pour les photographies des pages 10-13, 18-21, 26-30,44-49, 70-73, 90-92, 140-143, 145-153, 198-201, 228-231, 244-247, 270-273.
Direction artistique : Sara Robin, Geoff Fennell, Penny Stock.
Stylisme culinaire : Jane Lawrie, Kate Wesson, Fern Green.
Accessoires : Linda Berlin.
Collaboration artistique : Vikas Sachdeva, Era Chawla et Sourabh Challariya.
Test des recettes : Jane Bamforth, Chris Gates, Anne Harnan et Jan Stevens.
Correction : Claire Cross, Arani Sinha et Janashree Singha.
Index : Vanessa Bird.
Images © Dorling Kindersley